疑古玄同

——钱玄同文物图录

北京鲁迅博物馆
湖州市博物馆 编

中原出版传媒集团
大地传媒

大象出版社
·郑州·

图书在版编目（CIP）数据

疑古玄同：钱玄同文物图录／北京鲁迅博物馆，湖州市博物馆编.— 郑州：大象出版社，2016. 12
ISBN 978-7-5347-8615-0

Ⅰ. ①疑… Ⅱ. ①北… ②湖… Ⅲ. ①文物—中国—图录 Ⅳ. ①K870. 2

中国版本图书馆 CIP 数据核字（2015）第 251616 号

疑古玄同

——钱玄同文物图录

北京鲁迅博物馆
湖州市博物馆 编

出版人 王刘纯
责任编辑 李建平
责任校对 张迎娟
装帧设计 张 帆

出版发行 大象出版社（郑州市开元路 16 号 邮政编码 450044）
发行科 0371-63863551 总编室 0371-65597936
网 址 www.daxiang.cn
印 刷 郑州新海岸电脑彩色制印有限公司
经 销 各地新华书店经销
开 本 787mm×1092mm 1/16
印 张 12.75
版 次 2016 年 12 月第 1 版 2016 年 12 月第 1 次印刷
定 价 58.00 元

印厂地址 郑州市文化路 56 号金国商厦七楼
邮政编码 450002 电话 0371-67358093

前　言

由《新青年》发动的文学革命及新文化运动，是中国近代史上一场伟大的思想解放运动。钱玄同投身其中，以激越的思想、骇俗的议论，摧陷廓清，言论风采震烁一时。然而他不仅是标新立异的议论家，还是勤恳敬业的实行家，不仅是旧思想、旧文化、旧道德的埋葬者，还是新思想、新文化、新道德的建设者。他以文字音韵、古史经学等方面的深湛修养为根基，化古用今，在推行白话文、汉字改革及其他许多领域长期致力，功绩卓著。

北京鲁迅博物馆从馆藏大量钱玄同文献资料中遴选百余件藏品，在钱玄同家乡的湖州市博物馆举办“疑古玄同——北京鲁迅博物馆藏钱玄同文物展”，取得良好的反响。我们在展览的基础上编成此书，以为纪念。

北京鲁迅博物馆
湖州市博物馆
2015 年 10 月

目　录

交游及其他

复古与革命

钱玄同出身于书香门第，自小接受传统的四书五经教育，承受其父亲自教读《尔雅》和《说文》的家学，对于变法、对于革命很反感，曾经撕毁过一本《仁学》，是个小小的“保皇派”。1903年16岁时，钱玄同读到章太炎的《驳康有为论革命书》、邹容的《革命军》等革命书刊，态度大变，认为清王朝奴役、宰割汉人200多年，汉人应该复仇、革命，恢复中华。他剪去辫发，表示“义不帝清”之志，办《湖州白话报》，封面不写年号只书干支亦同此意。1906年，钱玄同赴日本留学，拜在他所景仰的革命巨子、国学大师章太炎门下。章太炎是革命家，也是复古家，主张革命不仅要恢复汉家江山，更要恢复汉家的仪文制度，因此章门革命的空气与复古的空气一样浓厚。钱玄同是个变本加厉的复古派，他以为复到汉唐还不够，最好复到三代，愈古愈好。1911年武昌首义之后，浙江光复，钱玄同写出《深衣冠服考》，准备进行恢复古礼的试验，他还穿着自制的“深衣冠服”到浙江教育司上班。1916年袁世凯称帝，彻底击碎了钱玄同的复古梦，他改名“玄同”，幡然变身为旧思想、旧文化、旧道德的革命者。

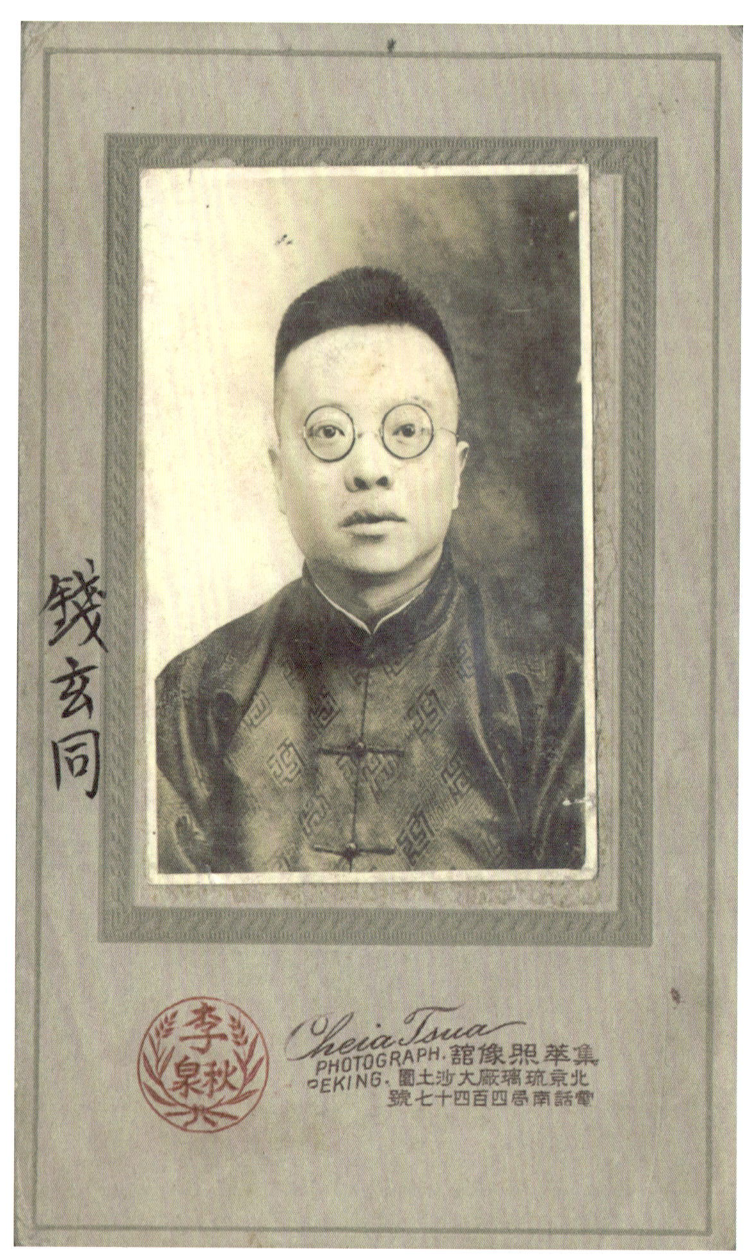

钱玄同像（20 世纪 20 年代）

9cm × 5.7cm　1 帧

20 世纪 20 年代摄于北京集萃照像（相）馆。

钱玄同像（1936 年）

15.3cm × 10.5cm　1 帧

1936 年摄于北平。

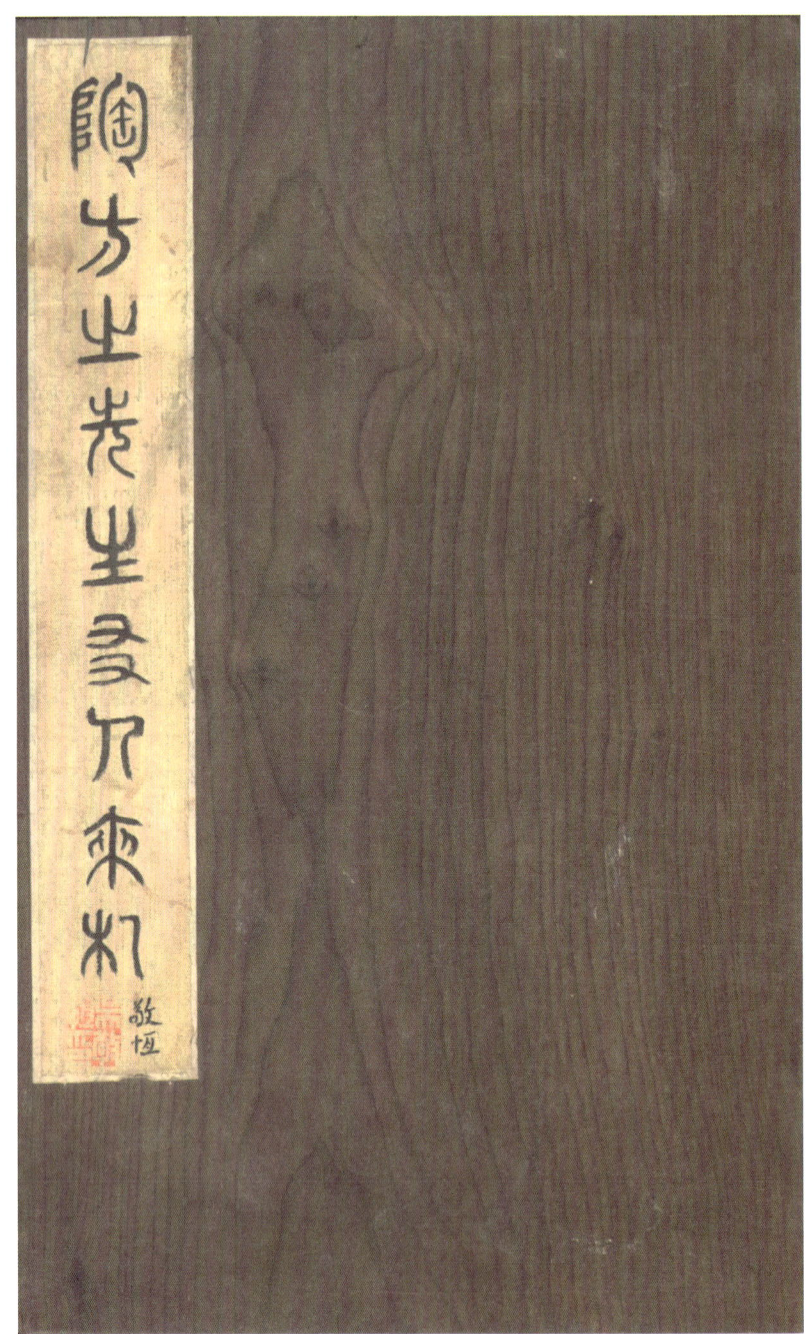

陶方之先生友人来札（1879 年钱振常致陶谟书）

30.6cm × 19cm　1 册

钱振常（1825—1898），钱玄同之父，同治丁卯科举人，曾任礼部主事。历任绍兴、扬州、苏州书院山长。陶谟，字方之，与钱振常为同科举人，时任新疆迪化州知州。

释文：

方之仁兄同年大人执事：宣南坊畔，揖送行旌，弹指十年，未遣一札。不敢恝忘良友，亦非信使难逢。只因陇坂程遥，奉违日久，欲陈甚夥，何语权舆；又愧庸虚，无可告述，积怯成懒，积懒成慢，绵时历岁，以迄于今。
执事或亦曲原鄙衷，能无悚怍。侧闻
政成岂弟，
令问孔彰。

释文：

帝重

循良

命牧边障

名字典郡

洊陟来旬

宠擢频仍

宏展夙蕴

履禄丰厚，曷罄颂忱。弟壬春南下，甲夏入都。滥厕春曹。

释文：

光阴虚耗。奉一囊粟，分饱侏儒，务简过稀，最与拙称。伐檀之刺，能不疚心。侪辈如仲修、蓝洲、松溪，再绾铜墨；铁江、莘□皆领雷封。惠政及民，各抒所衷。子长宰首邑，劳玉磋同年（乃宣），治临榆，藉甚循声，与执事鼎足，何禾郡之多贤也。京职陈六舟先生任台谏时，频有建白，近时宝竹坡、黄漱兰两少詹事封事极可敬佩，三君子皆南皮夫子一辈，若同侪则丰润张幼樵侍讲（佩纶），贵筑黄再同太史（国瑾），建言均关

释文：

国家至计。弟既不于一官一邑筹济民生，在京复庸碌颓唐，甘以寒蝉自况，此但比偾事及热中者为胜耳，能无汗颜。儿子尚喜涉猎，不至为原伯鲁，然体弱性疏，质钝笔拙，固不近于政事，亦不利于科名。癸酉之冬，为之纳董仁甫同年长女为妇，颇贤能，生三女矣。弟壬申年过盛泽，曾一访

尊庐，似世兄年来当受室矣。忻木别已三年，梦仙、蒙叔不至，末由询知。

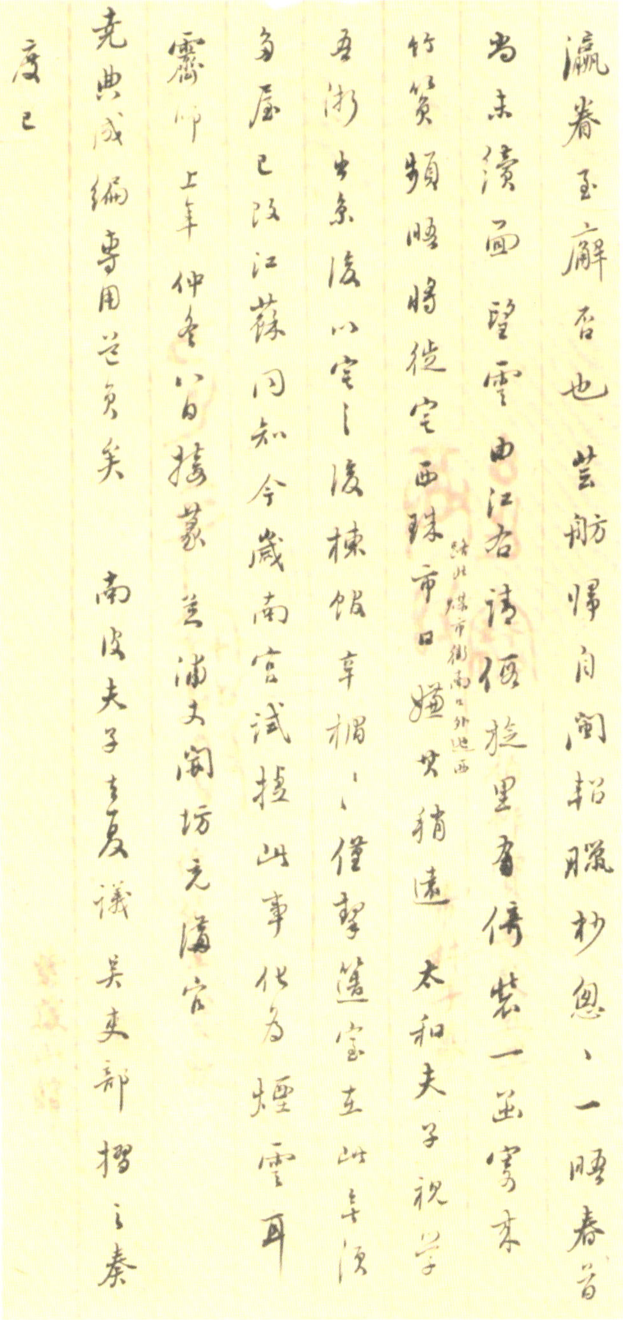

释文：

瀛眷至廨否也？芸舫归自闽轺，腊杪匆匆一晤，春首尚未续面。望云由江右请假旋里，有倚装一函寄来。竹筼频晤，将徙宅西珠市口，路北煤市街南口外迤西，嫌其稍远。太和夫子视学吾浙，出京后，以宅之后栋馆辛楣。辛楣仅挈簉室在此，无须多屋，已改江苏同知，今岁南宫试捷，此事化为烟云耳。霁师上年仲冬八日接篆，兰浦丈开坊充讲官，尧典成编，专用道员矣。南皮夫子去夏议吴吏部折之奏，度已。

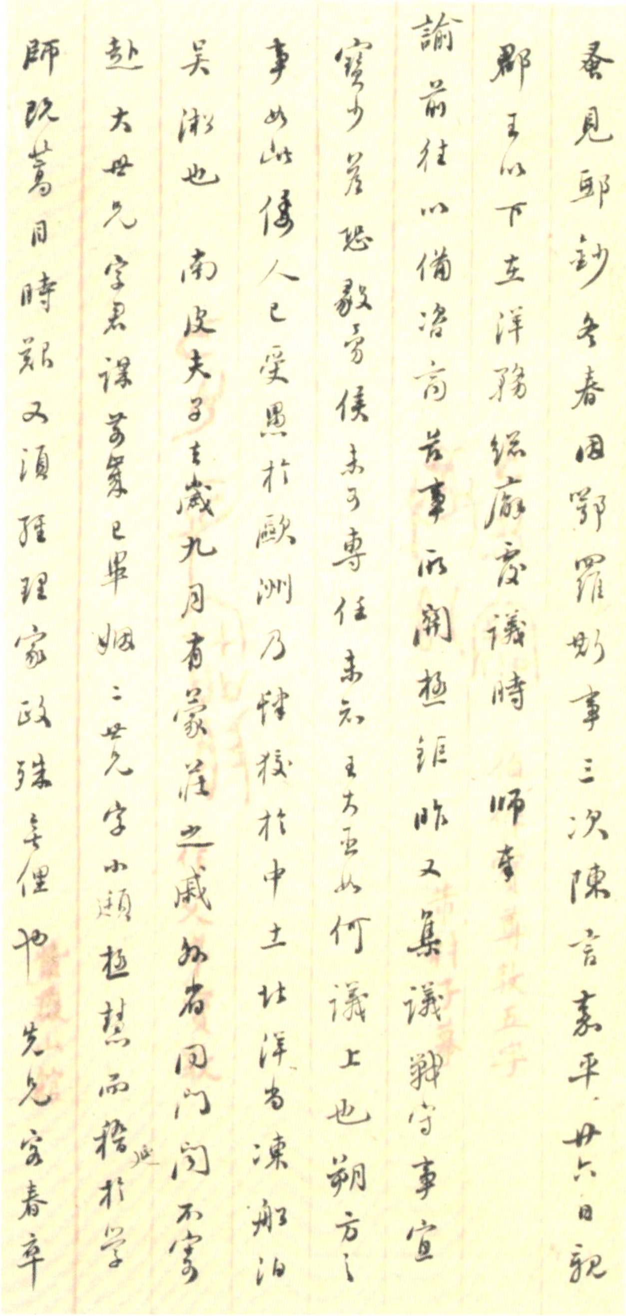

释文：

蚤见邸钞。冬春因鄂罗斯事三次陈言，嘉平廿六日，亲
郡王以下，在洋务总廨覆议时，师奉
谕前往，以备咨商。兹事所关极巨，昨又集议战守事宜，
宝少詹恐毅勇侯未可专任，未知王大臣如何议上也？朔方之
事如此，倭人已受愚于欧洲，乃肆狡于中土，北洋尚冻，船泊
吴淞也。南皮夫子去岁九月有蒙庄之戚，外省同门闻不寄
赴。大世兄字君谋，前岁已毕姻。二世兄字小颋，极慧而稽延于学，
师既蒿目时艰，又须经理家政，殊无俚也。先兄客春卒。

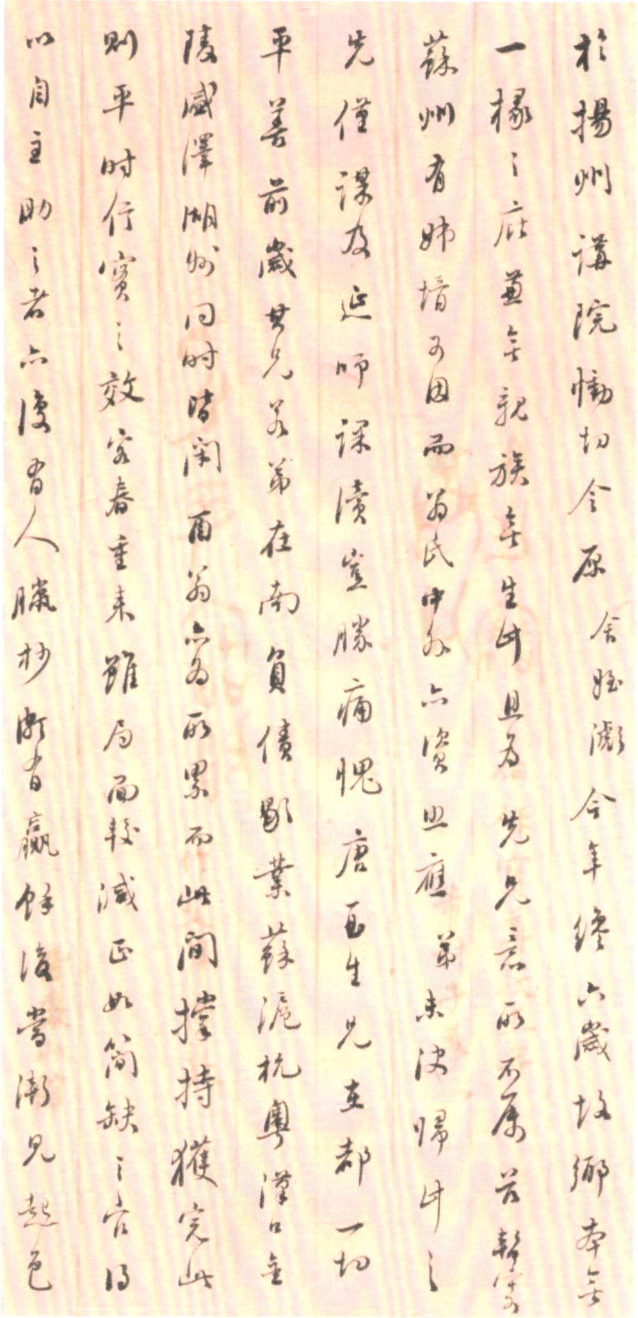

释文：

于扬州讲院，恸切令原。舍侄滮今年才六岁，故乡本无一椽之庇，兼无亲族，无生计，且为先兄意所不属，兹暂寄苏州，有姊婿可因，而翁氏中外亦资照应。弟未决归计之先，仅谋及延师课读，岂胜痛愧。唐西生兄在都，一切平善。前岁其兄若弟在南负债歇业，苏、沪、杭、粤、汉口、金陵、盛泽、湖州同时皆闭，西翁亦为所累，而此间撑持获完，此则平时信实之效。客春重来，虽局面较减，正如简缺之官得以自主，助之者亦复有人，腊杪渐有赢馀，后当渐见起色。

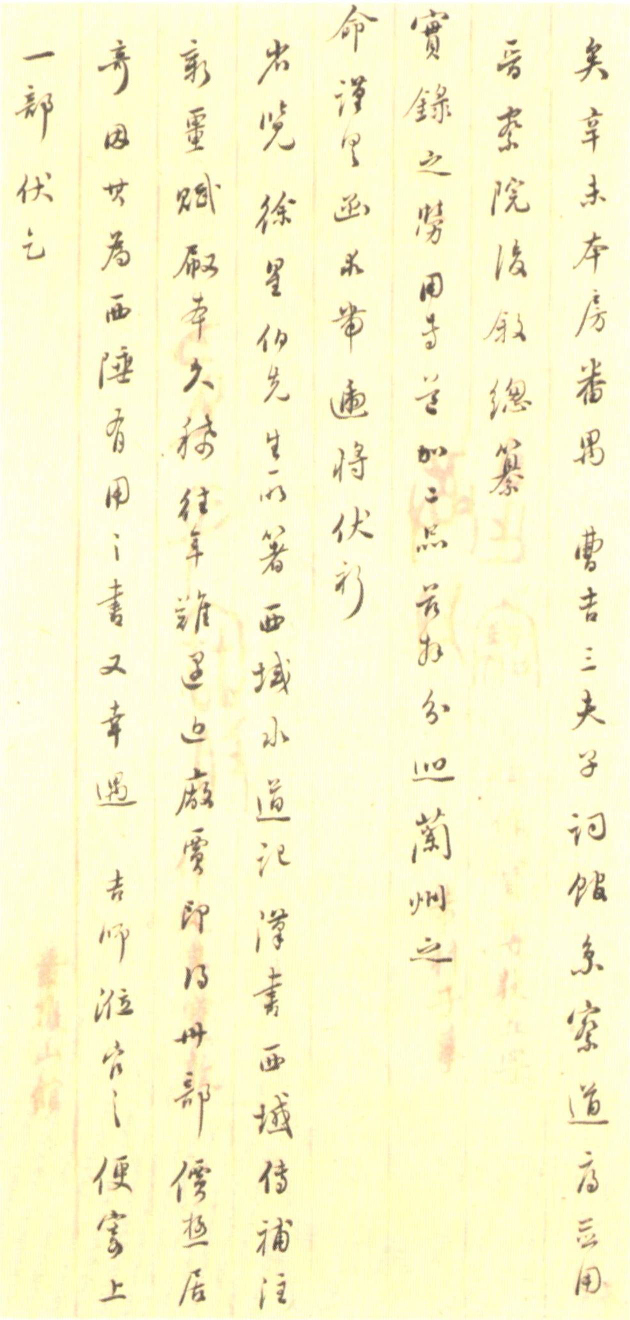

释文：

矣。辛未本房番禺曹吉三夫子词馆京察，道府并用
晋察院，后叙总纂
实录之劳，用专道加二品，兹拜分巡兰州之
命。谨具函求带递将，伏祈
省览。徐星伯先生所著《西域水道记》《汉书•西域传补注》
《新疆赋》，刷本久稀，往年难遇。近厂贾印得卌部，价极居
奇，因其为西陲有用之书，又幸遇吉师莅官之便，寄上
一部，伏乞。

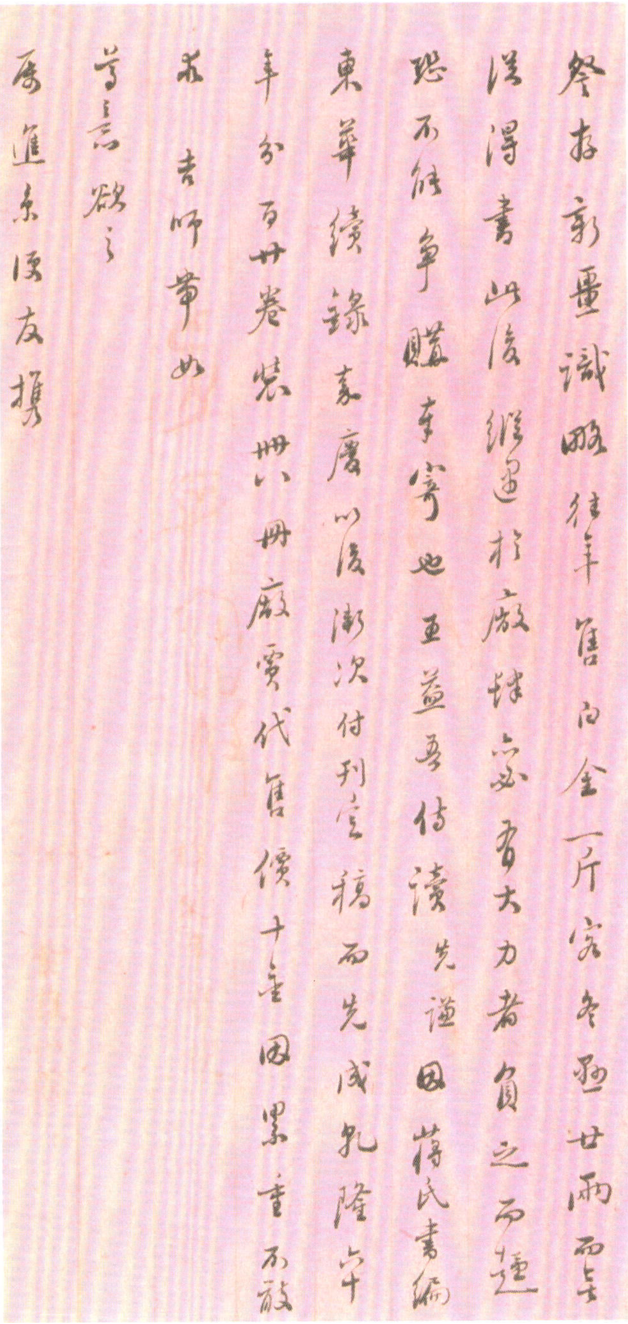

释文：

察存。《新疆识略》往年售白金一斤，客冬悬廿两而无从得书，此后纵遇于厂肆，亦必有大力者负之而趋，恐不能争购奉寄也。王益吾侍读（先谦）因蒋氏书编《东华续录》，嘉庆以后渐次付刊定稿，而先成乾隆六十年分百廿卷装册八册，厂贾代售，价十金。因累重，不敢求吉师带，如

尊意欲之，

属进京便友携。

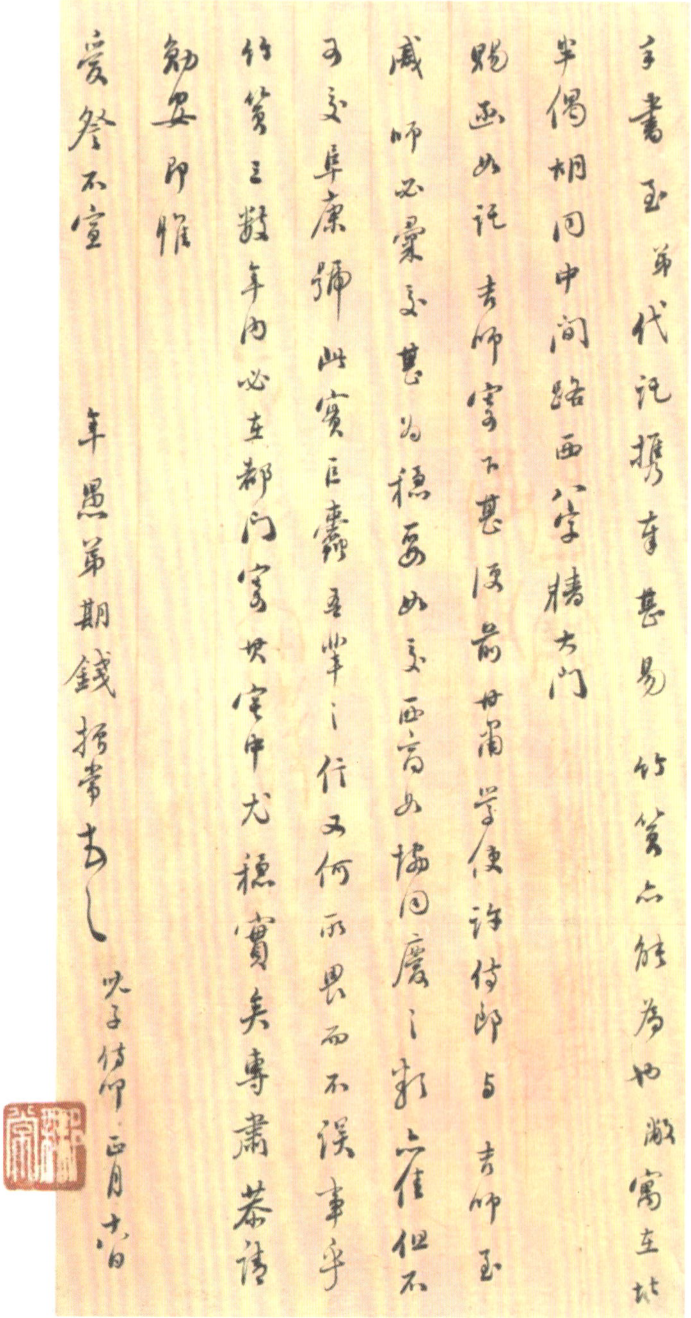

释文：

手书至弟，代托携奉甚易。竹筼亦能为也。敝寓在北半偈胡同中间路西八字墙大门。

赐函如托吉师寄下甚便。前甘肃学使许侍郎与吉师至戚，师必汇交，甚为稳妥。如交西商如协同庆之类，亦佳，但不可交阜康号，此实巨蠹，吾辈之信又何所畏而不误事乎！

竹筼三数年内必在都门，寄其宅中尤稳实矣。专肃恭请

勋安。即惟

爱察不宣。年愚弟期钱振常顿首，儿子侍叩。正月十八日。

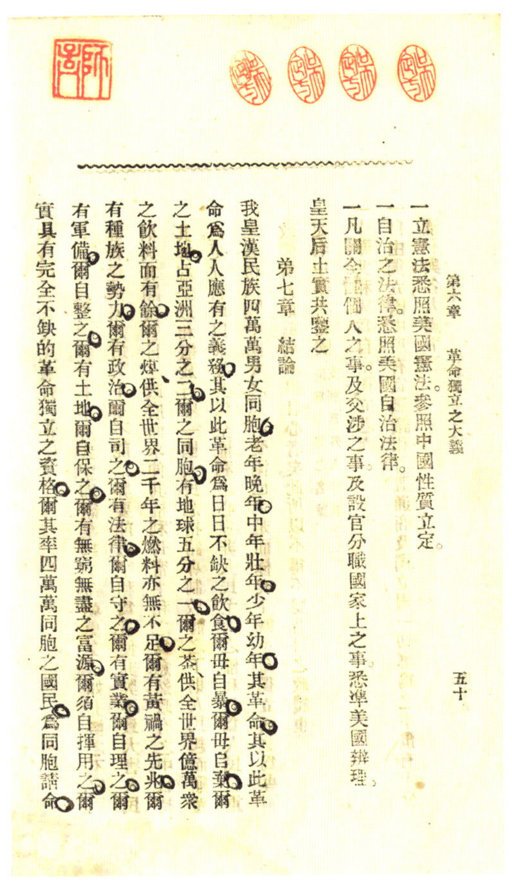

第六章　革命獨立之大義　五十

一立憲法悉照美國憲法參照中國性質立定。

一自治之法律悉照美國自治法律。

一凡關全體個人之事及交涉之事及設官分職國家上之事悉準美國辦理。

皇天后土實共鑒之

第七章　結論

我皇漢民族四萬萬男女同胞老年晚年中年壯年少年幼年其革命其以此革命爲人人應有之義務其以此革命爲日日不缺之飲食爾毋自暴爾毋自棄爾之土地占亞洲三分之二爾之同胞有地球五分之一爾之茶供全世界億萬衆之飲料而有餘爾之煤供全世界二千年之燃料亦無不足爾有黃禍之先兆爾有種族之勢力爾有政治爾自司之爾有法律爾自守之爾有實業爾自理之爾有軍備爾自整之爾有土地爾自保之爾有無窮無盡之富源爾須自揮用之爾實具有完全不缺的革命獨立之資格爾其率四萬萬同胞之國民爲同胞請命

《革命军》

23cm × 14cm　1 册

邹容著，1903 年出版。钱玄同是在 1903 年读到章太炎《驳康有为论革命书》、邹容《革命军》，以后又读到刘申叔《攘书》《浙江潮》等革命书刊后，才改变保皇立场，走向革命。

攘書

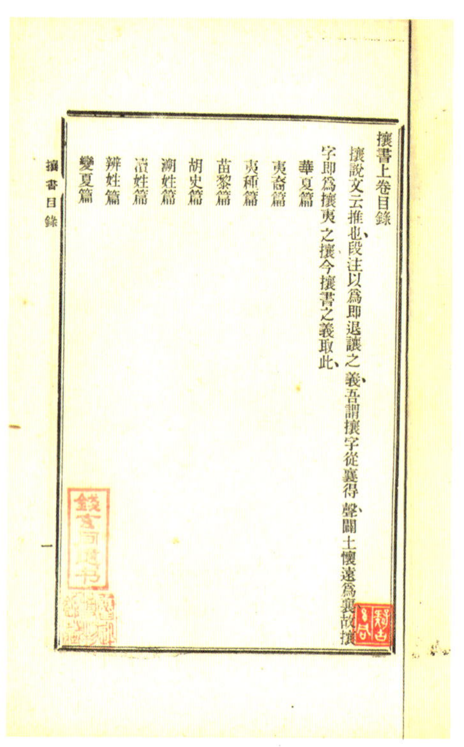
攘書上卷目錄

攘說文云推也段注以爲即退讓之義吾謂攘字從襄得聲圖土懷遠爲義故攘字即爲攘夷之攘今攘書之義取此

華夏篇
夷裔篇
夷種篇
苗黎篇
胡史篇
溯姓篇
讀姓篇
辨姓篇
變夏篇

攘書目錄 一

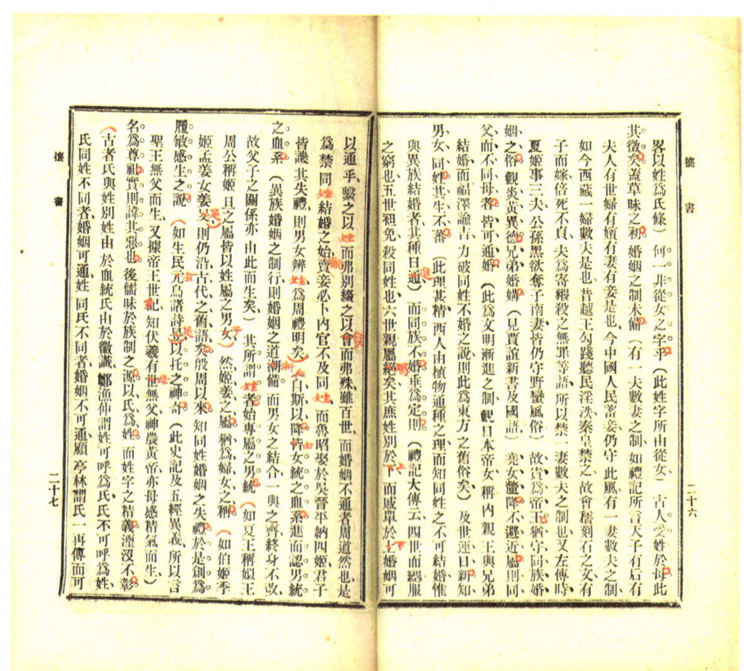
攘書 二十六

畧以姓爲氏條）何一非從女之字乎（此姓字所由從女）古人受姓於母此其徵矣蓋草昧之初婚姻之制未備（有一夫數妻之制如禮記所言天子有后有夫人有世婦有嬪有妻有妾是也今中國人民蓄妾仍守此風有一妻數夫之制如今西藏一婦數夫是也昔越王勾踐聽民淫泆秦皇禁之故會稽刻石之文有子而嫁倍死不貞夫爲寄豭殺之無罪等語所以禁一妻數夫之制也又左傳時夏姬事三夫公孫黑欲奪子南妻皆仍守野蠻風俗）故黃爲帝王猶守同族婚姻之俗觀炎黃異德兄弟婚媾（見賈誼新書及國語）堯女釐降不避近屬則同父而不同母者皆可通婚（此爲文明漸進之制觀日本帝女稱內親王與兄弟結婚而福澤諭吉力破同姓不婚之說則此爲東方之舊俗矣）及世運日新知男女同姓其生不蕃（此理甚精西人由植物通種之理而知同姓之不可結婚惟與異族結婚者其種日進）而同族不婚乃爲定則（禮記大傳云四世而緦服之窮也五世袒免殺同姓也六世親屬竭矣其庶姓別於下而戚單於下婚姻可

攘書 二十七

以通乎繫之以姓而弗別綴之以食而弗殊雖百世而婚姻不通者周道然也是爲禁同姓結婚之始買妾必卜內官不及同姓而魯昭娶於吳晉平納四姬君子皆譏其失禮則男女辨姓爲周禮明矣）自斯以降皆女統之血系進而認男統之血系（異族婚姻之制行則婚姻之道漸備而男女之結合一與之齊終身不改故父子之關係亦由此而生矣）其所謂姓者始專屬之男統（如夏王稱姒王周公稱姬旦之屬皆以姓屬之男女）然姬姜之屬猶爲婦女之稱（如伯姬季姬孟姜女姜是）則仍沿古代之舊語矣殷周以來知同姓婚姻之失禮於是創爲履敏感生之說（如生民元鳥諸詩是）以托之神奇（此史記及五經異義所以言聖王無父而生又據帝王世紀知伏羲有世無父神農黃帝亦母感精氣而生）名爲尊祖實則諱其惡也後儒昧於族制之源以氏爲姓而姓字之精義湮沒不彰（古者氏與姓別姓由於血統氏由於徽識鄭漁仲謂姓可呼爲氏氏不可呼爲姓氏同姓不同者婚姻可通姓同氏不同者婚姻不可通顧亭林謂氏一再傳而可

《攘书》

22.2cm × 14.3cm　1 册

刘师培（字申叔）著，1904 年出版。1937 年钱玄同等编辑《刘申叔先生遗书》时，有人以《攘书》为刘申叔早年宣扬排满革命之书而非学术著作，欲从遗书中剔除。钱玄同坚决不同意，以为应该实事求是，尊重历史。此书为钱玄同所藏，朱笔标注殆遍，是钱玄同为编辑刻印《刘申叔先生遗书》亲笔所作的校正。

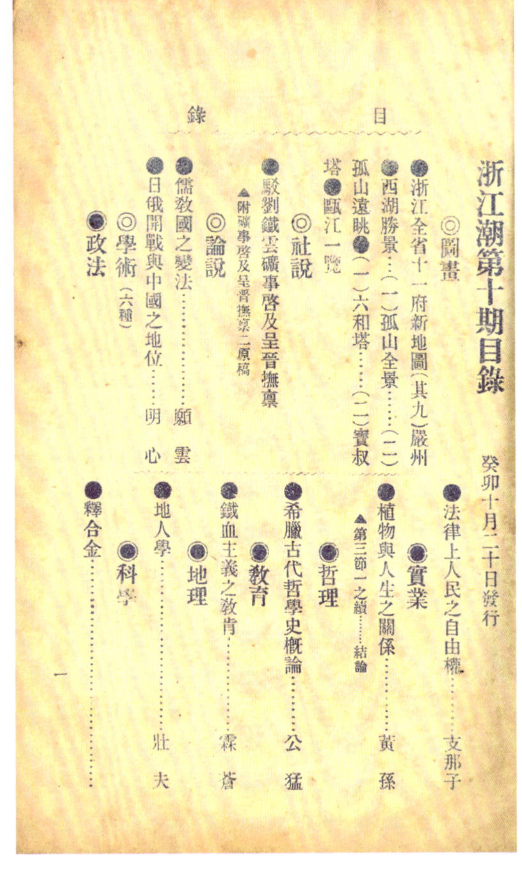

浙江潮第十期目錄

癸卯十月二十日發行

一

《浙江潮》第十期

22.1cm × 15.1cm　1 册

1903 年 10 月 20 日日本东京出版。《浙江潮》为浙籍留日学生所办革命刊物，月刊，1903 年 2 月创刊。鲁迅早期作品《斯巴达之魂》《中国地质略论》《地底旅行》等发表于此。

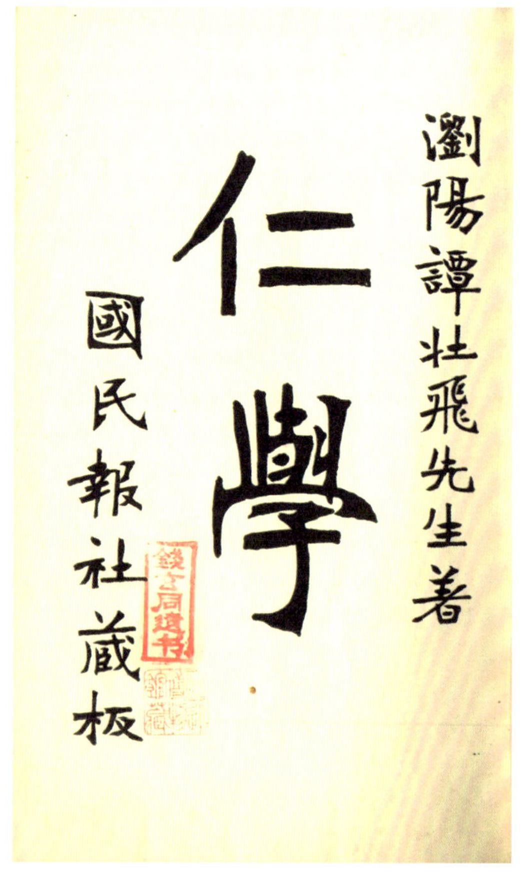

《仁学》

23cm × 14cm　1 册

谭嗣同著，1905 年国民报社出版。它是冲决封建纲常网罗的重要启蒙著作，1903 年前少年钱玄同就曾读到它，为谭嗣同激越大胆的思想所震悚，这个小小的“保皇派”愤而撕毁一本《仁学》。后来，钱玄同却把谭嗣同列为近代中国十二位卓越的启蒙思想家之一。

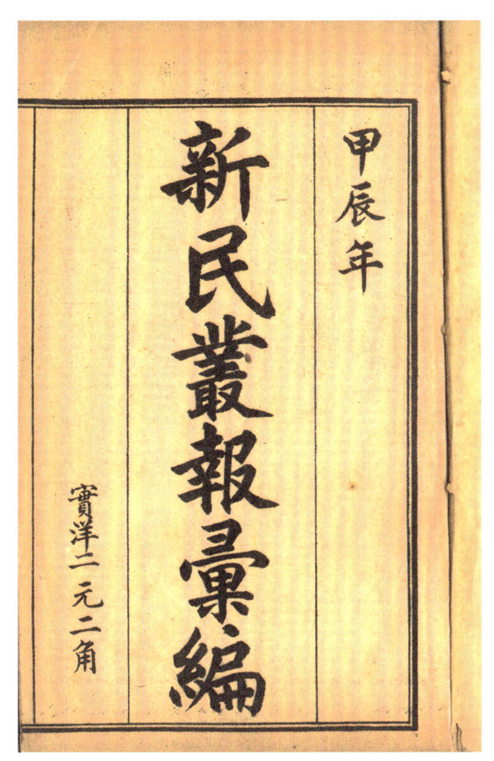

甲辰年

新民叢報彙編

實洋二元二角

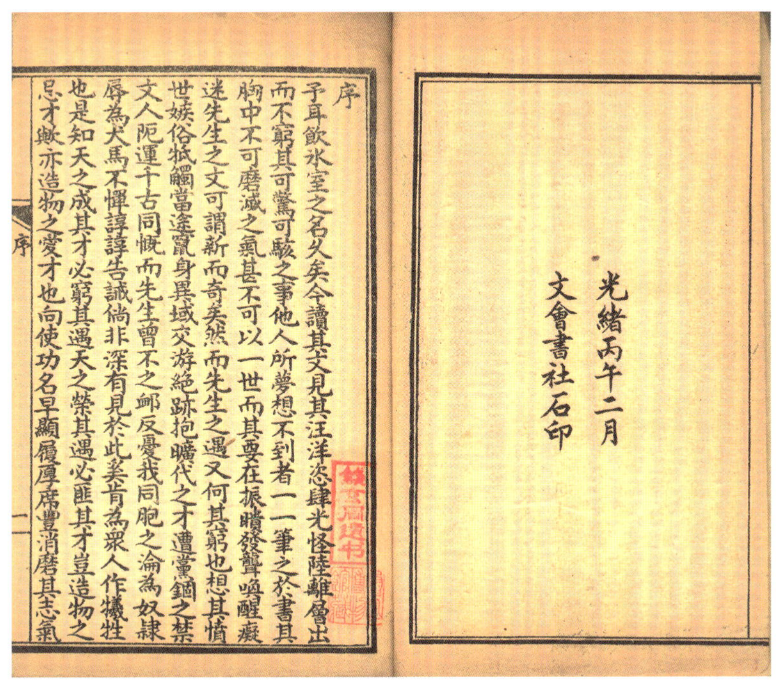

序

予耳飲氷室之名久矣今讀其文見其汪洋恣肆光怪陸離層出而不窮其可驚可駭之事他人所夢想不到者一一筆之於書其胸中不可磨滅之氣甚不可以一世而其要在振聵發聾喚醒癡迷先生之文可謂新而奇矣然而先生之遇又何其窮也想其憤世嫉俗抵觸當途竄身異域交游絶跡抱曠代之才遭黨錮之禁文人阨運千古同慨而先生曾不之卹反憂我同胞之淪為奴隸辱為犬馬不憚諄諄告誡倘非深有見於此奚肯為衆人作犧牲也是知天之成其才必窮其遇天之縈其遇必匪其才豈造物之忌才歟亦造物之愛才也向使功名早顯履厚席豐消磨其志氣

序　一

光緒丙午二月

文會書社石印

《新民丛报汇编》（甲辰年）

23cm × 13.5cm　1 册

清光绪丙午（1906）二月，文会书社石印。青年钱玄同爱读《新民丛报》上梁启超的文章，自言自己能够写通顺的文言文得力于梁启超。他最喜欢引用梁启超的一句话是“今日之我与昨日之我挑战”。

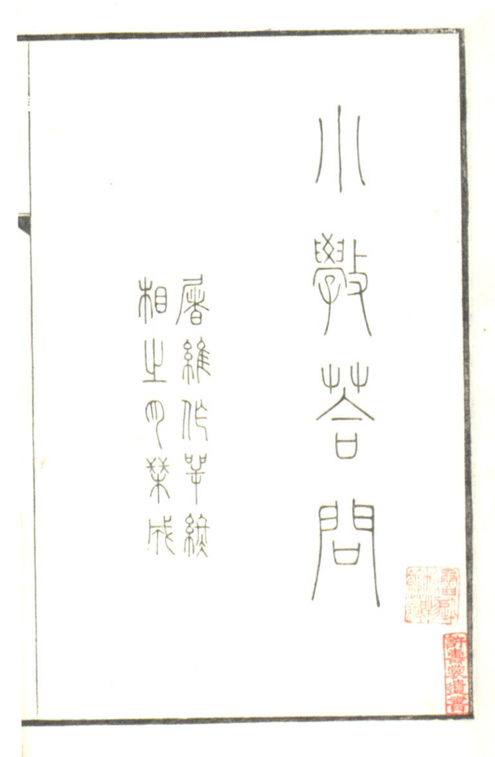

《小学答问》

30.1cm × 17.7cm　1 册

章太炎著，钱玄同书，1909 年由章氏弟子集资刻成。章太炎说钱玄同所写“字体依附正篆，裁别至严，胜于张力臣之写《音学五书》”。

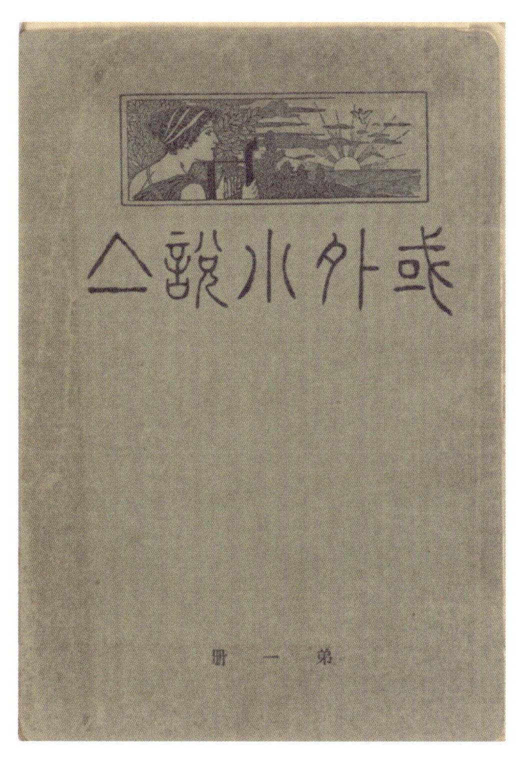

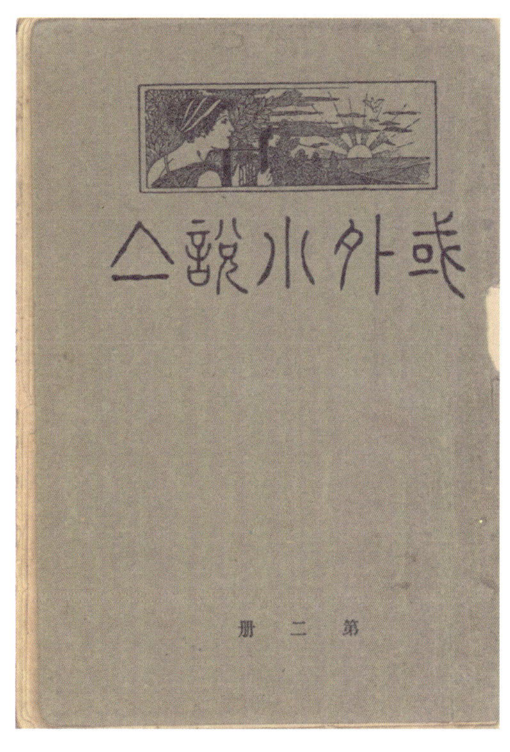

《域外小说集》第一册、第二册

19.2cm × 13.3cm　18.7cm × 12.7cm　2 册

周氏兄弟纂译，陈师曾题写封面，鲁迅自己设计毛边装订。鲁迅做毛边书，自称毛边党，实自此书始。第一册于乙酉年（1909）二月十一日在日本东京出版，第二册于同年六月十一日出版。第一、二册各售二十册后，总寄售处上海广昌隆绸庄被火，存书全部烧毁，因此《域外小说集》成为近代书刊中至为珍稀的版本。受章太炎复古主义的影响，钱玄同以为周氏兄弟译笔于林译小说之外别树一帜，而文辞古奥、用字古雅远胜林译。

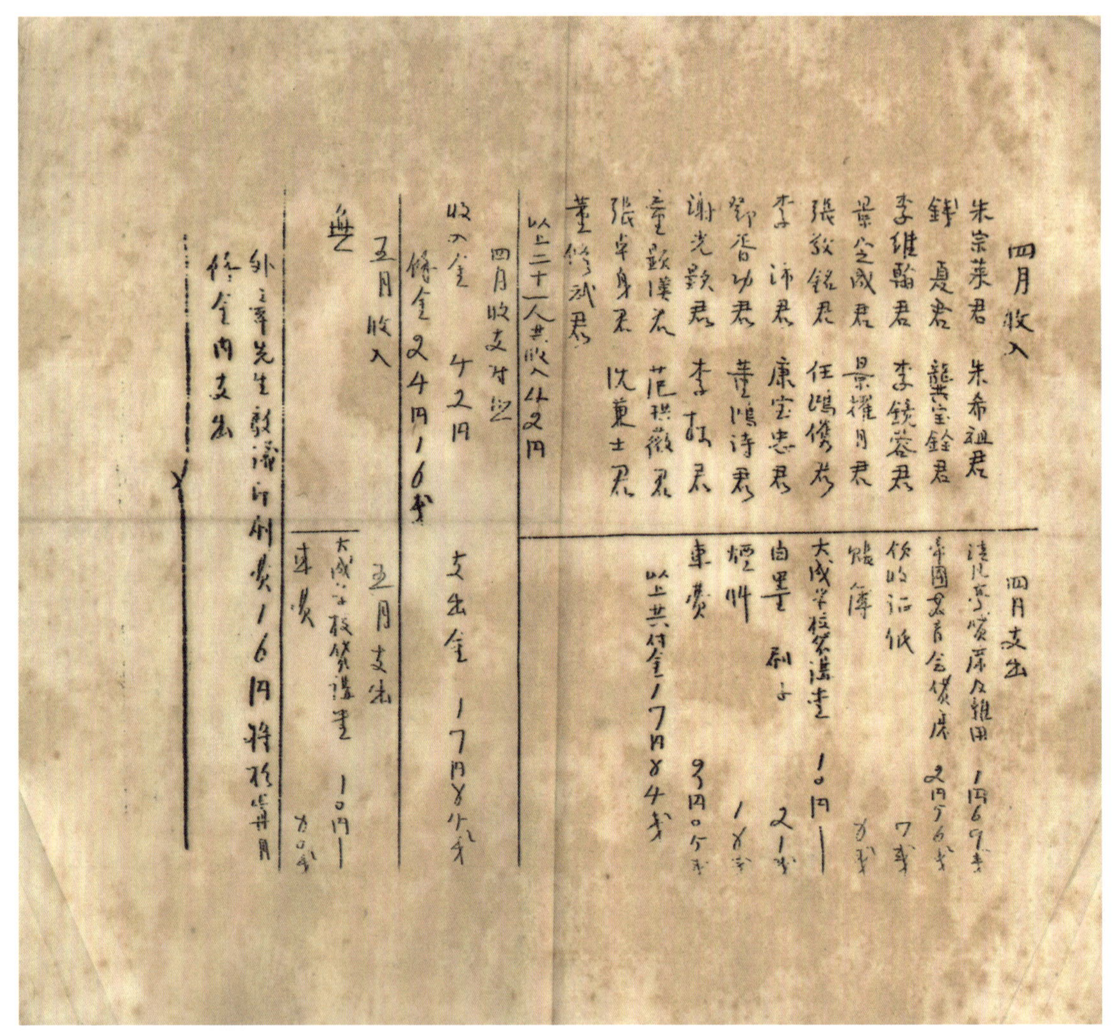
四月收入
朱宗萊君 朱希祖君
錢夏君 龔寶銓君
李維翰君 李鏡蓉君
景定成君 景耀月君
張敬銘君 任鴻雋君
李沛君 康寶忠君
鄧香功君 黃鴻詩君
謝光欽君 李格君
秦毓漢君 范拱薇君
張卓身君 沈東士君
董修武君
以上二十一人共收入42円

四月支出
清風亭賃席及雜用 1円69錢
帝國教育會賃席 2円56錢
佐的紙 7錢
郵傳 5錢
大成學校賃講堂 10円
白墨 刷子 21錢
煙件 18錢
車費 9円0分
以上共付金17円84錢

四月收支對照
收入金 42円
支出金 17円84錢
餘金 24円16錢

五月收入
無

五月支出
大成學校賃講堂 10円
車費 50錢

外：章先生講演所刷費16円將於某月餘金內支出

国学讲习会收支账单

24.5cm × 27cm 1页

1908年4月、5月章太炎在日本东京开办的国学讲习会收支账单。

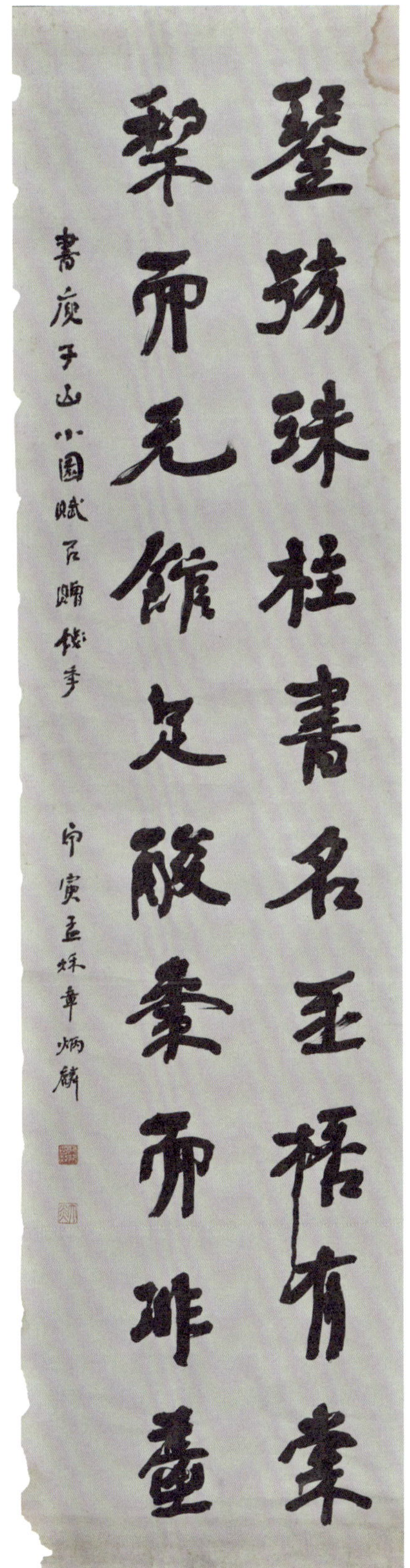

章太炎书庾子山《小园赋》赠钱玄同（甲寅孟秋）

167.4cm × 43cm　1 幅

释文：琴号珠柱，书名玉杯。有棠梨而无馆，足酸枣而非台。书庾子山《小园赋》以赠钱季。甲寅孟秋，章炳麟。

印章：白文“卿囧叕卿”，朱文“太炎”。章太炎以卯为卿为章，这枚奇怪的印章方才可解，即“章囧叕章”也。卯，卿的本字。章太炎《文始》：“《说文》：卯，事之制也。从𠨍，卩，变易为卿，即章也。”

章太炎书《理惑论》赠钱玄同（1913 年）

32.5cm × 65cm　　1 幅

释文：又近有掊得龟甲者，文如鸟虫，又与彝器小异。其人盖欺世豫贾之徒，国土可卖，何有文字？而一二竖儒，信以为实，是亦通人之弗。按《周官》有衅龟之典，未闻名防。其余见于龟策伦传者，乃有白雉之盥，酒脯之礼，粱卵之祓，黄娟之裹，而刻画书契无传焉。假令灼龟以卜，理兆遣迎，衅列自见，则误以为文字，然非处论于六千年之久藏也。夫骸骨入土，未有千年不坏，积岁少久，故当化为灰尘，龟甲蜃珧，其实同耳。古者随侯之珠，照乘之宝，珕珌之削，馀蚳之贝，今无有见世者矣。是明垩实白盛，其化非远，龟甲何灵，而能长久若是哉？鼎彝铜器，传者非一，犹疑其伪，况于速朽之实，易薶之器，作伪有须臾之便，得者非贞信之人，而群相信以为法物，不其颠欤！录《理惑论》赉季。昭阳赤奋若终玄月。章炳麟。

印章：白文“卿囧叕卿”，朱文“太炎”。

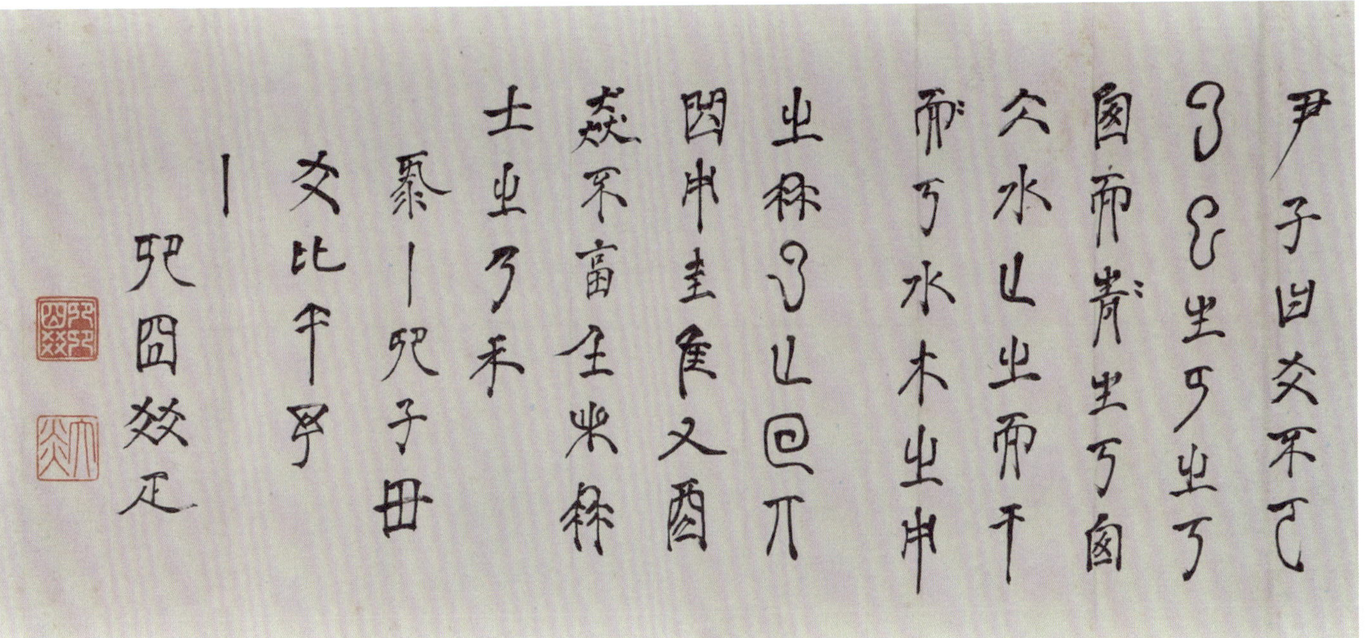

章太炎录《荀子·劝学篇》语赠钱玄同

21.7cm × 53cm　1幅

此幅所书乃《荀子·劝学篇》起首的几句话，字体怪异古奥，几同猜谜。

释文：君子曰：学不可以已。青，取之于蓝，而青于蓝；冰，水为之，而寒于水。木直中绳，輮以为轮，其曲中规。虽又槁暴，不复挺者，輮使之然也。录《卿子·劝学篇》仐语。卿囧彡彡疏。

印章：白文“卿囧彡彡卿”，朱文“太炎”。

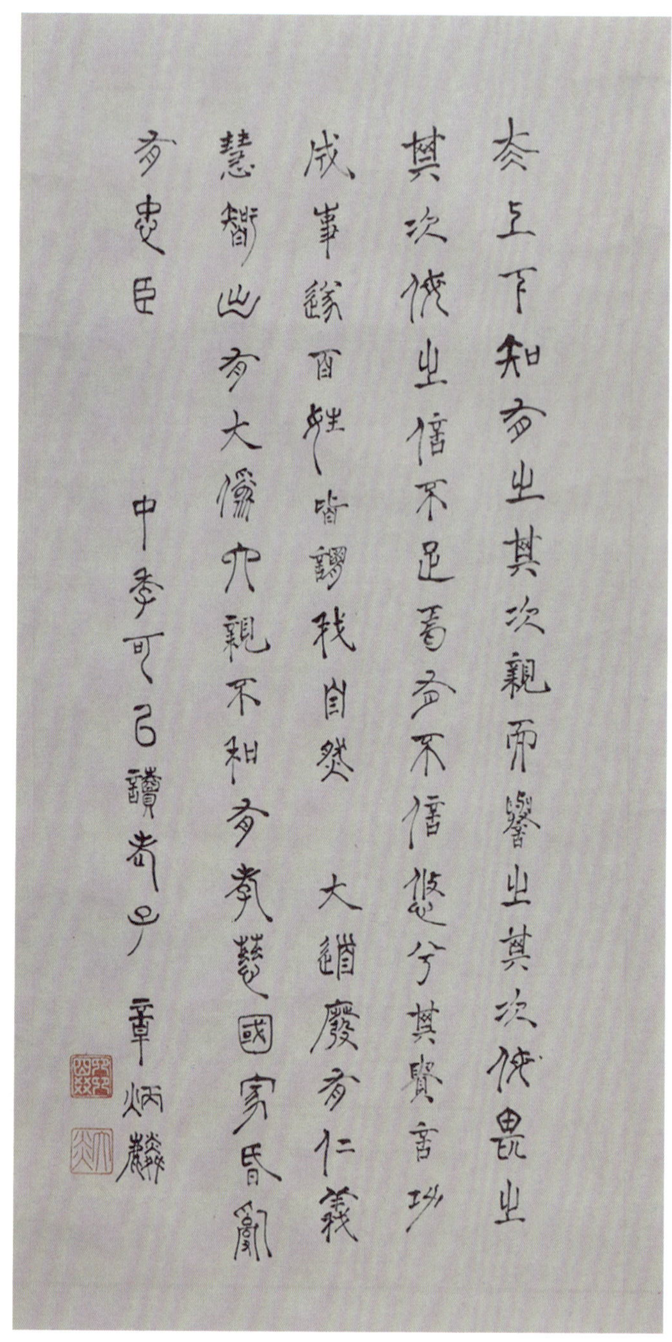

章太炎书老子语赠钱玄同

159cm × 39cm　1 幅

释文：太上，下知有之。其次，亲而誉之。其次，侮畏之。其次，侮之。信不足焉，有不信。悠兮，其贵言。功成事遂，百姓皆谓我自然。大道废，有仁义；智慧出，有大伪；六亲不和，有孝慈；国家昏乱，有忠臣 034。中季可以读《老子》。章炳麟。

印章：白文“卿囧爻卿”，朱文“太炎”。

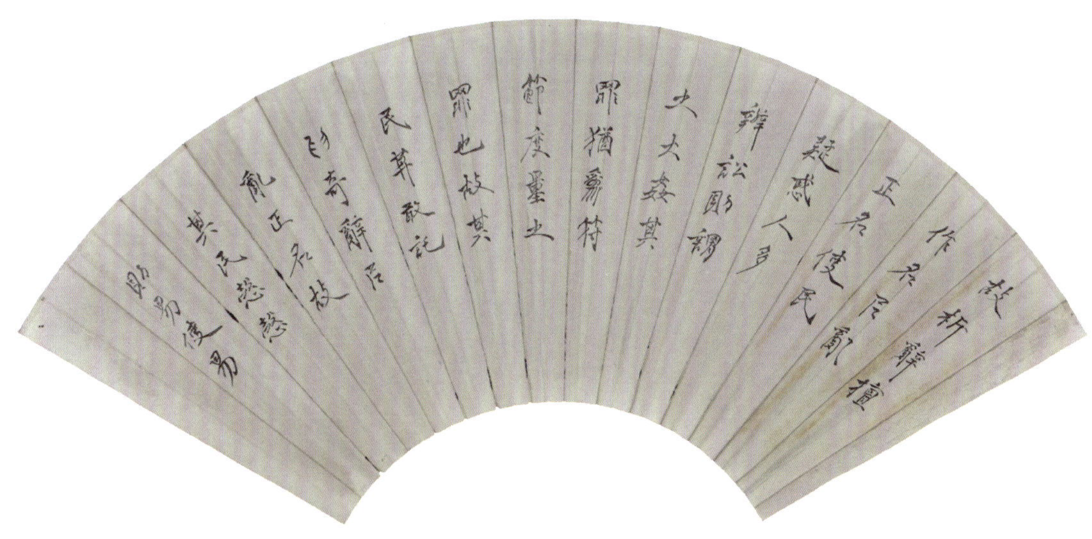

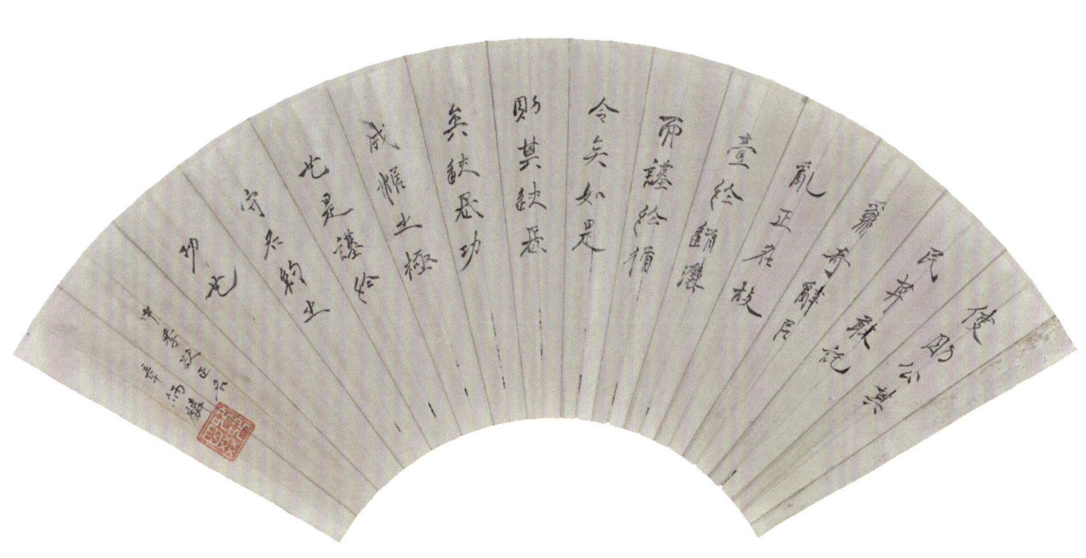

章太炎书荀子语赠钱玄同扇面

58cm×180cm　1幅

释文：故析辞擅作名，以乱正名，使民疑惑，人多辩讼，则谓之大奸，其罪犹为符节、度量之罪也。故其民莫敢托为奇辞以乱正名，故其民悫，悫则易使，易使则公。其民莫敢托为奇辞以乱正名，故壹于道法，而谨于循令矣。如是则其迹长矣。迹长功成，治之极也，是谨于守名约之功也。中季欲正名。章炳麟。

印章：白文“卿囧爻卿”。

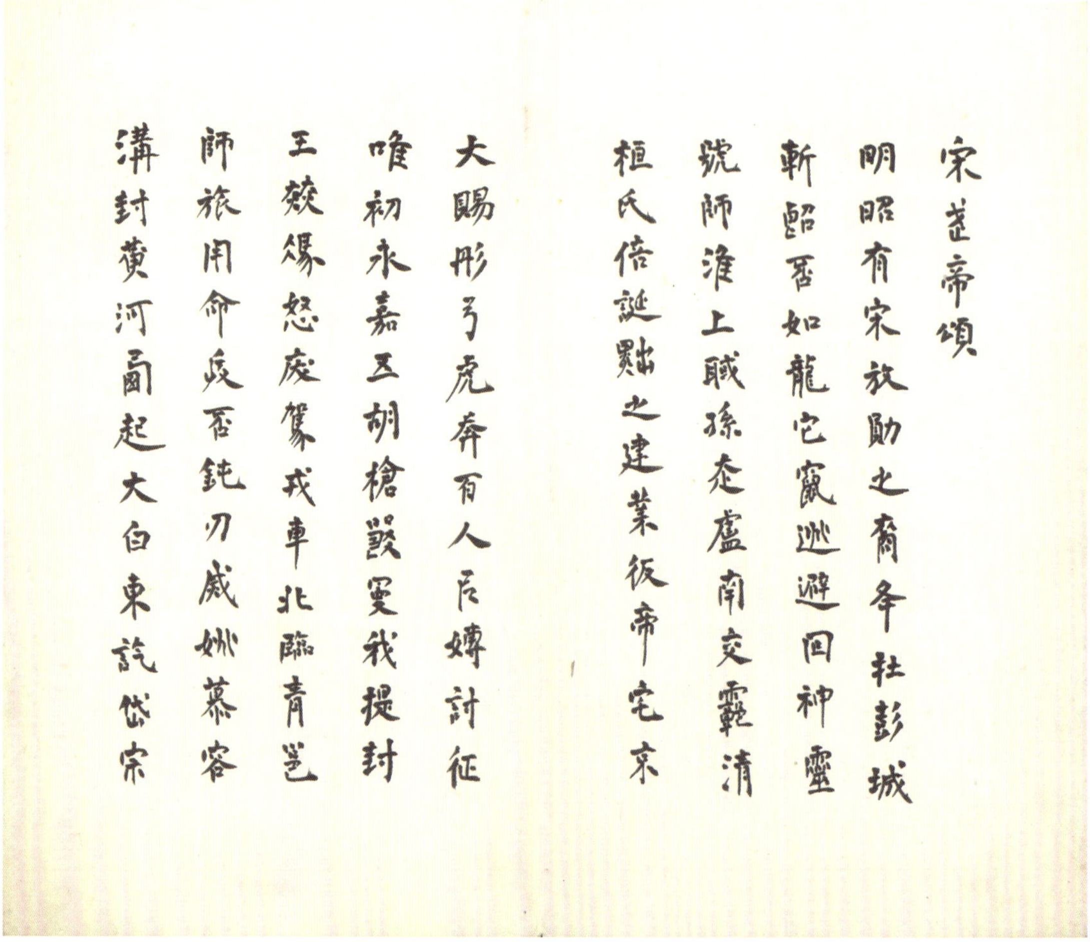

章太炎书《宋武帝颂》赠钱玄同

300cm×25.2cm　2幅

释文：宋武帝颂。明昭有宋，放勋之裔，降在彭城。斩断否如，龙蛇窜逃，避回神灵。号师淮上，畩孙走卢，南交廓清。桓氏倍诞，黜之建业，返帝宅京。大赐彤弓，虎奔百人，以专讨征。唯初永嘉，五胡枪嚣，曼我提封。王赫凭怒，庞驾戎车，北临青邑。师旅用命，兵不钝刃，灭姚慕容。沟封黄河，西起大白，东讫岱宗。

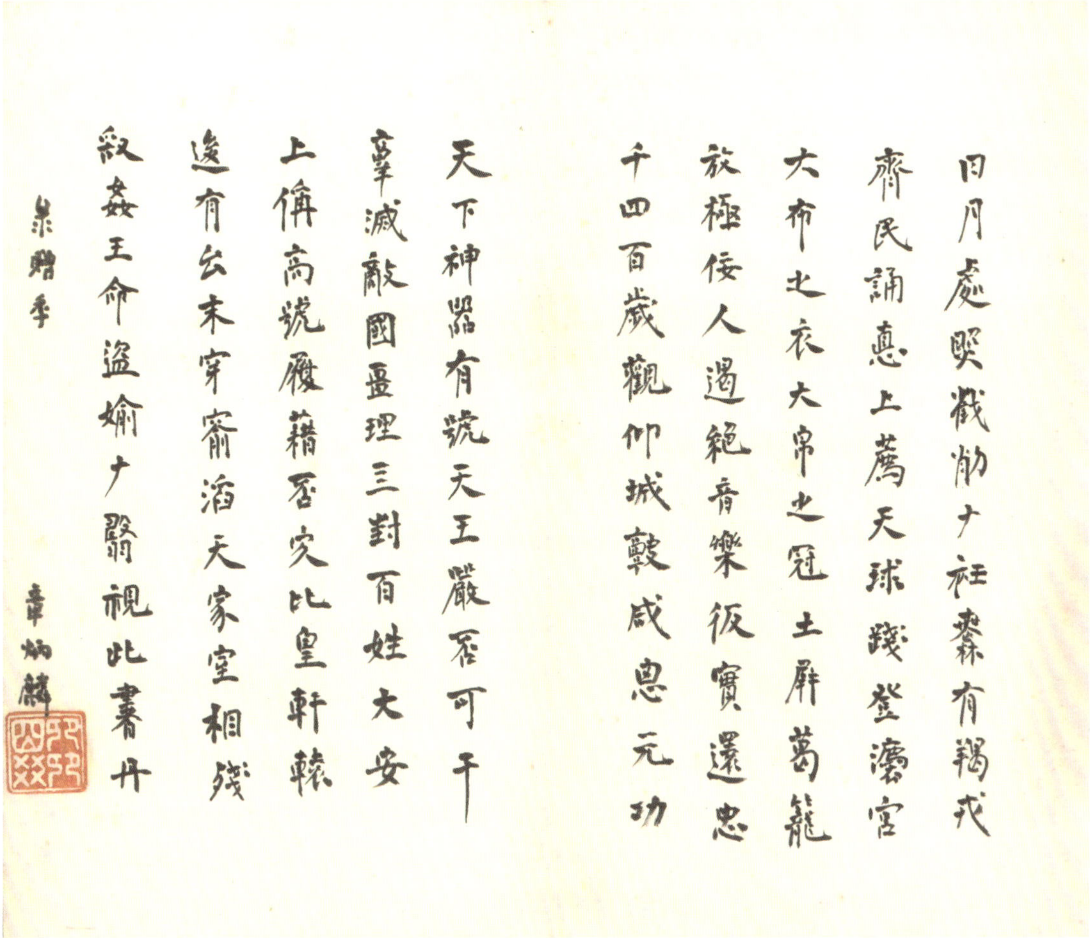

释文：日月处照，戳削右衽，无有羯戎。齐民诵德，上荐天球，践登法宫。大布之衣，大帛之冠，土屏葛笼。放极佞人，遏绝音乐，返实还忠。千四百岁，观仰城阙，咸思元功。天下神器，有号天王，严否可干。辜灭敌国，畺理四封，百姓大安。上称高号，履藉否宊，比皇轩辕。后有幺末，穿窬滔天，家室相残。淫奸王命，盗偷左翳，视此书丹。录赠季。章炳麟。
印章：白文“卿囧爻卿”。

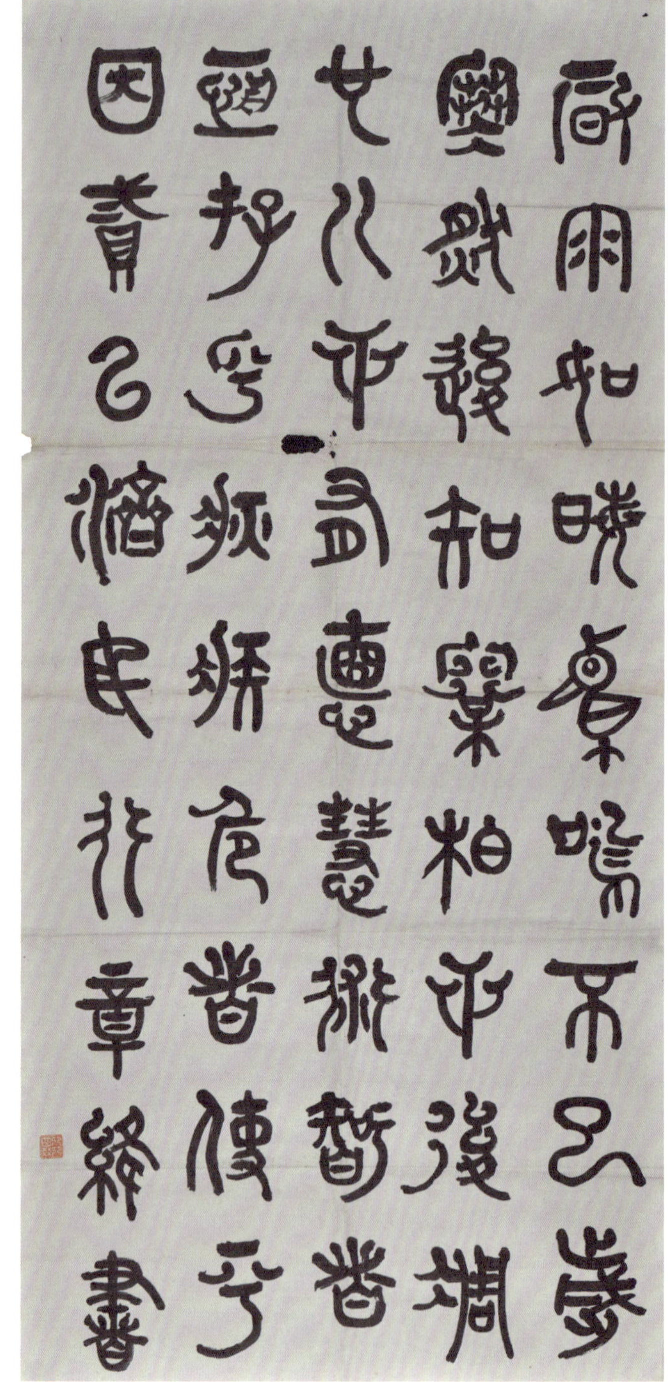

章太炎书“风雨如晦”中堂赠钱玄同

132cm × 64.5cm　　1 幅

释文：风雨如晦，鸡鸣不已。岁寒然后知松柏之后凋也。人之有德慧术智者，恒存乎疢疾。危者使平，因贰以济民行。章绛书。

印章：白文“卿囧爻卿”。

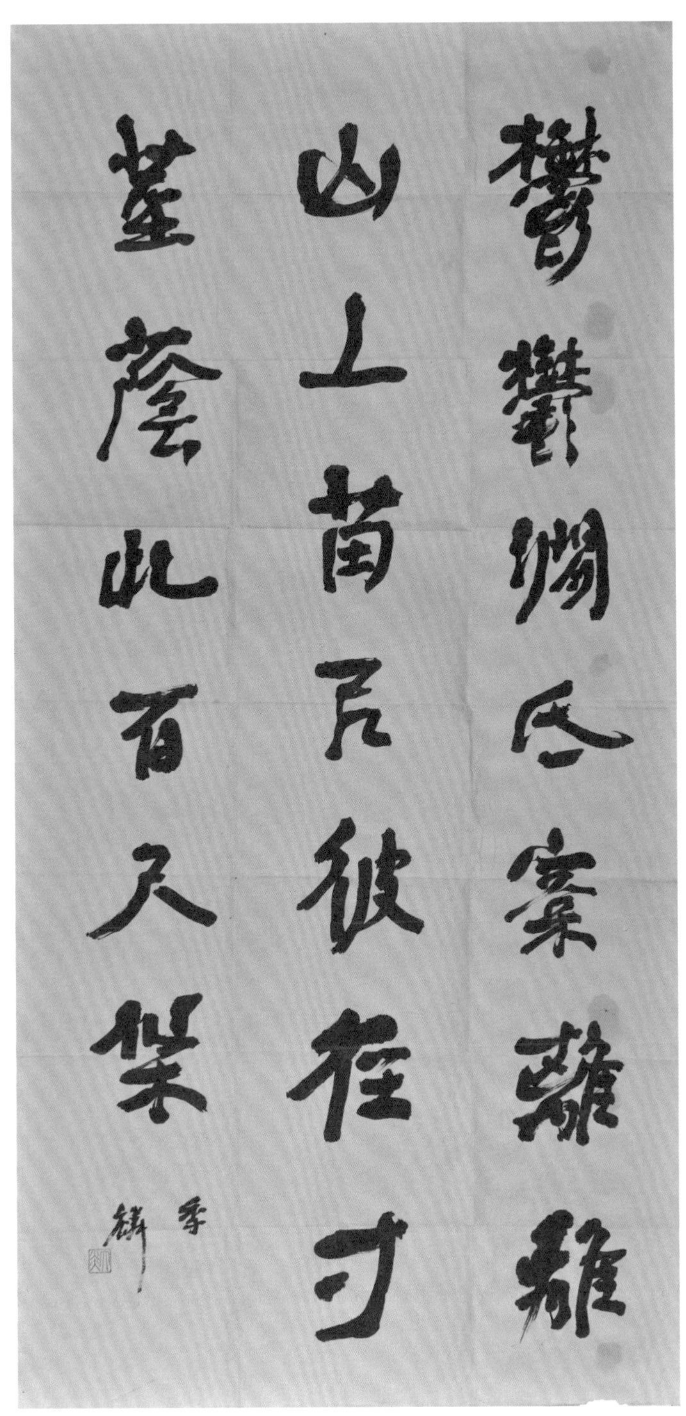

章太炎书左思“郁郁涧底松”诗赠钱玄同

132cm × 65cm　1 幅

释文：郁郁涧底松，离离山上苗。以彼径寸茎，荫此百尺条。季。麟。

印章：朱文“太炎”。

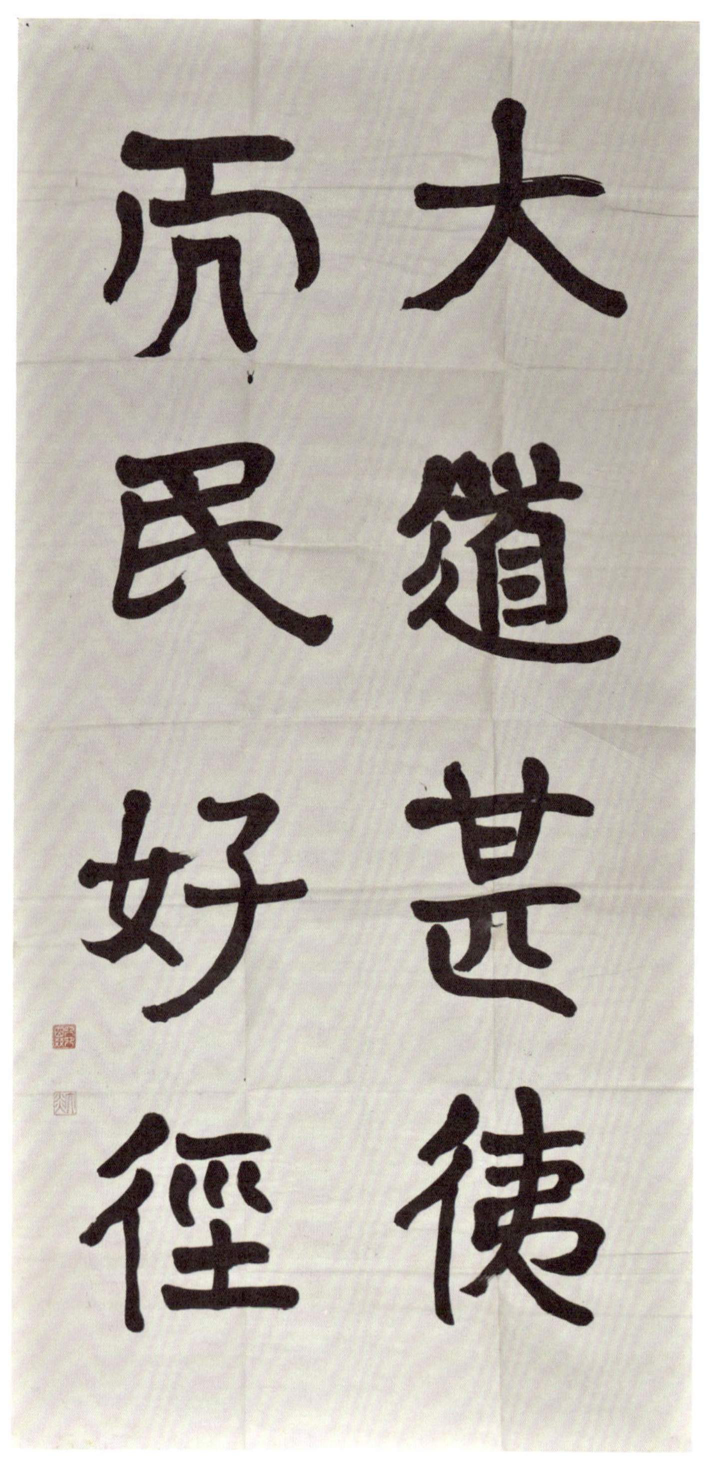

章太炎书“大道甚夷，而民好径”赠钱玄同

136cm × 65cm　　1 幅

印章：白文“卿囧叕卿”，朱文“太炎”。

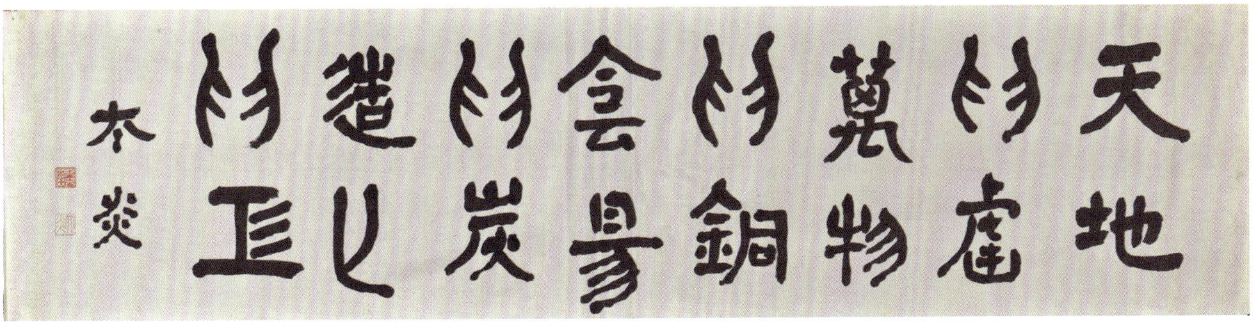

章太炎书“天地为炉”赠钱玄同

32.5cm × 130cm　1幅

释文：天地为炉，万物为铜，阴阳为炭，造化为工。太炎。

印章：白文“卿囧爻卿”，朱文“太炎”。

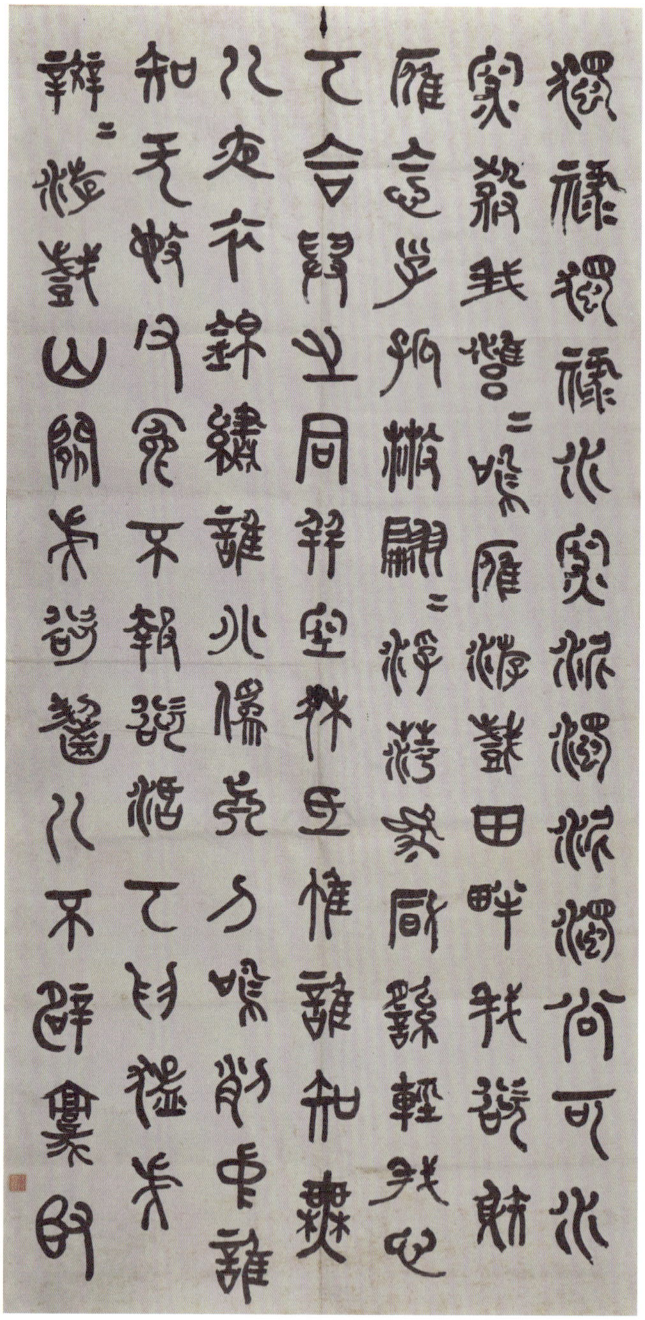

章太炎书“独禄诗”赠钱玄同

172cm×88cm 1幅

释文：独禄独禄，水深泥浊。泥浊尚可，水深杀我。嗈嗈鸣雁，游戏田畔。我欲射雁，念子孤散。翩翩浮萍，得风舔轻。我心何合，与之同并。空床低帷，谁知无人。夜衣锦绣，谁别伪真。刀鸣削中，谁知无施。父冤不报，欲活何为？猛虎斑斑，游戏山间。虎欲啮人，不避豪贤。

印章：白文“卿囧爻卿”。

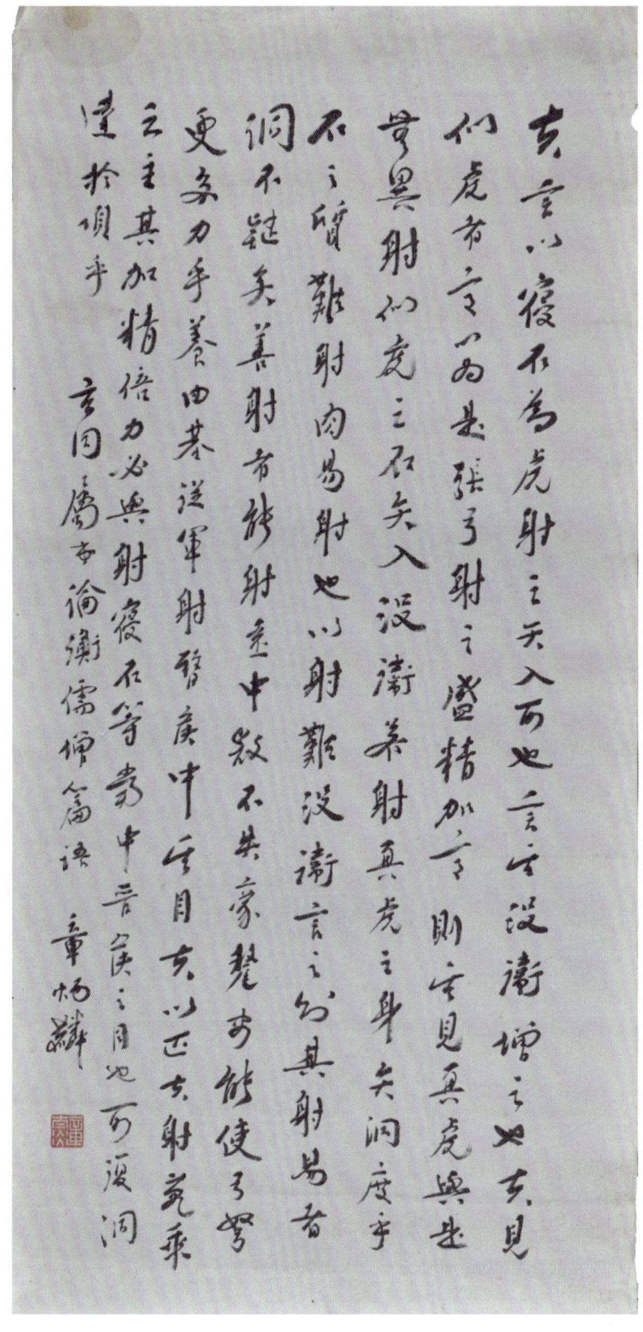

章太炎书《论衡·儒增篇》语赠钱玄同

65.5cm × 32.5cm　1幅

释文：夫言以寝石为虎，射之矢入可也；言其没卫，增之也。夫见似虎者意以为是，张弓射之，盛精加意，则其见真虎与是无异，射似虎之石，矢入没卫，若射真虎之身，矢洞度乎？石之质难射，肉，易射也。以射难没卫言之，则其射易者洞不疑矣。善射者能射远中微，不失毫厘，安能使弓弩更多力乎？养由基从军，射晋侯，中其目。夫以匹夫射万乘之主，其加精倍力，必与射寝石等，当中晋侯之目也，可复洞达于项乎？玄同嘱书《论衡·儒增篇》语。章炳麟。

印章：白文“章太炎”。

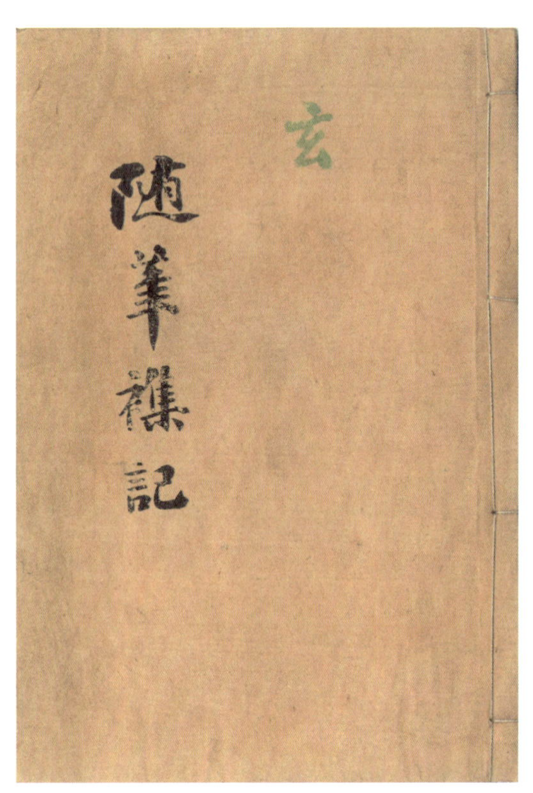

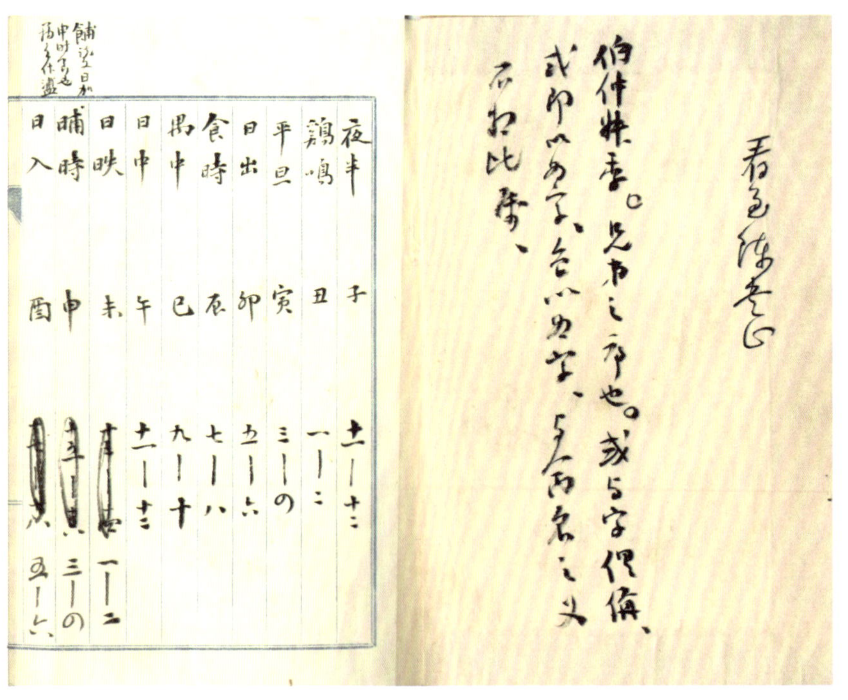

钱玄同读书笔记《随笔杂记》

23.5cm × 16.2cm　1册

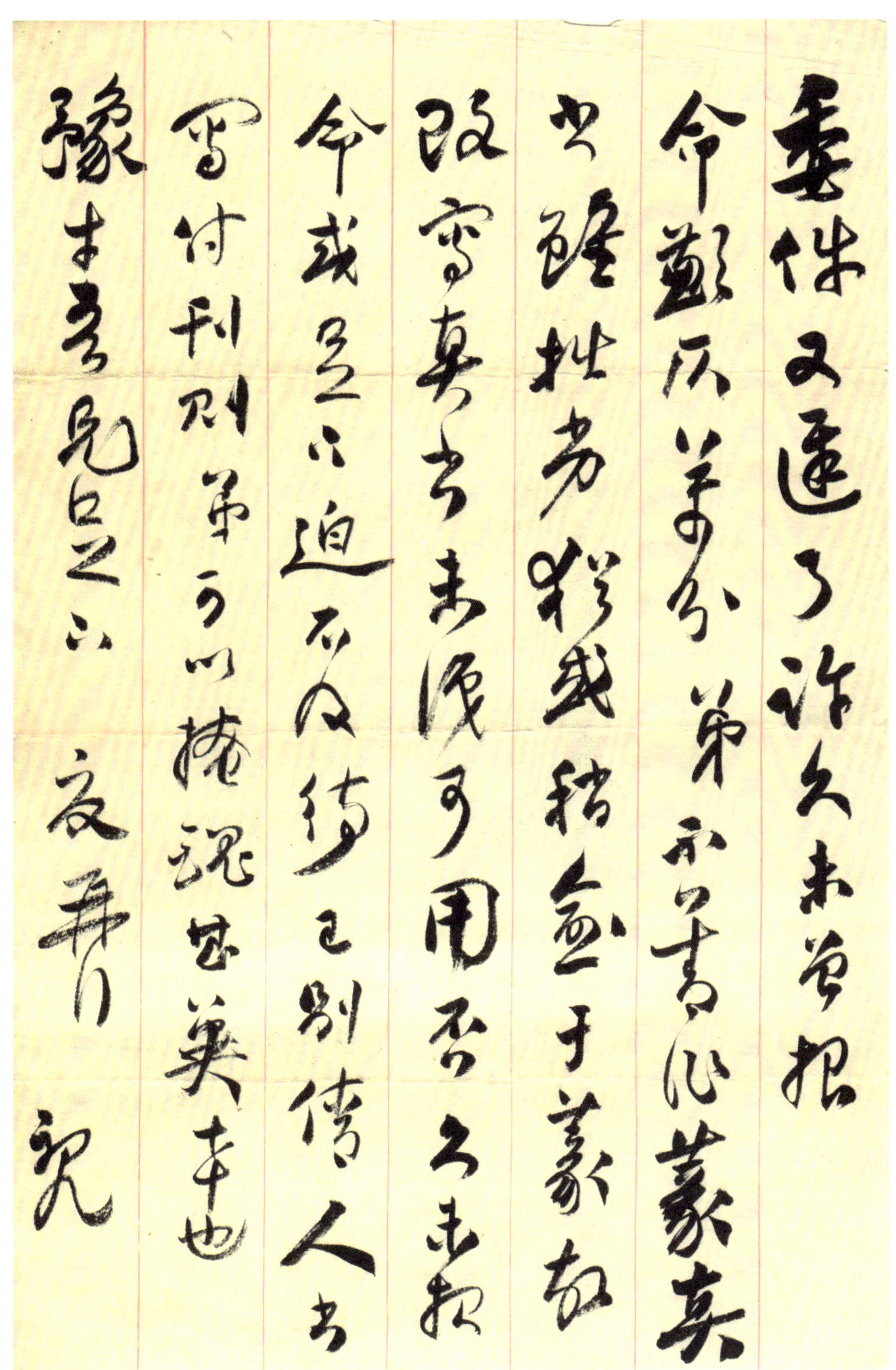

钱玄同致鲁迅（1915 年 4 月 10 日）

23.5cm × 15.7cm　3 页（正文 1 页，附页 2 页）

1915 年鲁迅在绍兴刻印《会稽郡故书杂集》，请钱玄同写封面，钱玄同答应写，但迟迟未交卷。鲁迅又请陈师曾题写付印，而钱玄同的写件后来虽然寄来却未用。

释文：会稽郡故书杂集。夏。
印章：朱文“钱夏之鉨”。

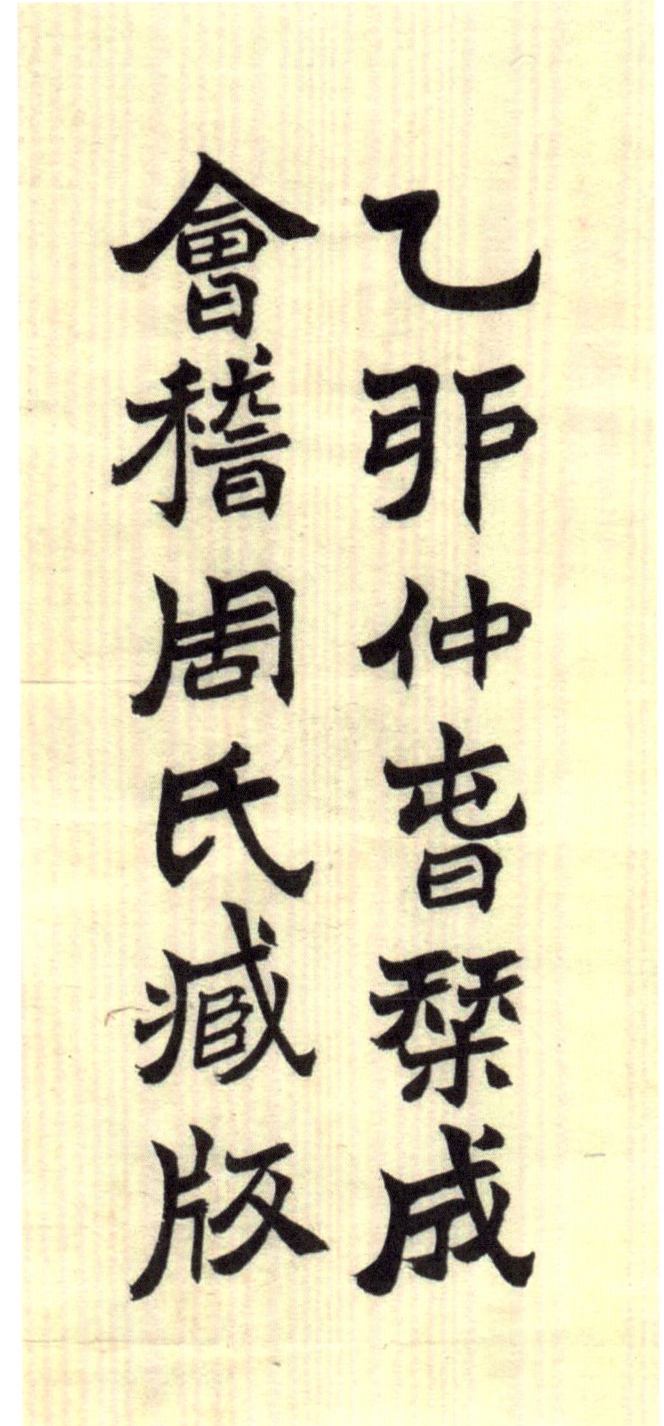

释文：乙卯仲春刊成。会稽周氏藏版。

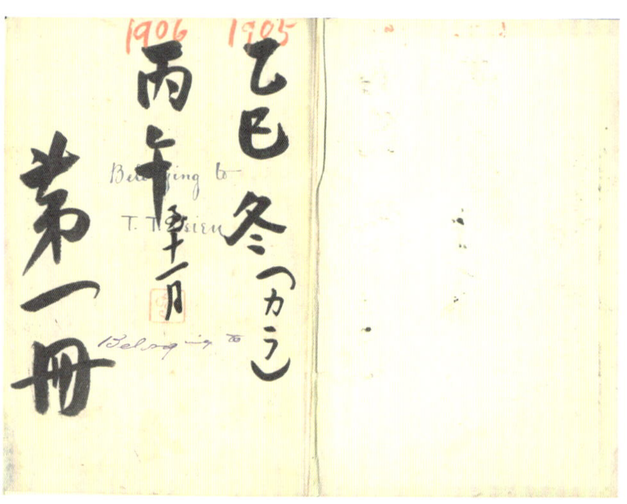

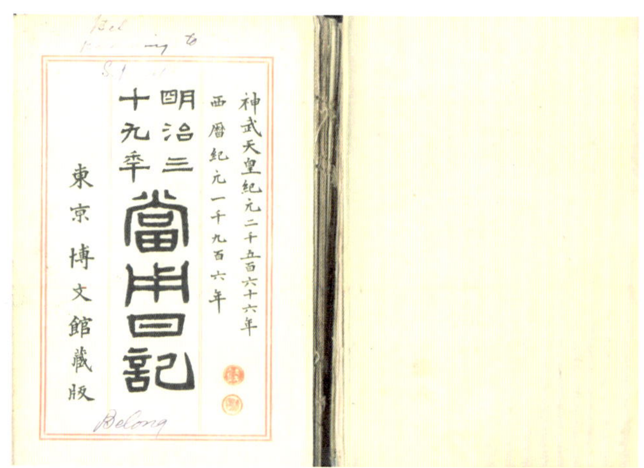

钱玄同日记第一册（1905 年，1906 年）

12.5cm × 9cm

钱玄同日记大大小小共 100 余册。日记起于 1905 年，止于 1939 年，亘 35 年，其间虽时有间断，然年份大体完备，是中国近代史上一份重要的文献资料。

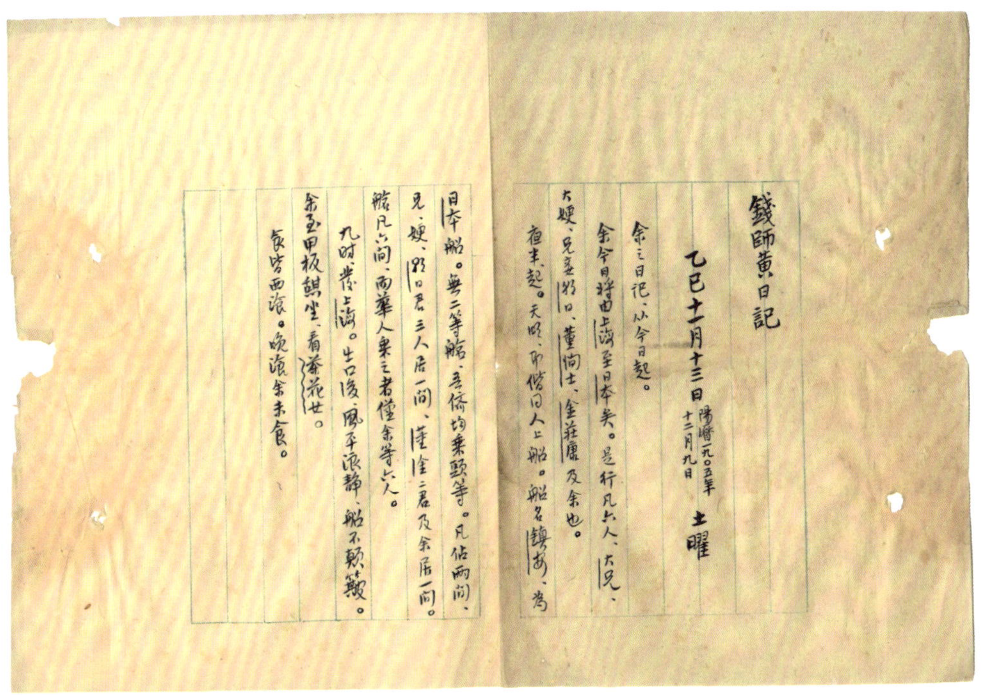

錢師黃日記

乙巳十一月十三日 陽曆一九〇五年十二月九日 土曜

余之日記，从今日起。

余今日将由上海至日本矣。是行凡六人，大兄、大嫂、兄妾彤日、董恂士、金莊廉及余也。

夜未起。天明，即偕同人上船。船名鎮南，為日本船。無二等艙，吾侪均乘頭等。凡佔兩间，兄、嫂、彤日君三人居一间，董、金二君及余居一间。艙凡六间，而華人乘之者僅余等六人。

九时，發上海。出口後，風平浪靜，船不顛簸。

余至甲板縱坐，看蕃花世。

食皆西餐。晚餐余未食。

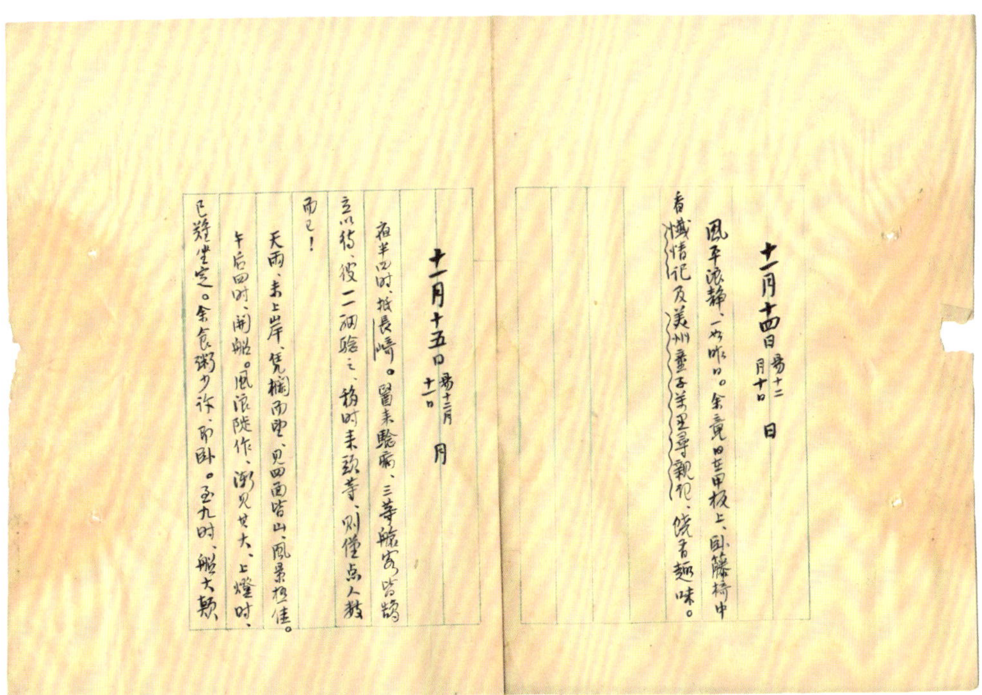

十一月十四日 陽十二月十日 日

風平浪靜，一如昨日。余竟日在甲板上，卧藤椅中看織情記及美州童子萬里尋親記，饒有趣味。

十一月十五日 陽十二月十一日 月

夜半四时，抵長崎。醫来驗病，三等艙客皆鹄立以待，彼一二兩艙之，移时来頭等，則僅点人数而已！

天雨，未上岸，凭欄而望，见四面皆山，風景極佳。

午后四时，開船。風浪陡作，渐见其大，上燈时，已難坐定。余食粥少许，即卧。至九时，船大顛

钱师黄日记（1905 年，1906 年）

29cm × 21cm　1 册

钱玄同对自己的日记进行了多次整理，此册是他对第一册日记整理重抄而成的。

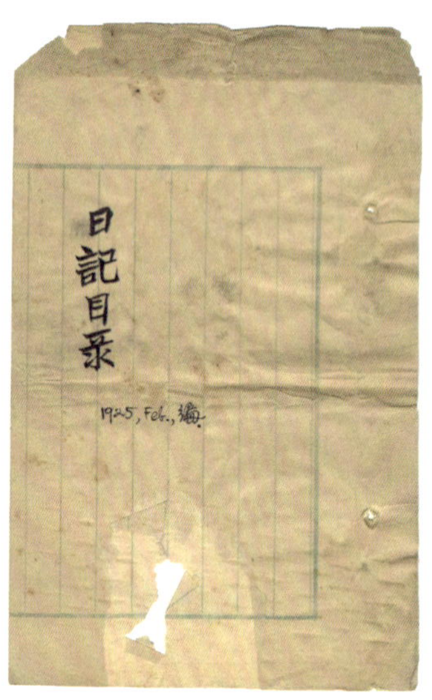

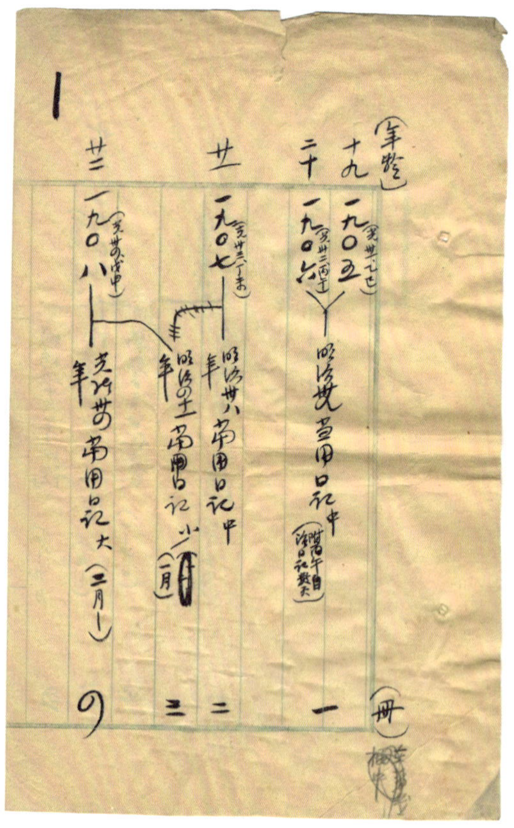

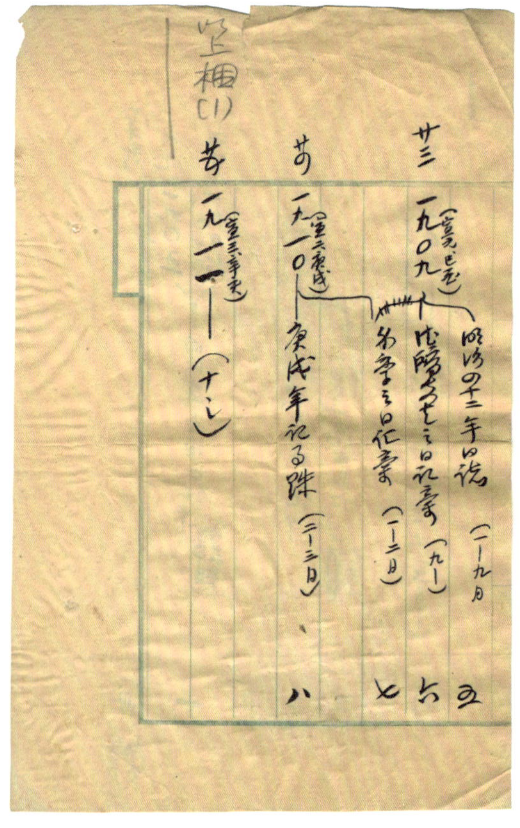

钱玄同自编日记目录（1925年）

32.3cm × 20.2cm　1册

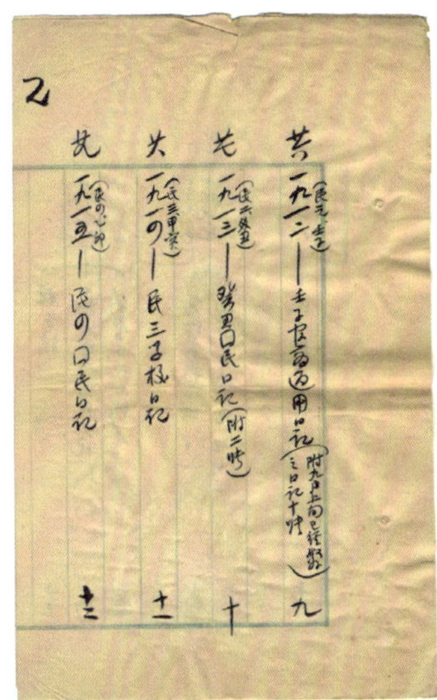

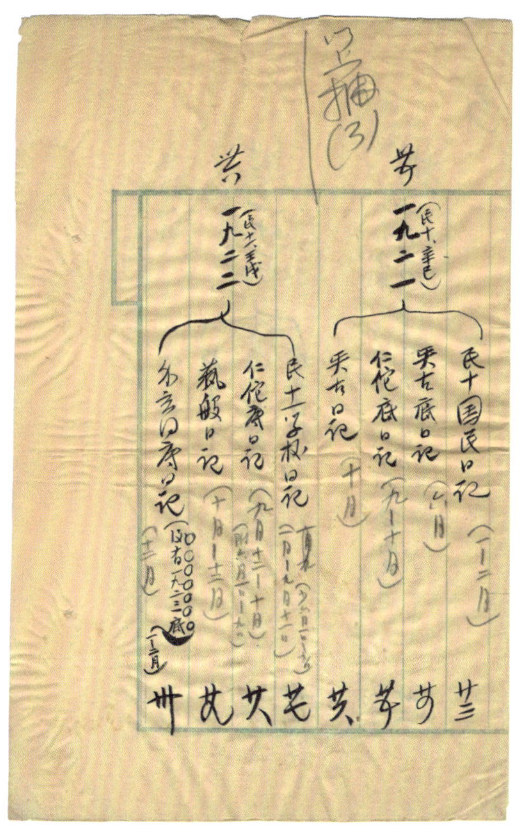

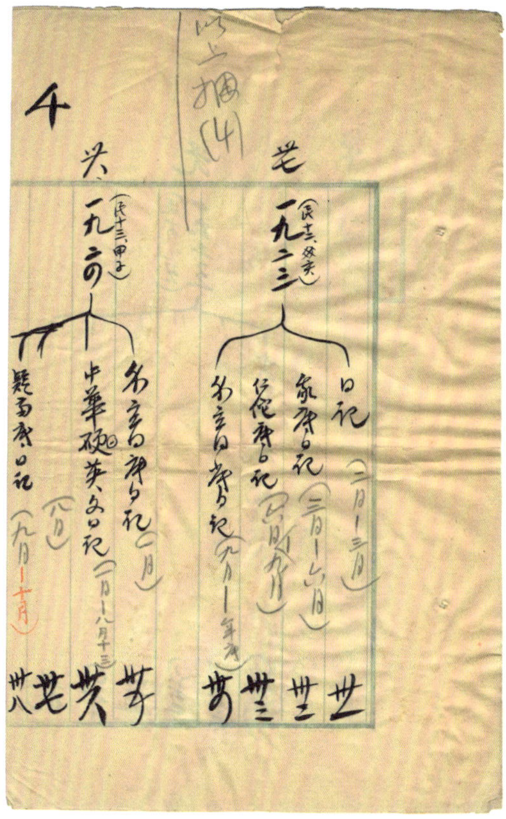

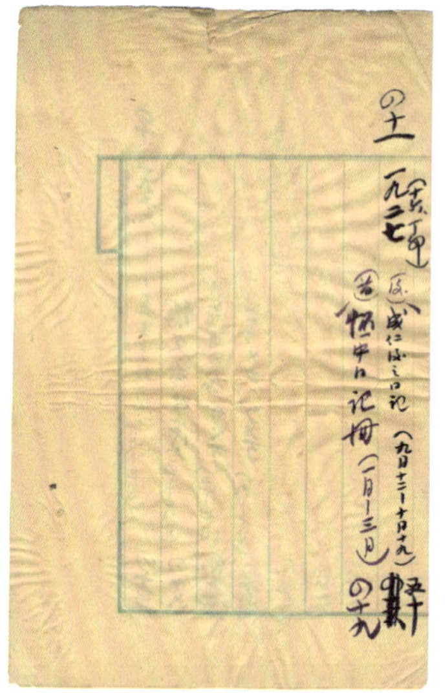

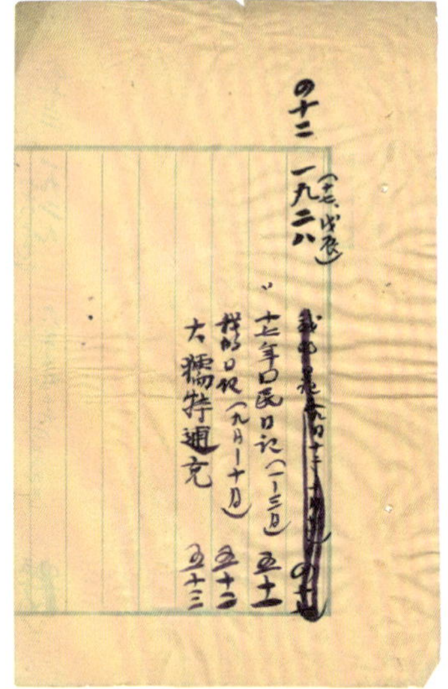

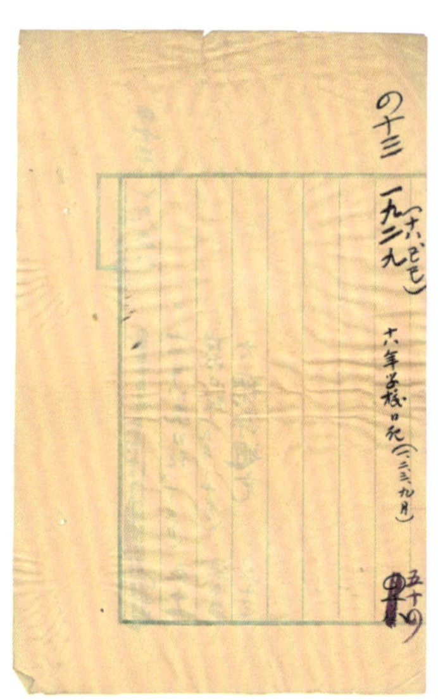

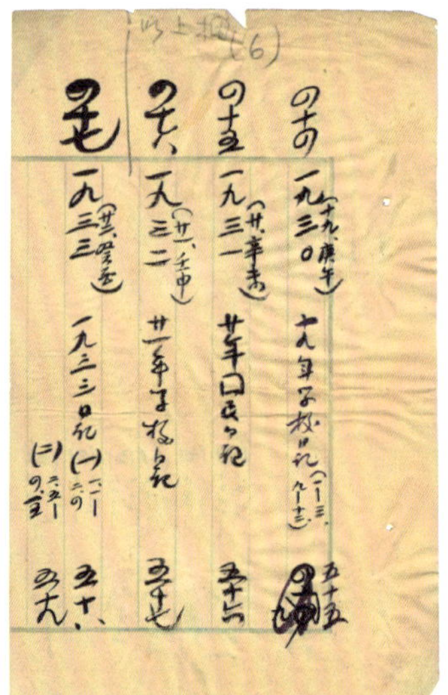

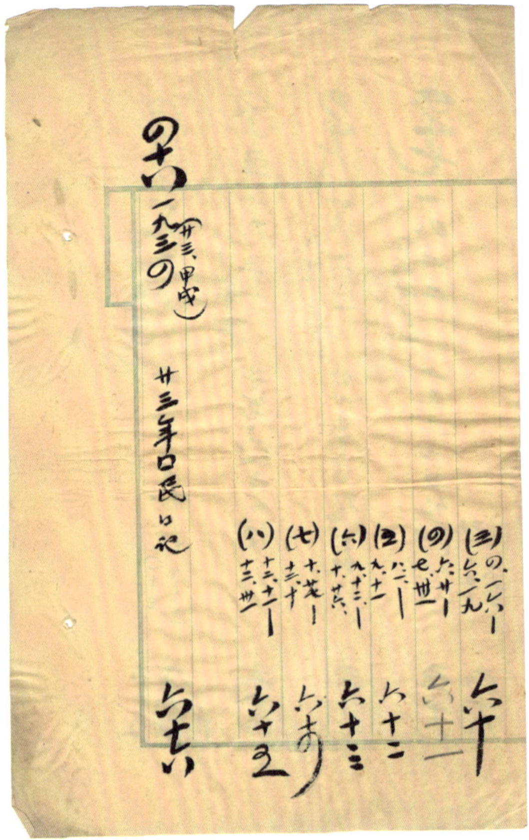

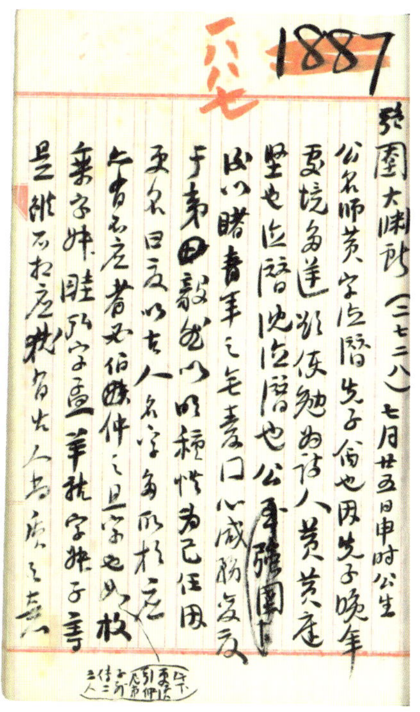

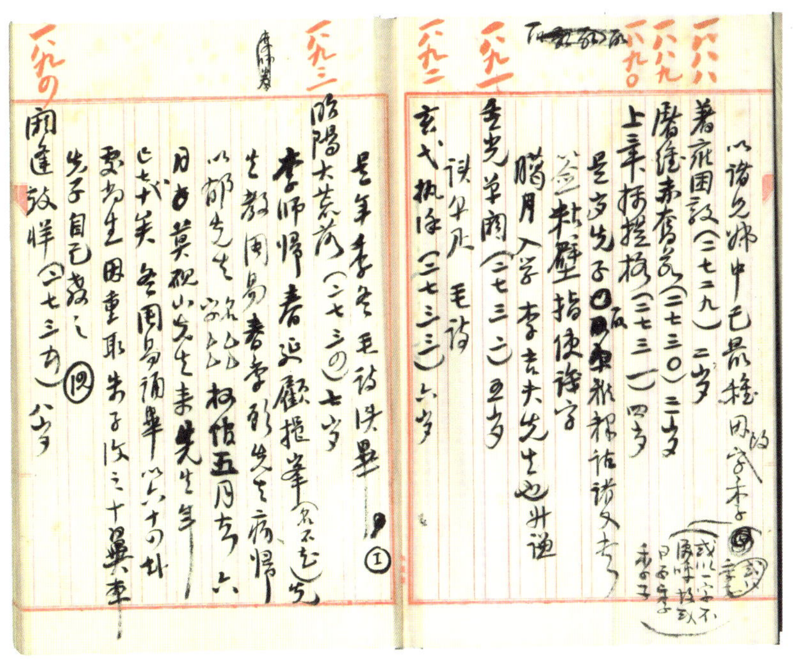

钱德潜先生年谱稿

16.5cm × 23.7cm　1 册

钱玄同自 1905 年底开始记日记，直至 1939 年去世，每年皆有所记。1905 年之前未有日记，因此，大约在 1909 年钱玄同作《钱德潜先生年谱稿》以补日记不备。

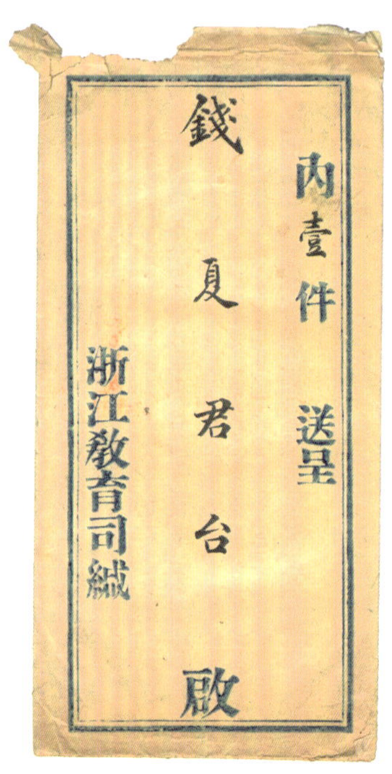
內壹件 送呈
錢 夏 君 台 啟
浙江教育司緘

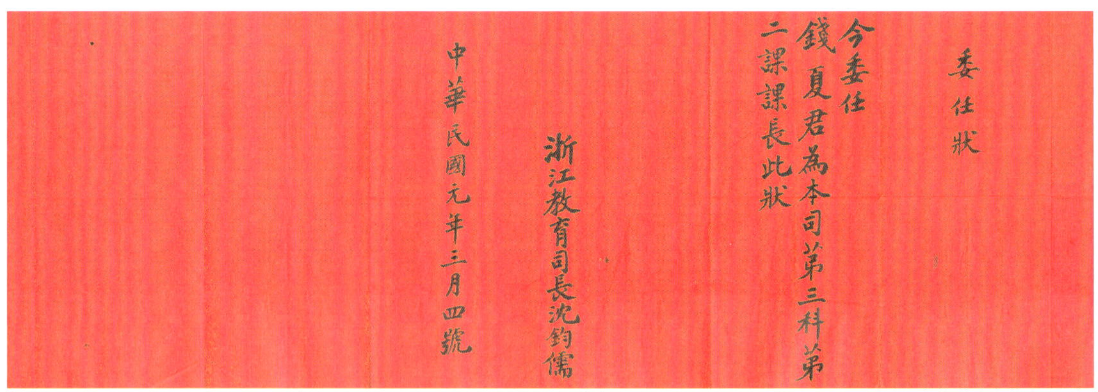
委任狀
今委任
錢夏君爲本司第三科第二課課長此狀
浙江教育司長沈鈞儒
中華民國元年三月四號

浙江教育司委任状

24.5cm × 69cm　32.3cm × 35.7cm　2 页

1912 年 3 月 4 日浙江教育司长沈钧儒委任钱夏（玄同）为浙江教育司第三科第二课课长委任状，此委任状未用印，用红纸，当为报条。

中華民國元年三月十二日　時發

委任狀

令委任錢　夏君爲本司第三科第二課課長此狀

中華民國元年三月十一號

浙江教育司長沈

1912年3月11日浙江教育司长沈钧儒委任钱夏（玄同）为浙江教育司第三科第二课课长委任状。

新文化运动斗士

在整个新文化运动中，钱玄同无疑是最为激进的一个。他主张“全盘西化”，主张“卖国”，把腐朽、落后、愚昧的旧中国卖给遗老遗少，另建西化的中国。他主张废灭汉字，改用拼音文字。他甚至说人过四十就该枪毙，因为年老者容易守旧。这些惊世骇俗之论，确确实实发挥了矫枉过正的作用。鲁迅就说过，守旧派本来拼命反对白话文，等钱玄同废灭汉字的主张一出来，就顾不上白话文，竭力来骂钱玄同，白话文渐渐地流行起来，钱玄同不仅有骇俗的高论，也有踏实的实行，极高明而道中庸。

钱玄同提倡白话文偏重体式和应用方面。他在《新青年》首倡左行横排，又以为《新青年》提倡白话文的文章却是文言文，言行不一，要求《新青年》同人自第四卷第一号起都用白话文作文，从那时起，《新青年》才真正成为白话文杂志。他提倡中国采用世界通用的公历纪年，提倡汉字简化，并制作了我国第一批由政府公布的简化字。在新文化运动中，钱玄同有多方面的成就，在国音国语及汉字改革方面的成就尤其突出。

贈國文部.
錢玄同. 13, Febrnaro, 1918.

新青年

中華民國郵務局特准掛號認為新聞紙類

LA JEUNESSE

要目

人生真義	陳獨秀
新青年之新道德	陶履恭
柏格森之哲學	劉叔雅
悲劇 大明	劉半農
古詩今譯	周作人
漢字索引制說明	林玉堂
嘗試集序	錢玄同
論旅歐儉學之情形及移家就學之生活	吳敬恒
文言合一草議	傅斯年

詳細篇目刊在册內

原名青年雜誌

第四卷第二號

上海羣益書社印行

《新青年》第四卷第二号

25cm × 17.4cm　1 册

1918 年 2 月上海群益书社印行，钱玄同是该期编辑。

《新青年》第四卷第五号

25cm × 17.4cm　1 册

1918 年 5 月上海群益书社印行。本期发表鲁迅小说《狂人日记》。《狂人日记》是中国现代文学史上第一篇白话小说，而这篇小说就是钱玄同磨鞋底、磨嘴皮不断地上鲁迅所住绍兴会馆游说给催生出来的。

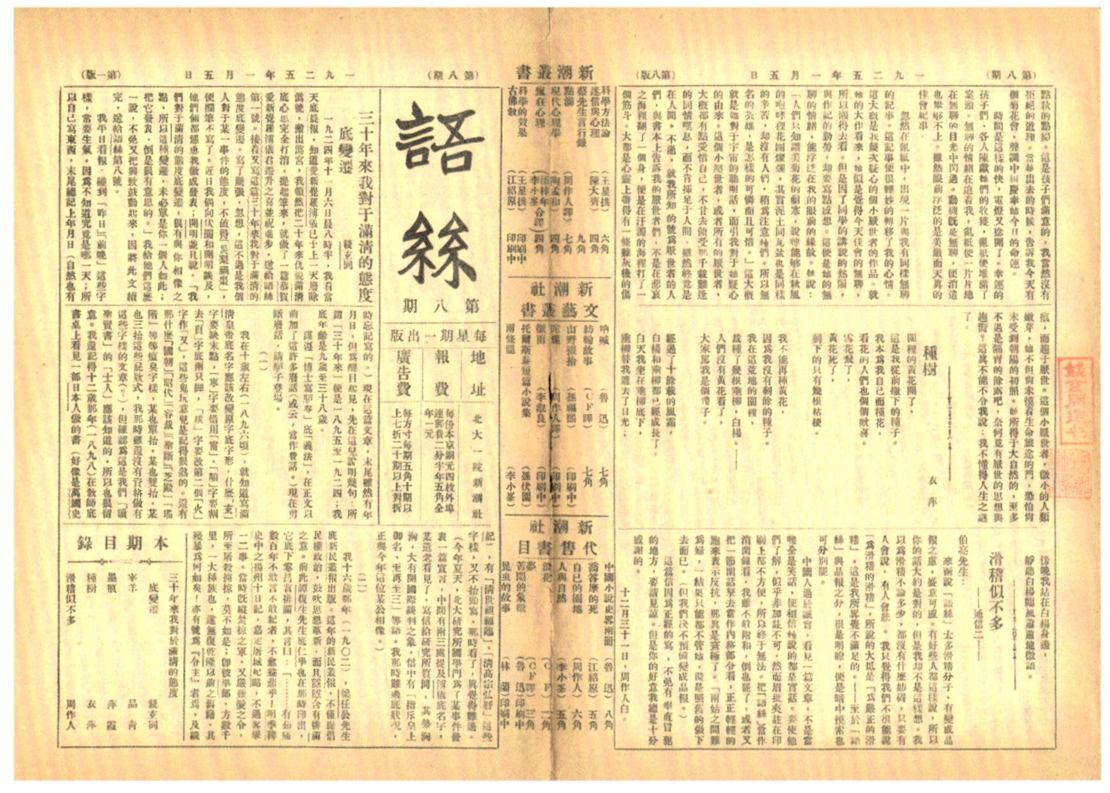

（第八期）　一九二五年一月五日　（第一版）

語絲

第八期

每星期一出版

地址	報費	廣告費
北大一院新潮社	每份本京銅元四枚外埠連郵費二分半年五角全年一元	每方寸每期五角十期以上七折二十期以上對折

三十年來我對于滿清的態度底變遷

錢玄同

一九二四年十一月六日晨八時半，我看當天底晨報，知道愛新覺羅溥儀已于上一天廢除僞號，搬出僞宮，我頓然把二十年來仇視滿清底心思完全打消，提起筆來，就做了一篇恭賀愛新覺羅溥儀君遷升之喜並祝進步，送給語絲第一號。接着又寫這篇三十年來我對于滿清的態度底變遷。寫了幾張，忽想，這不過是我個人對于某一事件的態度，不值得「災棃禍棗」，便擱筆不寫了。近日我偶向伏園和開明談及，他們倆都慫恿我做成發表；開明並且說，「我們對于滿清的態度底變遷，很有與你相像之點，所以這種變遷，未必單是你一個人如此；把它發表，倒是很有意思的。」我給他們這麼一說，不免又把興致鼓動起來，因將此文續完，送給語絲第八號。

我平日看報，碰到「昨日」「前晚」這些字樣，常要生氣，因爲不知道究竟是哪一天；所以自己寫東西，末尾總記上年月日（自然也有時忘記寫的。）現在這篇文章，末尾雖然有年月日，但爲醒目起見，先在這兒註明幾句：所謂「三十年來」便是一八九五至一九二四；我底年齡是九歲至三十八歲。

謹遵「博士寫驢券」底「義法」，在正文以前加了這許多廢話（或云，當作費話。）現在剪斷廢話，請驢子登場。

（一）

我在十歲左右（一八九六頃），就知道寫滿清皇帝底名字應該改變原字底字形，什麼「玄」字要缺末點，「寧」字要借用「甯」，「淳」字要搁去「頁」字底兩只脚，「琰」字要改第二個「火」字作「又」，這些鬼玩意兒是記得很熟的。還有那什麼「國朝」「昭代」「睿裁」「聖斷」「芝殿」「瑶階」等等瘟臭字樣，某也單抬，某也雙抬，某也三抬這些屁款式，我那時雖還沒有資格做有這些字樣的文章（？），但確認爲這是我們「讀聖賢書」的「士人」應該知道的，所以也很留意。我還記得十二歲那年（一八九八）在教師底書桌上看見一部日本人做的書（好像是萬國史記），有「清世祖福臨」，「清高宗弘曆」這些字樣，又不抬頭寫，那時看了，真覺得難過。（今年夏天，北大研究所國學門爲了某事件發表一篇宣言，中間有兩三處提及溥儀底名字，某遺老看見了，寫信給研究所質問，其勢洶洶，大有國際談判之象，信中有「指斥皇上御名，至再至三」等語。我那時難過底狀況，正與今年這位某公相像。）

（二）

我十六歲那年（一九〇二），梁任公先生底新民叢報出版。這年的新民叢報，不僅提倡民權政治，鼓吹思想革新，而且隱隱含有排滿之意。前此譚復生先生底仁學也在那時印出，它底下卷昌言排滿，其言曰：「……有茹痛數百年不敢言不敢紀者，不愈益悲乎！明季稗史中之揚州十日記，嘉定屠城紀略，不過略舉一二事。當時既縱焚掠之軍，又嚴薙髮之令，所至屠殺擄掠，莫不如是；即彼准部，方數千里，一大種族也，遂無復噍類，[illegible]。其殘暴爲何如矣！亦有號爲『令主』者焉，及讀

本期目錄

新潮叢書

科學方法論	（王星拱）	六角
迷信與心理	（陳大齊）	四角
蔡先生言行錄		九角
點滴	（周作人譯）	七角
現代心理學	（陶孟和）	四角
瘋狂心理	（潘梓年 李小峯 合譯）	四角
科學的效果	（王星拱）	印刷中
古佛教	（江紹原）	印刷中

新潮社文藝叢書

吶喊	（魯迅）	七角
紡輪故事	（CF譯）	七角
山野掇拾	（孫福熙）	（印刷中）
陀螺	（周作人譯）	（印刷中）
微雨	（李金髮）	（印刷中）
托爾斯泰短篇小說集		（孫伏園）
兩條腿		（李小峯）

新潮社代售書目

中國小說史略兩冊	（魯迅）	八角
喬答摩的死	（江紹原）	五角
自己的園地	（周作人）	六角
人與自然	（李小峯）	五角
浪花	（CF）	二角
夢	（CF譯）	三角
苦悶的象徵	（魯迅）	印刷中
昆蟲的故事	（林蘭）	印刷中

（第八期）　一九二五年一月五日　（第八版）

點秋的點綴。這是孩子們滿意的，我當然沒有拒絕的道理。當她出去的時候，告訴我今天有個菊花會，聲調中很慶幸她今日的命運。

時間是這樣的快，電燈又捻開了。幸運的孩子們，各人陳獻她們的收獲，亂紙便堆滿了案頭。無聊的情緒在追着我，亂紙便一片片地在無聊的目光中閃過。動機既是無聊，便消遣也嫌夠不上。雖然眼前浮泛的是美麗而天真的佳會紀事。

忽然在亂紙中，出現一片與我有同樣無聊的記事。這記事便很輕妙的轉移了我的心情。這大概是我幾次疑心的個小厭世者的作品。就她的大作看來，她似是覺得今天佳會的無聊，所以懶得去看。但是因了同學的講說的熱鬧，與作記的勤勞，却要寫點感想。這便是她的無聊的情緒，能浮泛在我的眼前的緣故。她說：

「人們只知讚美菊花的耐寒，說牠能夠在秋風的咆哮裡花團燦爛，其實泥土同瓦盆也是同樣的辛苦，却沒有人們，稍爲注意牠們。所以無名的英雄，是怎樣的可憐而且可惜。」這大概就是她對于宇宙的聰明話，而引我對于她疑心的由來。這個小厭世者，或者所有的厭世者，大概都有點愛惜自己，不甘去領受那千載難逢的同情嘆息，而不肯插足于人間。雖然終覺是在人間。不過，就我所知的號爲厭世者的人們，與書本上告訴我的厭世者們，不是在悲哀之海裡翻了一個身，便是在汙濁的海裡打了一個筋斗。大都是心靈上帶得有一條蘇灰樣的傷痕，而趨于厭世。這個小厭世者，做小的人類嫩芽，她不但尚未摸着生命旅途的門，恐怕尚未受到朝陽的初照。她所得于大自然的，至多不過是陽春的餘溫吧，奈何竟有厭世的思想與趣嚮？這眞不能不令我說：我不懂得人生之謎了。

種樹

衣萍

園裡的黃花開了，
這是我從前撒下的種子。
我本爲我自己而種花，
看花的人們也個個歡喜。
雪花飛了，
黃花死了，
剩下的只有幾根枯梗。
我不能再種黃花，
因爲我沒有剩餘的種子。
我在這荒地的園裡，
栽種了幾根垂柳，白楊。——
人們沒有黃花看了，
大家罵我是個傻子。
經過了十餘載的風霜，
白楊和垂柳都已經成長了。
白天我坐在垂柳底下，
垂柳替我遮去了日光；
傍晚我站在白楊身邊，
靜聽白楊臨風蕭蕭地傲語。

滑稽似不多

——通信二——

伯亮先生：

來函說「語絲」太多滑稽分子，有變成晶報之虞，盛意可感。有好些人都這樣說，所以你的話大約是對的，但是我却不是這樣想。我以爲滑稽不論多少，都沒有什麼妨礙，只要有人會說，有人會聽。我只覺得我們不很能說「爲滑稽的滑稽」，所說的大抵是「爲嚴正的滑稽」，這是我所覺得不滿足的。——至於「語絲」與晶報之分，很是明瞭，便是暗中摸索也可分別罷。

中國人過於誠實，看見一篇文章，不是當他全是笑話，便相信她說的都是實話。要使他們了解，似乎非加註不可，然而眉批夾註在印刷上都不方便，所以終于無法。把「語絲」當作滑閑錄看，我雖不能附和，倒也罷了，或者又把一節閑話拏去當作內務部令看，正正經經的跑來表示反抗，那真是窘極了。「爾姑之間難爲婦，」結果只能都不管她，還是照舊的做下去而已。（但我們決不預備變成晶報。）

這篇信因爲正經的寫，不免有率直冒犯的地方，要請見諒，但是你的好意我總是十分感謝的。

十二月三十一日，周作人白。

《语丝》周刊第八期（1925年1月5日）

27.5cm × 39.2cm　　1张

1924年11月17日，《语丝》周刊第一期出版。钱玄同列名为发起人及长期撰稿人，并为《语丝》题写了刊头。钱玄同是《语丝》活跃的作者，在《语丝》发表了《恭贺爱新觉罗·溥仪君升迁之喜，并祝进步》《告遗老》《三十年来我对于满清的态度底变迁》等重要文章。

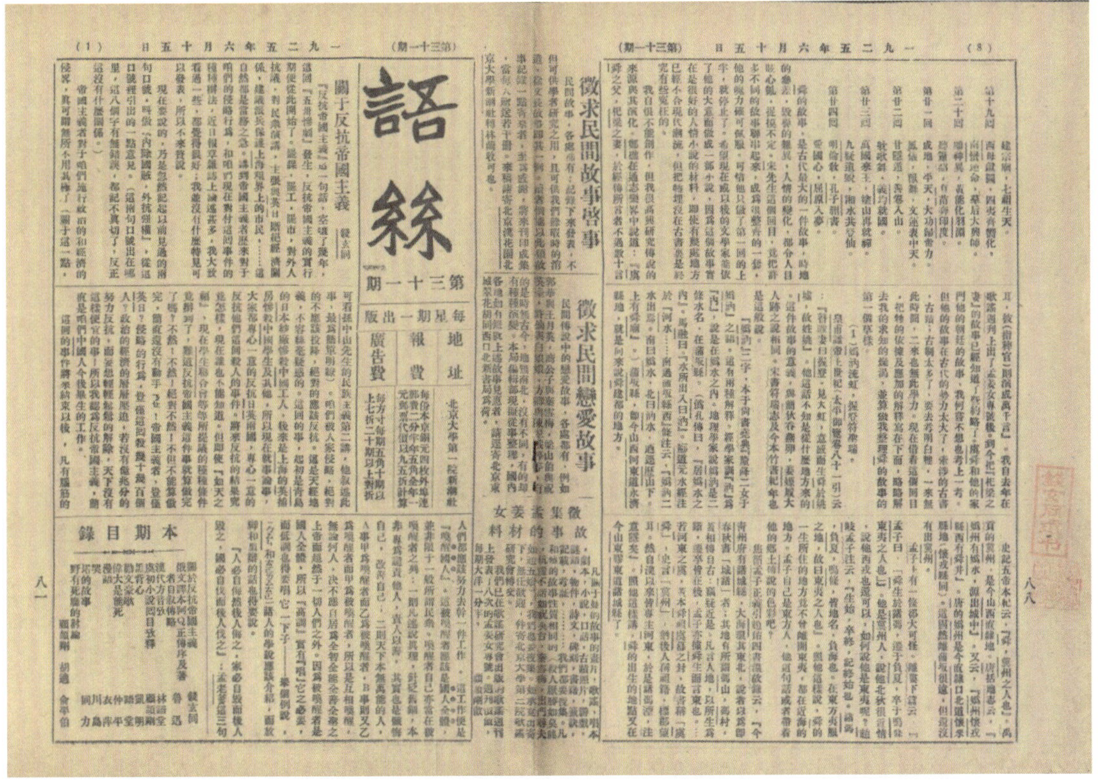

（第三十一期）　一九二五年六月十五日　（1）

語絲

第三十一期

每星期一出版

關于反抗帝國主義

徵求民間故事啓事

徵求民間戀愛故事

本期目錄

（第三十一期）　一九二五年六月十五日　（8）

《语丝》周刊第三十一期（1925年6月15日）

27.5cm × 39.2cm　1张

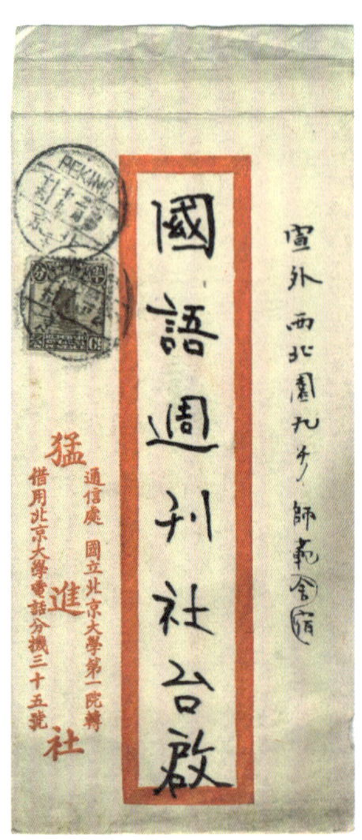

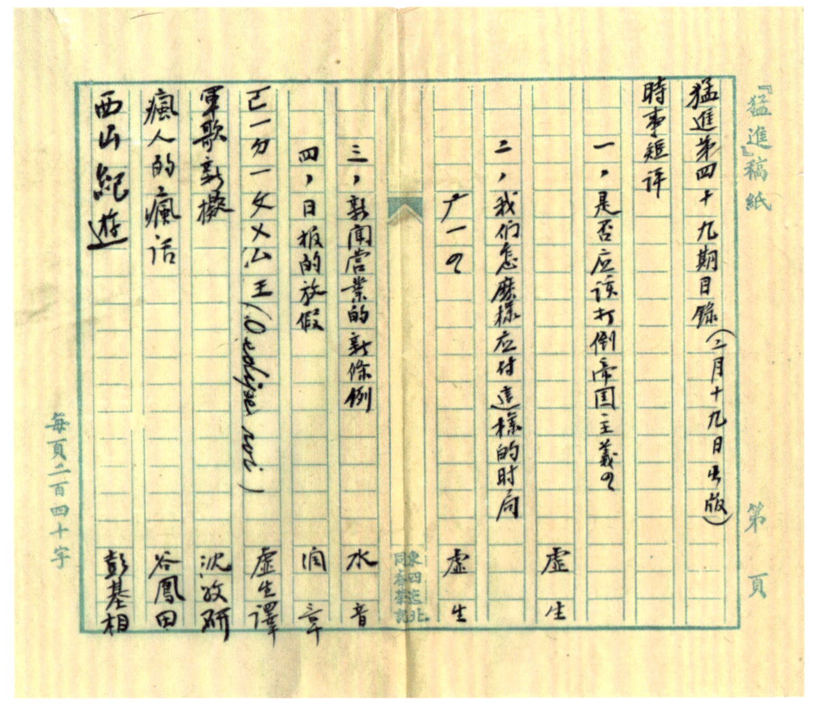

『猛進』稿紙

猛進第四十九期目錄（二月十九日出版）

時事短評

一，是否应該打倒帝国主義？ 虚生

二，我们怎麼樣应付這樣的时局 虚生

广一？

三，新聞营業的新條例 水音

四，日报的放假 润章

ㄝㄧㄉㄧㄆㄨㄙ王（Oedipes roi） 虚生譯

軍歌新撰 沈政斯

瘋人的瘋话 谷鳳田

西山紀遊 彭基相

每頁二百四十字

第 頁

猛进社寄给国语周刊社《猛进》第四十九期目录（1927 年 2 月 19 日）

24.2cm × 28.4cm　1 页

那时友刊之间往往交换登载预告目录，这份目录就是用来交换登载的。

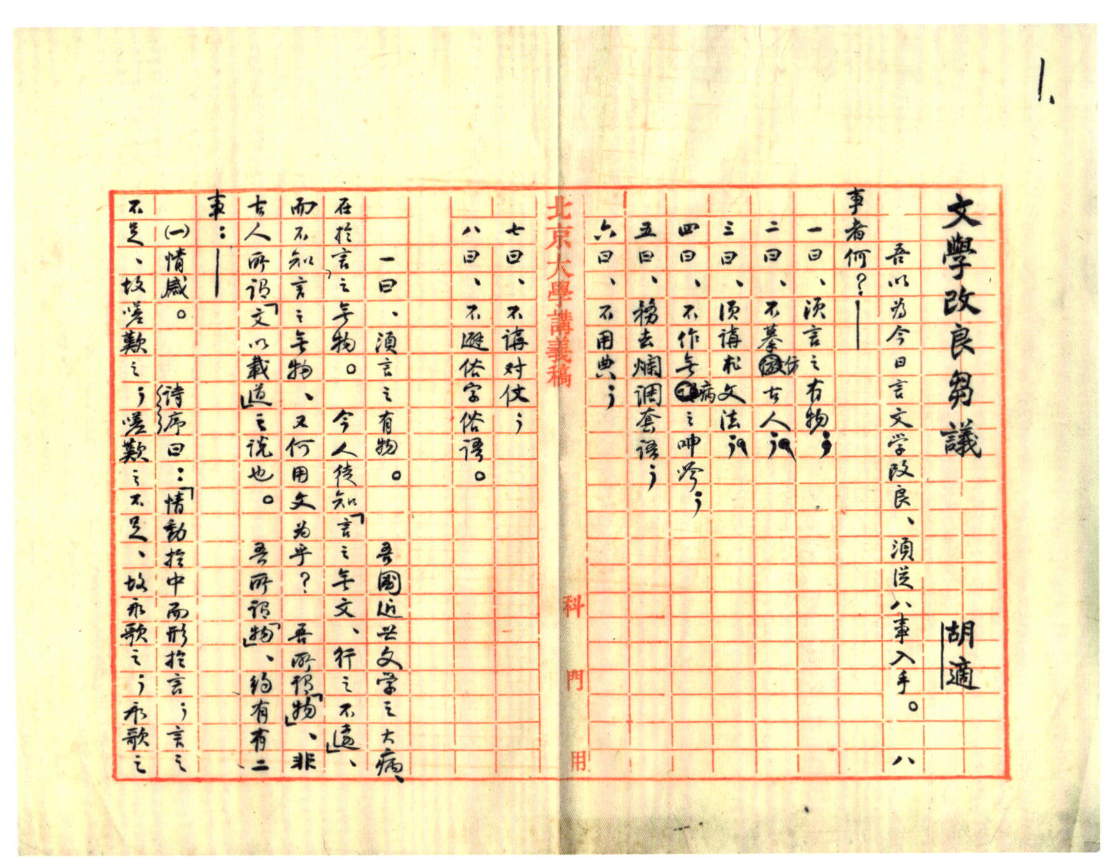

1.

文學改良芻議 胡適

吾以為今日言文學改良、須從八事入手。八事者何？——

一曰、須言之有物；

二曰、不摹倣古人；

三曰、須講求文法；

四曰、不作無病之呻吟；

五曰、務去爛調套語；

六曰、不用典；

七曰、不講對仗；

八曰、不避俗字俗語。

北京大學講義稿 科門用

一曰、須言之有物。 吾國近世文學之大病在於言之無物。今人徒知「言之無文、行之不遠」、而不知言之無物、又何用文為乎？ 吾所謂「物」、非古人所謂「文以載道」之說也。 吾所謂「物」、約有二事：——

(一)情感。 詩序曰：「情動於中而形於言；言之不足、故嗟歎之；嗟歎之不足、故永歌之；永歌之

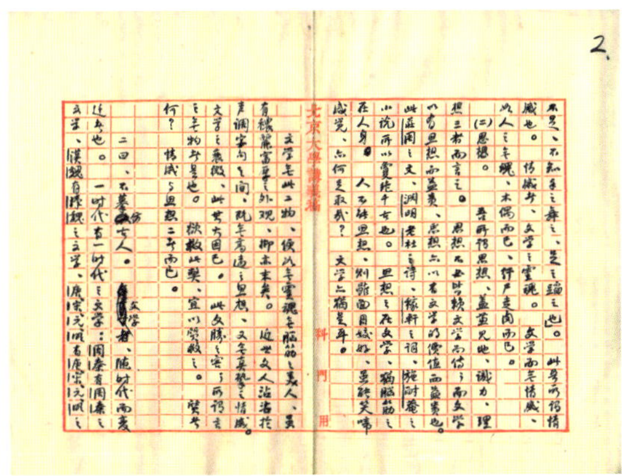

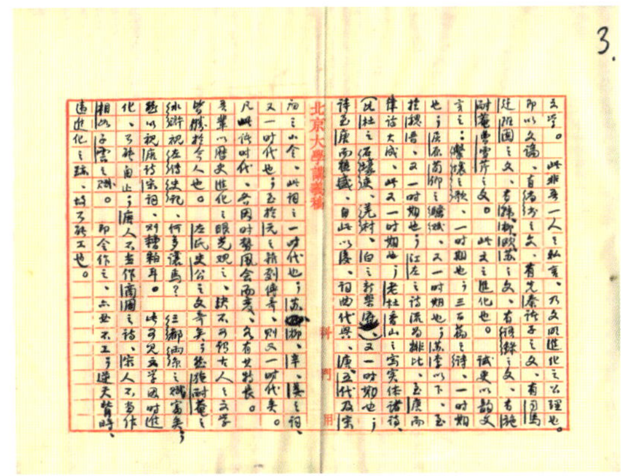

钱玄同抄胡适《文学改良刍议》稿（不全）

38cm×28cm　14 页

1920 年，钱玄同、胡适等为北大国文系编《模范文选》，胡适以为“议论文非选我们的不可”。钱玄同负责选编近人议论文，他亲自抄选了胡适《文学改良刍议》《建设的文学革命论》，以及陈独秀《吾人最后之觉悟》。三文抄稿虽然不全，但可以看出页码编号是连续的，这是钱玄同抄校完成后付北大讲义科印《模范文选》讲义用的。

4.

北京大學講義稿

既明文學進化之理、然後可言「不摹仿古人」之說。今日之中國、當造今日之文學、不必摹仿唐宋、亦不必摹仿周秦也。前見國會開幕詞、有云：「於鑠國會、遵晦時休」。此在今日而欲為三代以上之文之一證也。更觀今之所謂「文學大家」、則下規姚曾、上師韓歐、更上則取法秦漢魏晉、以為六朝以下無文學可言。此皆百步與五十步之別而已、而皆為文學下乘、即令神似古人、亦不過為博物院中添幾許「逼真贋鼎」而已、文學云乎哉？昨見陳伯嚴一詩云：——

濤園鈔杜句、半歲禿千毫。所得都成淚、相過問奏刀。萬靈噤不下、此老仰彌高！胸腹回滋味、徐看薄命騷。

此大足代表今日「第一流詩人」摹仿古人之心理也。此病根所在、在於以「半歲禿千毫」之工夫作古人的鈔胥奴婢、故有「此老仰彌高」之歎。若能洒脫此種奴性、不作古人的詩、而惟作我自己的詩、則決不致生失敗矣。

玄每謂今日之文學、其足與世界第一流文學比較而無愧色者、獨有白話小說——我佛山人、南亭

7.

北京大學講義稿　科　門　用

则可，以其所言乃帝王之衰亡也。「丁字帘」、「公孙」，皆套语也。此词在美国所作，其夜灯决不「荧荧如豆」，其居室尤无「柱」可绕也。至於「繁霜飞舞」，则更不成话矣。谁曾见繁霜之「飞舞」耶？

吾所谓务去滥调套语者，别无他法，惟在人人以其耳目所亲见亲闻、所亲身阅历之事物，一一自己铸词以形容描写之；但求其不失真，但求能达其状物写意之目的，即是工夫。其用滥调套语者，皆懒惰不肯自己铸词状物者也。

六曰，不用典。

典可分为广狭二义，分论之如下：——

(一)广义之典，非吾所谓典也。广义之典约有五种：——

(甲)古人所设譬喻，其取譬之事物，含有普遍意义，不以时代而失其效用者，今人亦可用之。如古人言「以子之矛，攻子之盾」，今人虽不读书者，亦知用「自相矛盾」之喻，然不可谓为用典也。又如「治头治脚」、「洪水猛兽」、「发聋振聩」、……皆此类也。盖设譬取喻，贵能切当，若能切当、

8.

9.

10

云：「豈意青州六從事、化為烏有一先生」！

此雖工、已近於纖巧矣。

(3) 吾十年前嘗有讀《十字軍英雄記》一詩云：「豈有

酖人羊叔子？焉知微服趙主父？十字軍

真兒戲耳、獨此兩人可千古」。以兩典包

盡全書、當時頗沾沾自喜。其實此種詩儘

可不作也。

(4) 江亢虎《代華僑誄陳英士文》、有「未懸太白、先

壞長城。世無鉏麑、乃戕趙卿！」四句、余

極喜之；所用趙宣子一典、甚工切也。

北京大學講義稿　科　門　用

(5) 王國維《詠史詩》、有「虎狼在堂室、徙戎復何補？

神州遂陸沈、百年委榛莽。寄語桓元子：

莫罪王夷甫！」。此亦可謂使事之工者矣。

上述諸例、皆以典代言。其妙處、終在不失

設譬比方之原意；惟為文體所限、故譬喻變而為稱

代耳。用典之弊、在於使人失其所欲譬喻之原意。

若反客為主、使讀者迷於使事用典之繁、而轉忘其

所為設譬之事物、則為拙矣。古人雖作百韻長詩、

其所用典、不出一二事而已；——《北征》与白香山《悲

哉行》詩、皆不用一典。今人作長律、則非典不能

11

12

13

我爱其乱。此皆排句也。然此皆近于语言之自然，而无牵强刻削之迹；尤未有定其字之多寡、声之平仄、词之虚实者也。至于后世文学末流，言之无物，乃以文胜；文胜之极，而骈文律诗兴焉，而长律兴焉。骈文律诗之中非无佳作，然佳作终鲜。所以然者何？岂不以其束缚人之自由过甚之故耶？——长律之中，上下古今，无一首佳作可言也。今日而言文学改良，当「先立乎其大者」，不当枉废有用之精力于微细纤巧之末。此吾所以有废骈废律之说也。

今人犹有鄙弃白话小说为文学小道者。不知施耐庵、曹雪芹、吴趼人皆文学正宗，而骈文律诗乃真小道耳。

八曰，不避俗语俗字。吾惟以施耐庵、曹雪芹、吴趼人为文学正宗，故有不避俗语俗字之论也。盖吾国言文之背驰久矣。自佛书之输入，译者以文言不足以达意，故以浅近之文译之，其体已近白话。其后佛氏讲义语录尤多用白话为之者，是为「语录体」之原始。及宋人讲学，以白话为语录，

14

此体遂成讲学正体，——明人因之。当是时，白话已久入韵文，观唐宋人白话之诗词可见也。及元时，中国乃发生一种通俗行远之文学：文则有水浒、西游、三国之类，戏曲则尤不可胜计，——关汉卿诸人，人各著剧数十种之多，吾国文人著作之富，未有过于此时者也。以今世眼光观之，则中国文学，当以元代为最盛，可传世不朽之作，当以元代为最多，此可无疑也。当是时，中国之文学最近言文合一，白话几成「文学的语言」矣。使此趋势不受阻遏，则中国几有一「活文学」出现，而但丁（Dante）路德（Luther）之伟业——欧洲中古时，各国皆有俚语，而以拉丁文为「文言」，凡著作书籍皆用之，如吾国之以「文言」著书也。其后意大利有但丁诸文豪，始以其国俚语著作。诸国踵兴，「国语」亦代起。路德创新教，始以德文译旧约新约，遂开德文学之先。英法诸国亦复如是。今世通用之英文新旧约乃一六一一年译本，距今才三百年耳。故今日欧洲诸国之文学，在当日皆为俚语。迨诸文豪兴，始以「活文学」代拉丁之「死文学」。有活文学而后有言文合一之国语也——几发生于神州。不意

廿二

北京大學講義稿 科 門 用

今日中国有没有標準国語。我们儘可努力去作白話的文学。我们可以尽量采用水滸、西遊、儒林外史、紅楼梦的白話；有不合今日之用的，便不用他；有不够用的，便用今日的白話来補助；有不得不用文言的，便用文言来補助。這样作去，決不愁語言文字不够用，也決不用愁没有標準国語。中国将来的新文学用的白話，就是将来中国的標準国語。造中国将来白話文学的人，就是制定標準国語的人。

我這种议論，並不是随便乱说的。我這几年来研究欧洲各国国語的歷史，没有一种国語不是這样造成的；没有一种国語是教育部的官吏造成的；没有一种是言語学专门家造成的；没有一种不是文学家造成的。我且举几个例为証：

一、意大利 五百年前，欧洲各国但有方言，没有国語。欧洲最早的国語是意大利文。那时欧洲各国的人都用拉丁文著書通信。到了十四世纪的初年，意大利的大文学家但丁（Dante）極力主张用意大利話来代拉丁文。他说拉丁文是已死了的文字，不如他本国俗話的優美。所以他自己的

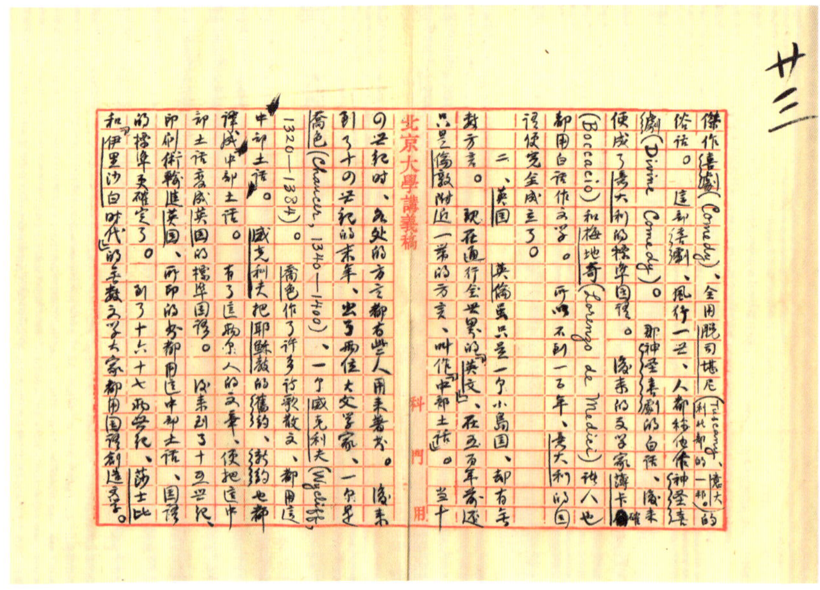

廿三

北京大學講義稿 科 門 用

傑作，喜劇（Comedy），全用脱司堪尼（Tuscany，意大利北部的一邦）的俗話。這部喜劇，風行一世，人都称他做神聖喜劇（Divine Comedy）。那神聖喜劇的白話，後来便成了意大利的標準国語。後来的文学家薄卡嘉（Boccacio）和梅地奇（Lorenzo de Medici）諸人也都用白話作文学。所以不到一百年，意大利的国語便完全成立了。

二、英国 英倫虽只是一个小島国，却有無数方言。現在通行全世界的英文，在五百年前還只是倫敦附近一带的方言，叫作中部土話。当十四世纪时，各处的方言都有些人用来著书。後来到了十四世纪的末年，出了两位大文学家，一个是喬叟（Chaucer，1340—1400），一个是威克列夫（Wycliff，1320—1384）。喬叟作了許多詩歌散文，都用這中部土話。威克列夫把耶穌教的舊約、新約也都譯成中部土話。有了這两个人的文學，便把這中部土話変成英国的標準国語。後来到了十五世纪，印刷術輸進英国，所印的书多用這中部土話，国語的標準更確定了。到了十六十七两世纪，莎士比亚和伊里沙白时代的无数文学大家都用国語創造文学。

钱玄同抄胡适《建设的文学革命论》稿（不全）

42cm × 27.5cm　4页

《建设的文学革命论》胡适作于1918年4月，1920年钱玄同将该文选入北大国文系《模范文选》讲义，并亲自抄校付排。

从此以后、这一部分的中部土话不但成了英国的标準国语、几乎竟成了全地球的"世界语"了！此外、法国、德国和其他各国的国语、大都是这樣发生的、大都是靠着文学的力量才能变成標準国语的。我也不去一一的细说了。

意大利国语成立的历史、最可供我们中国人的研究。为甚麼呢？因为欧洲西部北部的新国、如英吉利、法兰西、德意志、他们的方言和拉丁文相差太远了、所以他们渐渐的用国语著作文学、还不算希奇。只有意大利、是当年罗马帝国的京畿近地、在拉丁文的故乡，各处的方言又和拉丁文最近。在意大利提倡用白话代拉丁文、真正和在中国提倡用白话代汉文有同样的艰难。所以英、法、德各国语、一经文学发达以后、便不知不觉的成为国语了。在意大利却不然：当时反对的人很多、所以那时的新文学家、一方面努力创造国语的文学、一方面还要作文章鼓吹何以当废古文、何以不可不用白话。有了这种有意的主张、（最有力的是但丁和阿尔白底（Alberti）两个人。）又有了那些有价值的文学、才可造出意大利的"文学的国语"。

北京大學講義稿　科　門　用

我常问我自己道，"自从施耐庵以来、中国很有了些极风行的白话文学、何以至今还不曾有一种標準的国语呢？"我想来想去、只有一个答案。这一千年来、中国固然有了一些有价值的白话文学、但是没有一个人出来明目张胆的主张用白话作中国的"文学的国语"。有时陆放翁高兴了、便作一首白话诗；有时柳耆卿高兴了、便作一首白话词；有时朱晦庵高兴了、便写几封白话信、作几条白话札记；有时施耐庵、吴敬梓高兴了、便作一两部白话的小说。这都是不知不觉的自然出产品、并非是"有意的主张"。因为没有"有意的主张"、所以作白话文的只管作白话文、作古文的只管作古文、作八股文的只管作八股文。因为没有"有意的主张"、所以白话文学从不曾和那些"死文学"争那"文学正宗"的位置。白话文学不成为"文学正宗"、所以白话不曾成为標準国语。

我们今日提倡国语的文学、是"有意的主张"、要使国语成为"文学的国语"。有了文学的国语、才有標準的国语。

北京大學講義稿　科　門　用

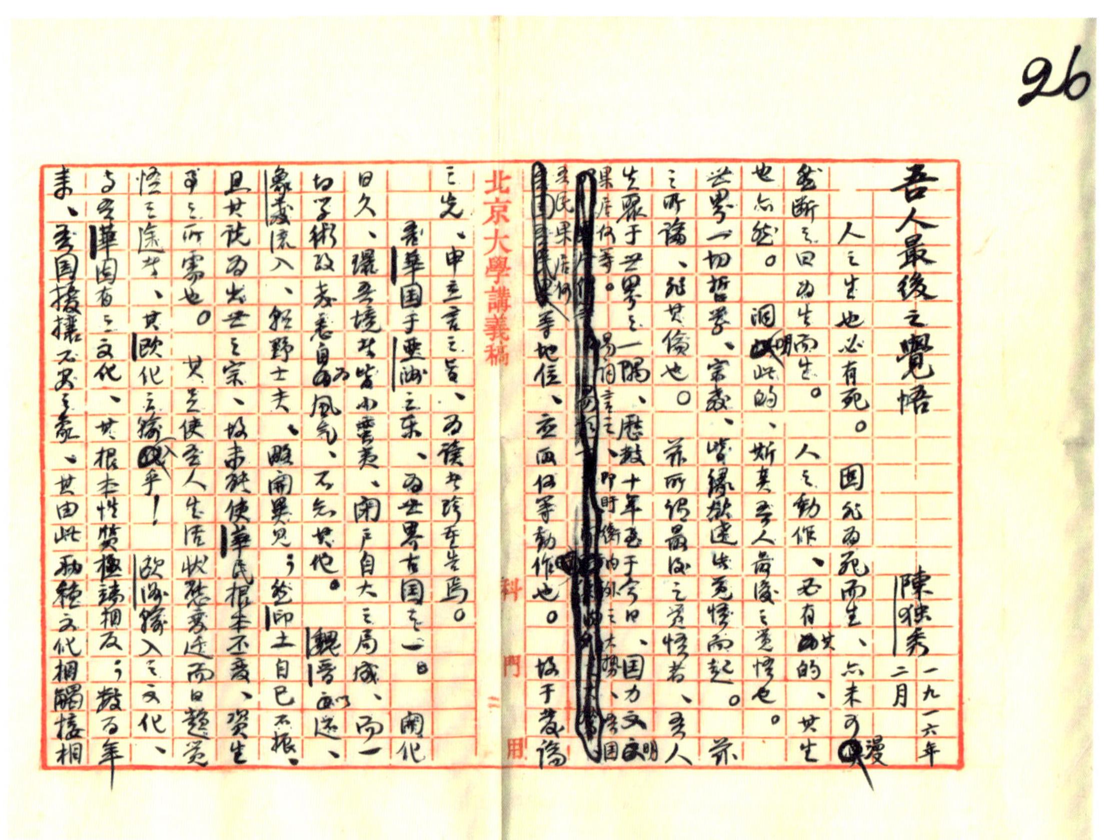

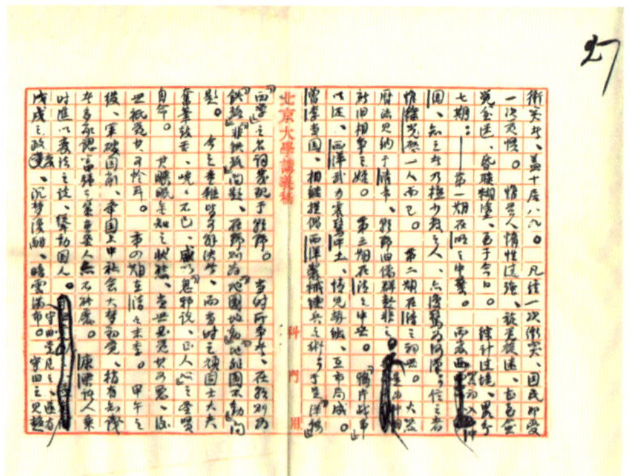

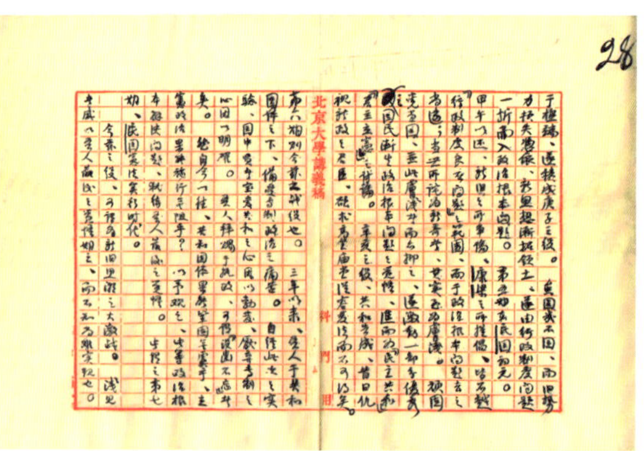

钱玄同抄陈独秀《吾人最后之觉悟》稿

42cm × 27.5cm　7 页

《吾人最后之觉悟》陈独秀作于 1916 年，1920 年钱玄同将该文选入北大国文系《模范文选》讲义，并亲自抄校付排。

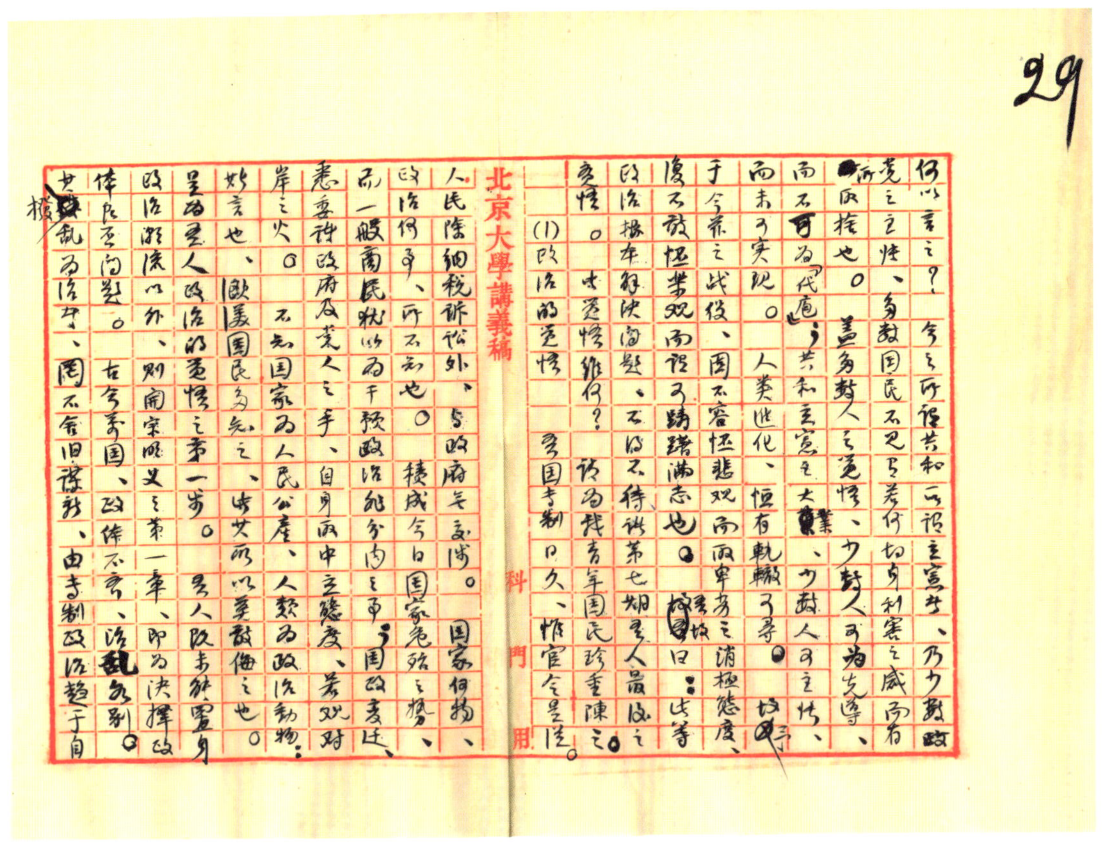

何以言之？今之所謂共和、所謂立憲者，乃少數政黨之主張，多數國民不見有若何切身利害之感而有所反抗也。蓋多數人之覺悟，少數人可為先導，而不可為代庖。共和立憲之大業，少數人可主張，而未可實現。人類進化，恒有軌轍可尋。故於今茲之戰役，固不容悲觀而取卑劣之消極態度，復不敢抱樂觀而謂可躊躇滿志也。故曰：此等政治根本解決問題，不得不待諸第七期吾人最後之覺悟。此覺悟維何？請為我青年國民珍重陳之。

(1)政治的覺悟　吾國專制日久，惟官令是從。人民除納稅訴訟外，與政府無交涉。國家何物，政治何事，所不知也。積成今日國家危殆之勢，而一般商民猶以為干預政治非分內之事；國政變遷，悉委諸政府及黨人之手，自身取中立態度，若觀對岸之火。不知國家為人民公產，人類為政治動物。斯言也，歐美國民多知之，此其所以異於奴隸也。是為吾人政治的覺悟之第一步。吾人既未能置身政治潮流以外，則開宗明義之第一章，即為抉擇政體良否問題。古今萬國，政體不一，治亂各別。其亂而治者，罔不舍舊謀新，由專制政治趨于自

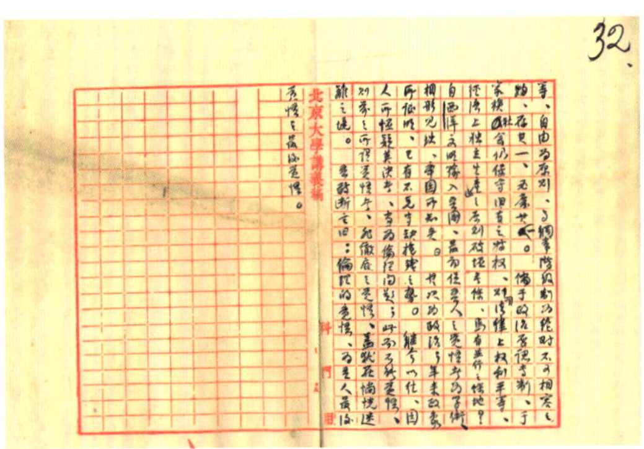

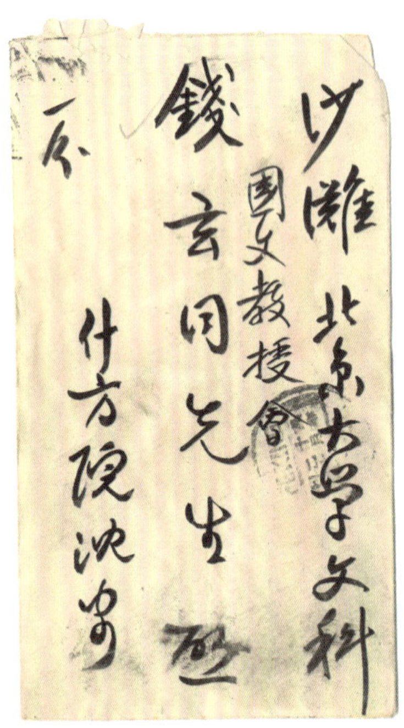

沙滩北京大学文科
国文教授会
钱玄同先生启
什方院沈寄

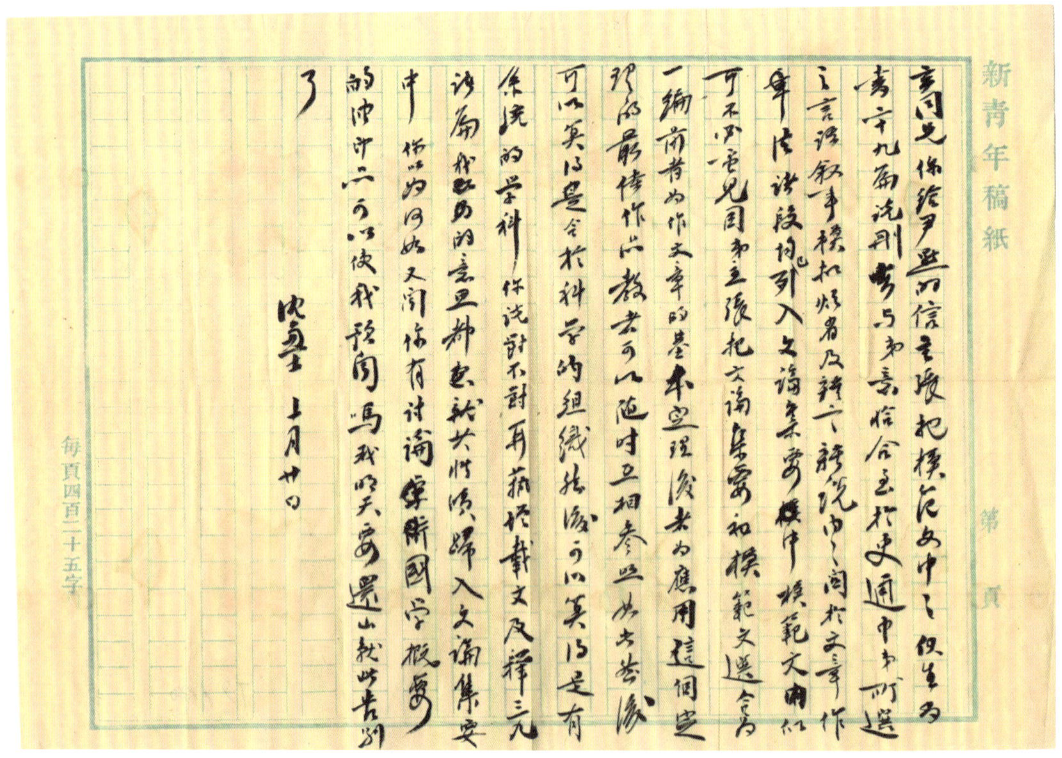

玄同兄：你给尹默的信主张把模范文中之仅生为
考辛九篇洗刷，我与尹默意恰合。至于史通中所选
之言语叙事模拟烦省及杂文杂说中之关于文章作
年代诸段均已列入文论集要，模中模范文两[illegible]
可不必一再见。因我主张把文论集要和模范文选合为
一编，前者为作文章的基本定理，后者为应用这个定
理的最佳作品，教者可以随时互相参照，如此者后
可以算得是合于科学的组织，然后可以算得是有
系统的学科。你说对不对？再[illegible]文及释三九
论篇，我以为的意思都[illegible]性质归入文论集要
中。你以为何如？又闻你有讨论学术国学概要
的[illegible]二三可以使我拜读吗？我明天要还山，就此告别
了。

沈兼士 十月廿日

新青年稿纸　第　页　每页四百二十五字

沈兼士致钱玄同（1919 年 10 月 20 日）

28cm × 40cm　1 页

信中沈兼士与钱玄同讨论《文论集要》与《模范文选》的分工，主张集要和文选可以合为一编，集要为作文章基本定理，文选为应用这个定理所作的范文，合起来可以互相参照。

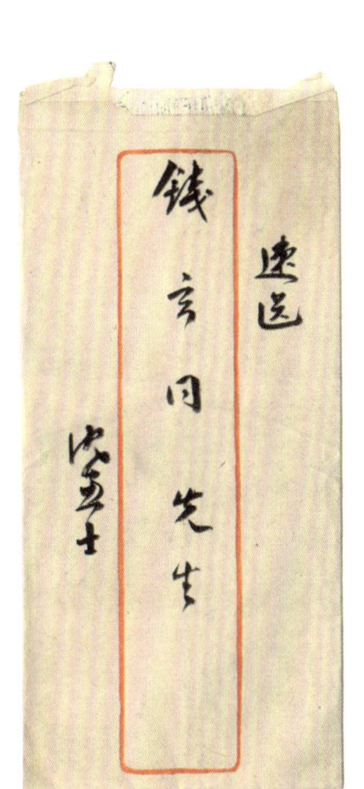

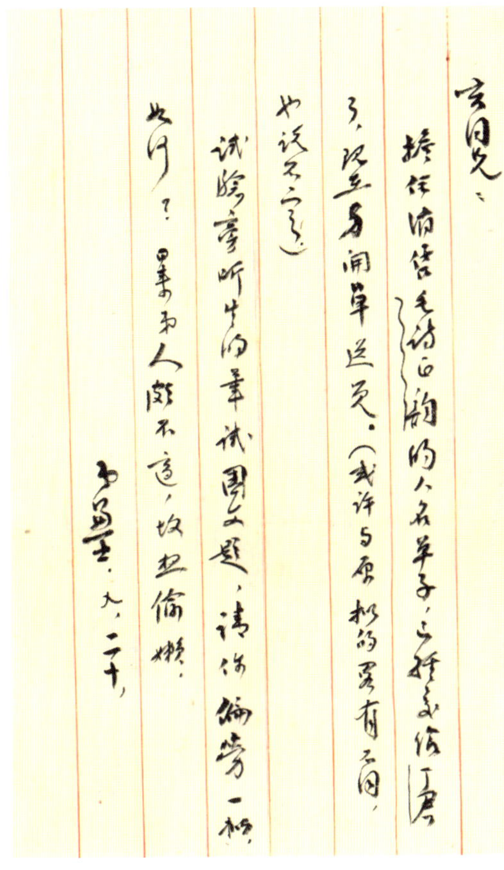

玄同兄：

接你两信，毛诗正韵的人名单子，已转交给江唐了，现在另开单送兄。（我许与原拟的略有不同，也请你看看）

试验室所出的笔试国文题，请你偏劳一拟，如何？因为我人颇不适，故想偷懒。

兼士　九、二十

钱玄同　十部
沈兼士　十部
马幼渔　十部
郑介石　十部
杨遇夫　十部
黎劭西　十部
林玉堂　十部
徐旭生　十部
罗膺中　十部
马叔平　十部
单不广　十部
沈尹默　十部
张怡荪　十部
周作人　十部
研究所　二十部

沈兼士致钱玄同（？年9月20日）

27cm×17.5cm　2页

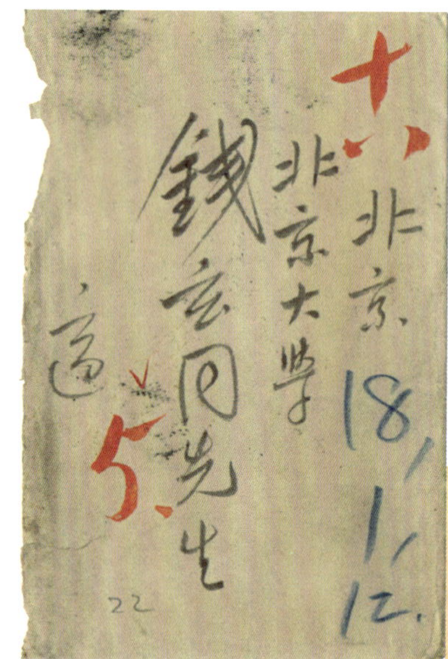

適頓首上，
七年一月十二日。

玄同先生：

得十二月三十日手书，感谢感谢。曾有小诗一首奉寄，想已收到了。此次新婚，曾做了几首新诗，大都记述家事，不足以示外人。只有一首是切本题的，写出来请 先生和 尹默、仙甫诸位先生指教指教！诗如下：——

"十三年没见面的相思，如今完结。
把一桩桩伤心旧事，
从头细说。
你莫说你對不住我，我也不說我对不住你，——
且牢牢記取這"三十夜"的中天明月！"

你老先生的"嘗試集序"想早已脱稿，可惜我还没有讀過。我大概終於一月廿日左右（老實说个"後"字罷！）動身來

胡适致钱玄同（1918 年 1 月 12 日）

27cm × 17.4cm　　5 页

此信写于1918年胡适回乡结婚之时，信中有胡适新作的白话诗《新婚》，还有一首旧诗。一新一旧，新旧杂糅，也是胡适《尝试集》白话诗的风格。

京。所以你若不曾把序稿寄下，请你就不必寄罢！

"新婚诗"还没有做完，便又要做"新婚别"了！你想我那里还有工夫做什么"新[illegible]东西何[illegible]"的文章？

然而百忙中居然还做一篇"惠施公孙龙的哲学"，预备送与东方杂志，赚几个钱来请喜酒！

你老别见笑罢！

昨日同一班朋友去游一个明末遗民，叫做"采薇子"的的坟墓，* 人家要我做诗，我便做了二十个字：

"野竹遮荒冢，
残碑认故臣。
前年亡虏日，
几个采薇人？"

这首诗有点旧派的气，先生定笑我又"掉文"了。

* 墓上有碑"明采薇子之墓"。此人[illegible]，不[illegible]姓名，自称"采薇子"。遗墨数[illegible]，[illegible]。

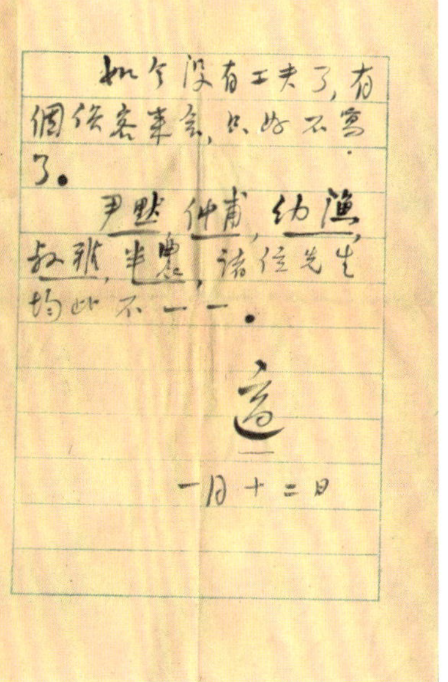

如今没有工夫了，有个客来会，只好不写了。

尹默，仲甫，幼渔，叔雅，半农，诸位先生均此不一一。

适

一月十二日

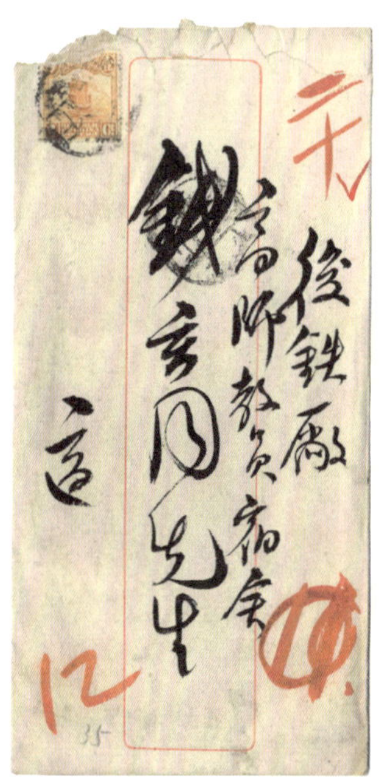

二十

後铁厂
高师教员宿舍
钱玄同先生
适

12

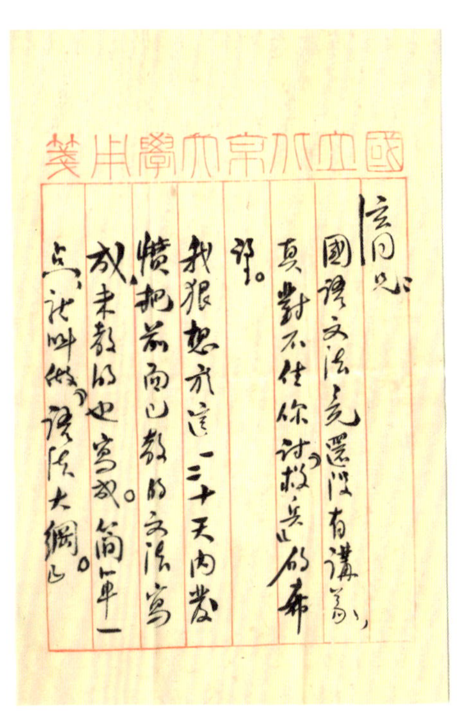

国立北京大学用笺

玄同兄：

国语文法竟还没有讲义，真对不住你讨救兵的希望。

我很想於这一二十天内发愤把前面已教的文法写成来，教的也写成，一篇一篇一点一点，就叫做『语法大纲』。

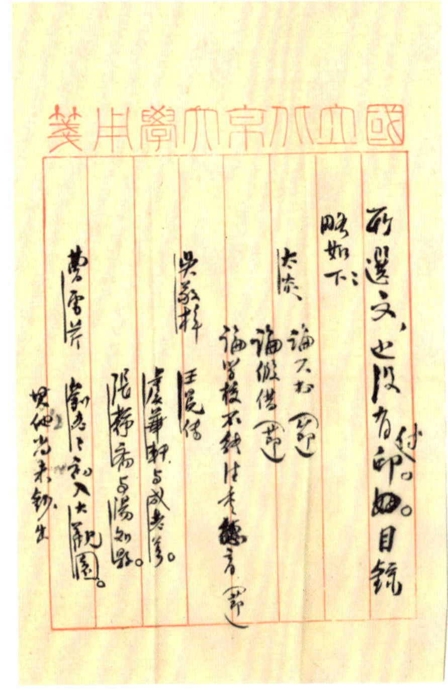

国立北京大学用笺

所选文，也没有印付。如目录略如下：

太炎、论文（节）　论假借（节）　论学校不能施德育（节）

吴敬梓　王冕传　虞华轩与成老爹。　张静斋与汤知县。

曹雪芹　刘老老初入大观园。

其他尚未钞出。

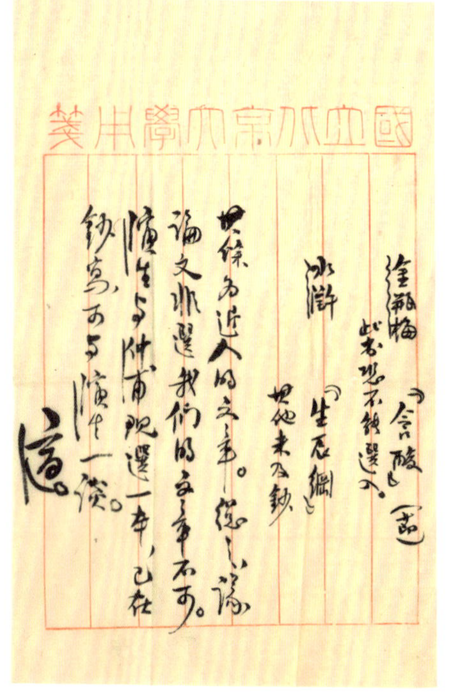

国立北京大学用笺

金瓶梅　『含酸』（节）　此书恐不能选入。

水浒　『生辰纲』　其他未及钞。

其余为近人的文章。总之，论文所选我们的文章不少。演生与仲甫现选一本，已在钞写，可与演生一谈。

适

胡适致钱玄同（1920年1月28日）

18cm × 27.7cm　3页

信中胡适为北大国文系《模范文选》讲义列出了拟选目录，看来他担任的是古代白话文部分。钱玄同将胡适写给他的信全部编号收存，右上角朱笔“二十”为年份1920年，左下角“12”为收信的序号，共收胡适信36封。

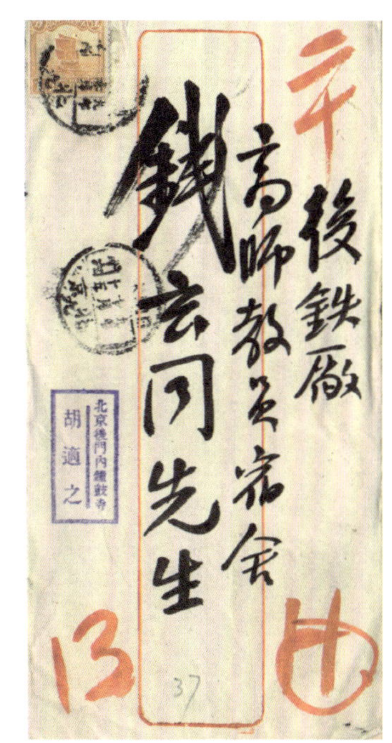

玄同：

多谢你肯做儒林外史序。

本日内可得一部真正"齐省堂"本儒林外史，是没有沈琼枝四回的。——那四回实是"同治甲戌"以后加入的。

我把你送来的本子寄给汪原放去校对了。你的序不可太缓，因为他们盼望的很切。

我此时尚不能作文，不能用脑力，故对于你问的"文学"一个问题，只能很简单的先作一个答覆。

胡适致钱玄同（1920 年 10 月 14 日）

26cm × 15.7cm　　9 页

信中胡适回答钱玄同何为文学的问题，胡适以为文学有三个要件：第一要明白清楚，第二要有力能动人，第三要美。

余嘗說："語言文字都是人類達意表情的工具；達意達的好，表情表的妙，便是文學。"

但是怎樣才是"好"與"妙"呢？這就很難說了。余曾用最淺近的話說明如下："文學有三個要件：第一要明白清楚，第二要有力能動人，第三要美。"

因為文學不過是最能盡職的語言文字，因為文學的基本作用（職務）還是"達意表情"，故第一個條件是要把情或意明白清楚的表出達出，使人懂得，使人容易懂得，使人決不會誤解。請看下例：

"藥鸪芝房，一點中池，生來易驚。笑金釵卜就，先知斷決；犀珠鎮後，才得和平。樓上登時，房空怯最，三斗渾非借酒傾。芳名早，喚狗兒吹笛，伴取歌聲。　沉憂何事牽情？悄不覺人前太息輕。怕殘燈枕外，簾旌蝙拂；幽期夜半，窗戶雞鳴。恐觸驚寒，回腸易碎，長是心頭苦暗并。天邊月，縱團圓如鏡，難照分明。"

這首沁園春是從曝書亭集卷二十八，頁八，鈔出來的。你是一位大學的國文教授，你可看得懂他"詠"的是什麼東西嗎？若是你還看不懂，那麼，他就通不過這第一場"明白"（"懂得性"）的試驗。他是一種玩意兒，連"語言文字"的基本作用都夠不上，那配稱為"文學"！

"懂得"還不夠。還要人不能不懂得；懂得了，還要人不能不相信，不能不感動。我要他高興，他不能不高興；我要他哭，他不能不哭；我要他崇拜我，他不能不崇拜我；我要他愛我，他不能不愛我。這是"有力"。這個，我們叫他做"逼人性"。

我又舉一个例：

"血府當歸生地桃，
紅花甘草殼赤芍，
柴胡芎桔牛膝等，
血化下行不作勞。"

這是"血府逐瘀湯"的歌訣。這一類的文字，只有"記帳"的價值，絕不能"動人"，絕沒有"逼人"的力量，故也不能算文學。大多數的中國舊"文字"，如碑版文字，如平鋪直敘的史傳，都屬於這一類。

"我讀齊鎛文，書闕見古禮。獨取聖祉字，古誼藉以正。韓孫偁考妣，人人女疑非敬。說文有祉字，乃訓祀司命。此文兩皇祉，配祖義相應。幸得三代物，可與談長詩。…………"（李慈銘 齊子中姜鎛歌）。

這一篇你（大學的國文教授）看了一定大略明白，但他決不能感動你，決不能使你有情感上的感動。

第三是"美"。我說，孤立的美是沒有的。美就是"懂得性"（明白）與"逼人性"（有力）二者加起來自然發生的結果。例如"五月榴花照眼明"一句，何以"美"呢？美在用的是"明"字。我們讀這个"明"字不能不發生一樹鮮明逼人的榴花的印象。這裡面含有兩个分子：(1)明白清楚，(2)明白之至，逼人而來的"力"。

再看老殘遊記的一段：

裏打。每船上點了一个小燈籠，遠遠望去，彷彿有「正堂」二字，一面有「齊河縣」三字。擡起頭來看那南面山上，一條白光，映着月色，分外好看。一層一層的山嶺，却分辨不清；又有幾片白雲在裏面；所以分不出是雲是山。及至定睛看去，方纔看出那是雲那是山來。雖然雲是白的，山也是白的，雲有亮光，山也有亮光，只因爲月在雲上，雲在月下，所以雲的亮光從背後透過來。那山却不然的，山的亮光由月光照到山上，被那山上的雪反射過來，所以光是兩樣了。然只稍近的地方如此，那山望東去，越望越遠，天也是白的，山也是白的，雲也是白的，就分辨不出來。老殘對着雪月交輝的景子，想起謝靈運的詩「明月照積雪，北風勁且哀」兩句，若非經歷北方寒像，那裏知道「北風勁且哀」的「哀」字呢？

這一段描寫是何等頑固古文家都不能不承認是"美"。美在何處呢？也只是兩个分子：第一是明白清楚；第二是，明白清楚之至，故有逼人而來的影象。除了這兩个分子之外，還有什麽孤立的"美"嗎？沒有了。

你看我這个界說怎樣？我不承認什麽"純文"與"雜文"。無論什麽文（純文與雜文）（韻文與非韻文）都可分作"文學的"與"非文學的"兩項。

要收束了，不然，太太要干涉了！

九，十，一四。

適。

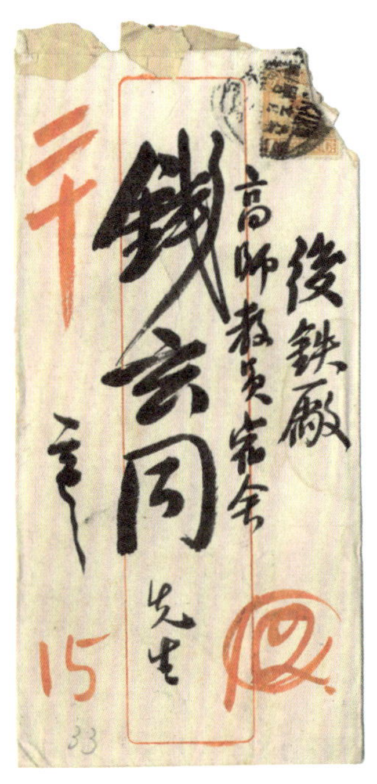

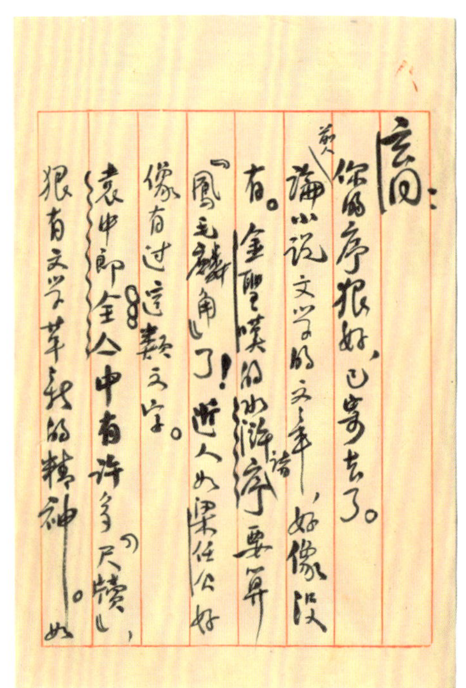

玄同：

你的序很好，已寄去了。

論小說文學的文章，好像沒有。金聖嘆的水滸序要算「鳳毛麟角」了！近人如梁任公好像有過這類文字。

袁中郎全集中有許多「尺牘」，很有文學革新的精神。如

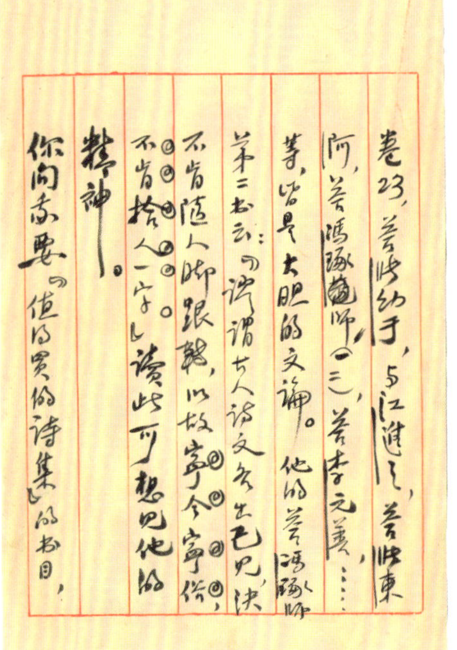

卷23，答陶幼子，與江進之，答呂東河，答馮琢庵師（二），答李元善，……等，皆是大膽的文論。他的答馮琢庵師第二書云，「詩謂古人詩文各出己見，決不肯隨人腳跟，以故寧今寧俗，不肯拾人一字。」讀此可想見他的精神。

你問我要「值得買的詩集」的書目，

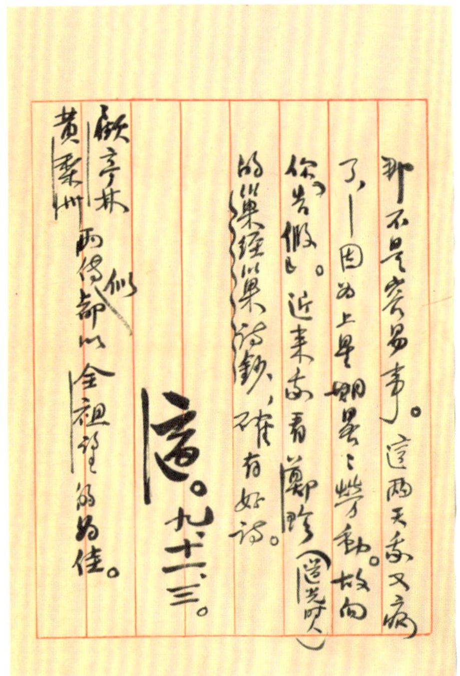

那不是容易事。這兩天我又病了，—因為上星期累了些勞動。故向你告假。近來我看鄭珍（道光時人）的巢經巢詩鈔，頗有好詩。

適。九，十一，三。

顧亭林、黃梨州兩傳，似都以全祖望的為佳。

胡适致钱玄同（1920 年 11 月 3 日）

25.6cm × 17.2cm　3 页

钱玄同应胡适之邀写了《水浒传》序，并向胡适询问前人论述古代白话小说的材料及值得读的诗集。胡适写此信作答，以为前人论述白话小说的文章很少，金圣叹之外，袁中郎的尺牍很有文学革新精神，并推荐近人郑珍的《巢经巢诗钞》。

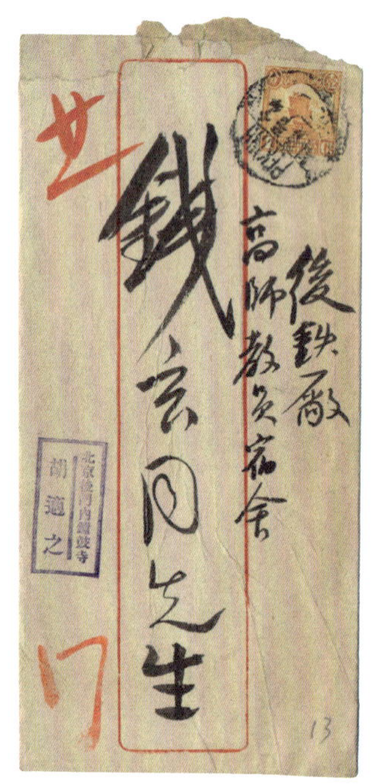

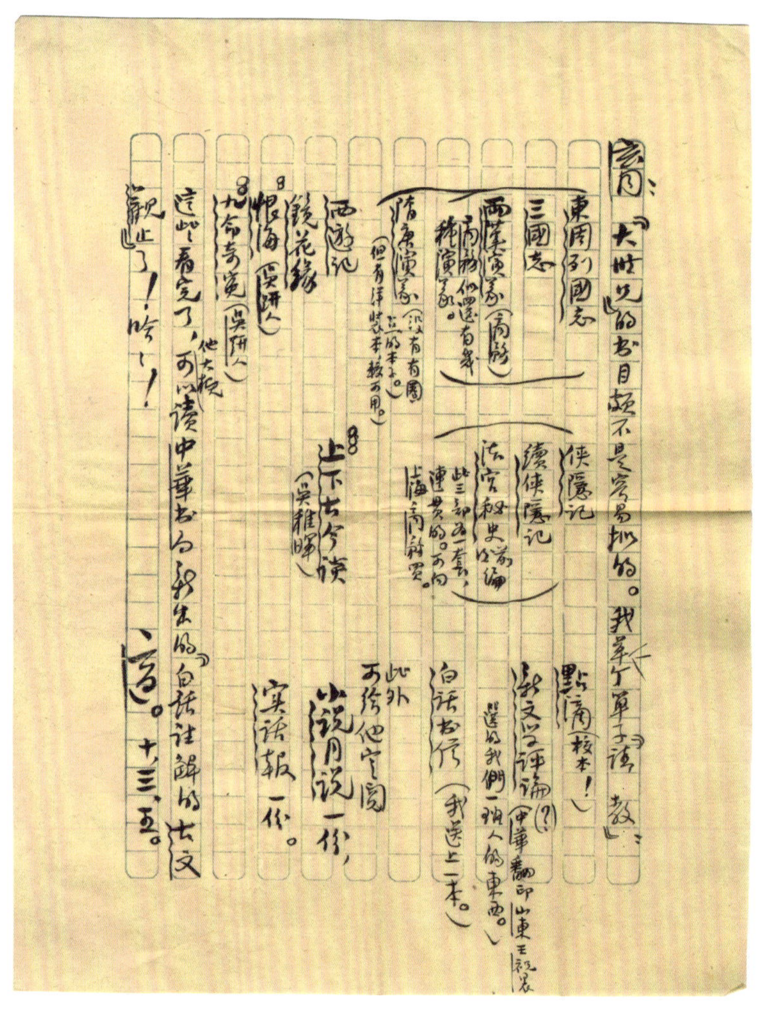

玄同：

「大世兄」的書目頗不是容易擬的。我擬了個單子請教：

東周列國志
三國志
西漢演義（商務）
商務仍還有[?]演義。
隋唐演義（沒有有圈點的本子。但有洋裝本，頗可用。）
西遊記
鏡花緣
恨海（吳趼人）
九命奇冤（吳趼人）
俠隱記
續俠隱記
法宮秘史前編 後編
此三部為一套，連貫的。商務有賣。
上下古今談（吳稚暉）
點滴（校本！）
新文學評論（?）（中華翻印山東王統照選的我們一班人的東西。）
白話書信（我送上一本。）
此外可給他定閱
小說月報一份，
實話報[?]一份。

這些看完了，他大概可以讀中華書局新出的白話註解的古文觀止了！哈哈！

適。十、三、五。

胡适致钱玄同（1921年3月5日）

30.8cm × 24cm　1页

请自己佩服的有学问的好友为儿子开书单，是那时的一种风气，许寿裳就请鲁迅为长子许诗英开过书单，钱玄同对胡适亦有此请。胡适所开书单都是白话文和白话小说，没有一部文言经典，附在最后的唯一一本《古文观止》还要求是白话注解的，白话文大师把他的白话文主张贯彻得很是彻底。

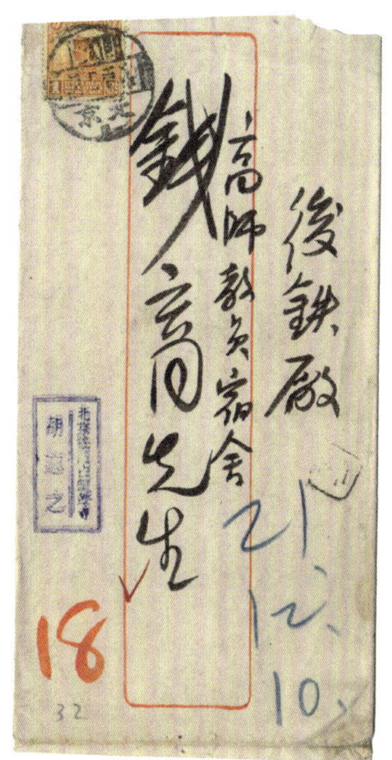

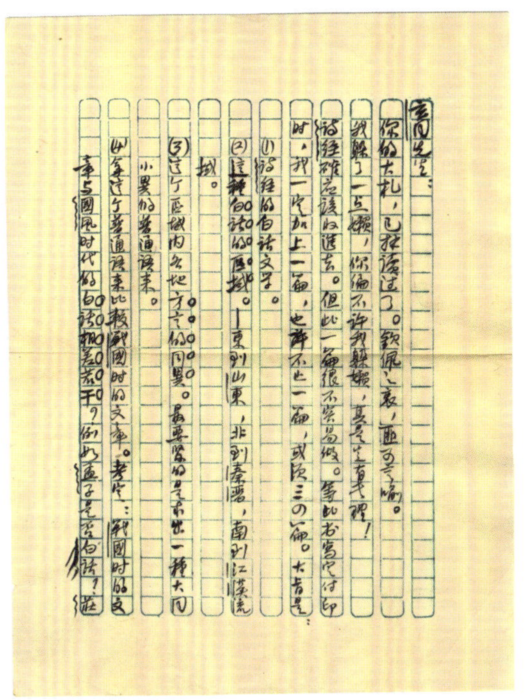

玄同先生：

你的大札，已拜读过了。钦佩之极，无可言喻。

我赚了一点懒，你偏不许我躲懒，真是岂有此理！

诗经确应该收进去。但此一篇很不容易做。等此书寄定付印时，我一定加上一篇，也许不止一篇，或须三四篇。大旨是：

(1)诗经的白话文学。

(2)这种白话的区域。——东到山东，北到秦晋，南到江汉流域。

(3)这个区域内各地方言的同异。最要紧的是求出一种大同小异的普通话来。

(4)拿这个普通话来比较战国时的文章。考定：战国时的文章与国风时代的白话相差若干？例如庄子是否白话？庄子的那一篇还是白话？

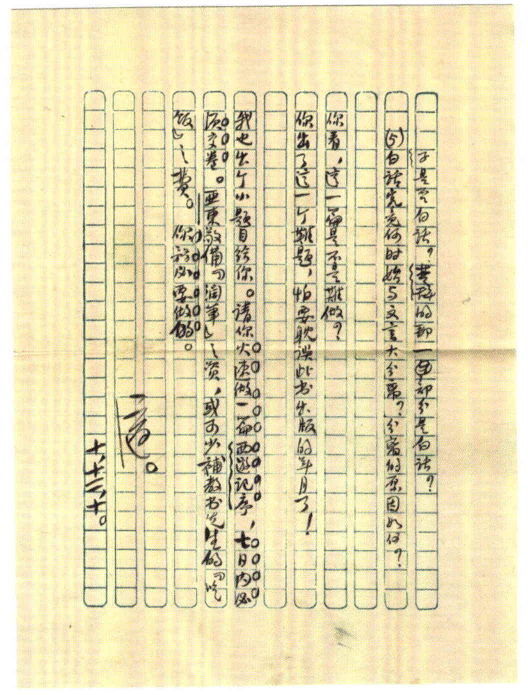

(5)白话究竟何时始与文言大分离？分离的原因如何？

你看，这一篇是不是难做？

你出了这一个难题，怕要耽误此书出版的年月了！

我也出个小题目给你。请你火速做一篇西游记序，七日内必须交卷。亚东敬备了润笔之资，或可少补教书先生的可怜饭之费。你许了我要做的。

适。

十，十二，十。

胡适致钱玄同（1921 年 12 月 10 日）

23.8cm × 31cm　2 页

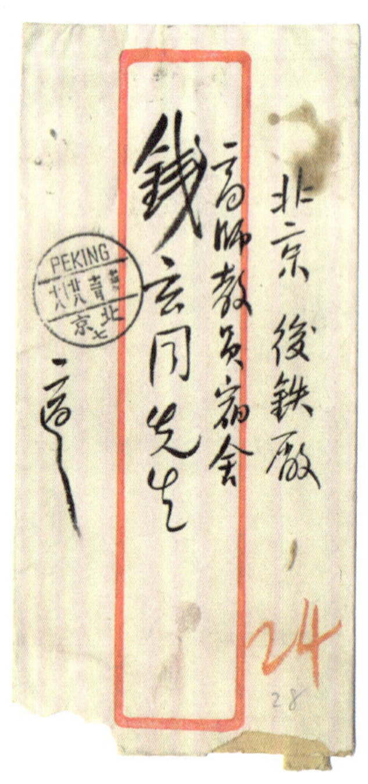

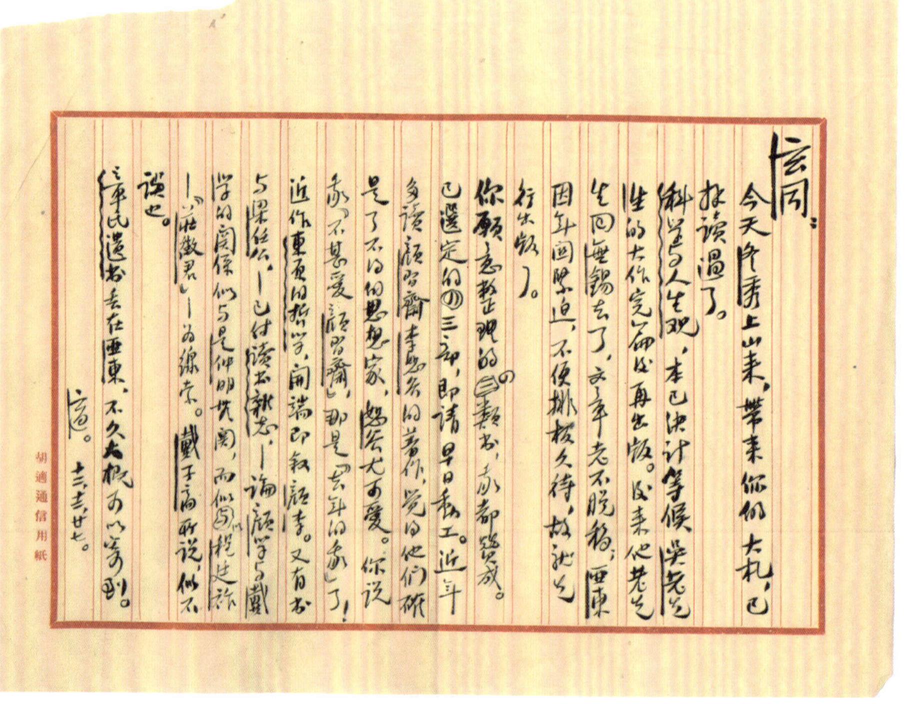

玄同：

今天從家上山來，帶來你的大札，已拜讀過了。

《科學與人生觀》，本已決計等候吳老先生的大作完篇後再出版。後來他老先生回無錫去了，文章老不脫稿；亞東因年關迫近，不便拖拉久待，故就先行出版了。

你願意整理的國學叢書，亦都贊成。已選定的三部，即請早日動工。近年多讀顏習齋、李恕谷的著作，覺得他們確是了不得的思想家。恕谷尤可愛。你說「不甚愛顏習齋」，那是「玄年的氣」了！近作《東原的哲學》，開端即敘顏李。又有《與梁任公》——已付《讀書雜志》——論顏學與戴學的關係，似與是仲明先開，而似可以程廷祚「綿莊徵君」一為線索。戴子高所說，似不誤也。

《崔氏遺書》在亞東，不久大概可以寄到。

適。十二，十二，廿七。

胡適通信用紙

胡适致钱玄同（1923 年 12 月 27 日）

19.7cm × 25.5cm　　1 页

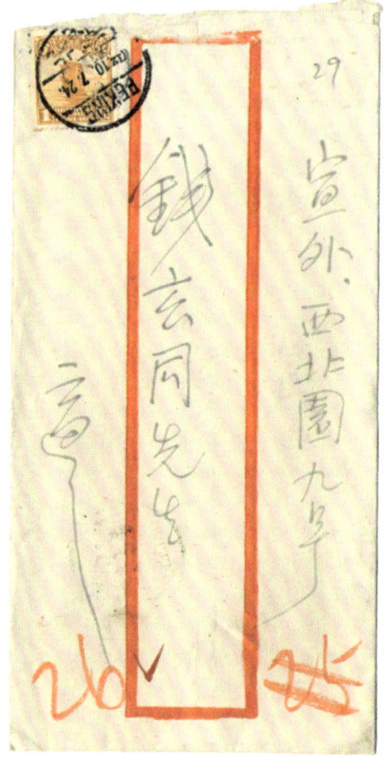

29
宣外，西北園九号
錢玄同先生
適

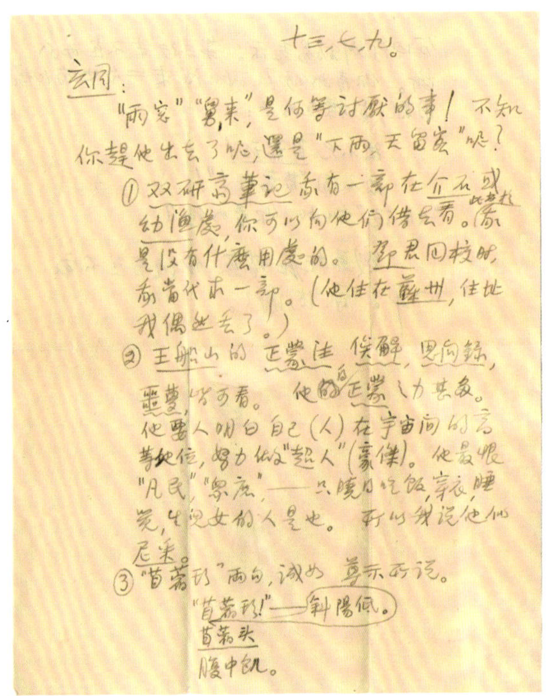

十三、七、九。

玄同：

"雨客""暑來"是何等討厭的事！不知你趕他出去了呢，還是"下雨天留客"呢？

①双研齋筆記我有一部在介石或幼漁處，你可以向他們借去看。（此書於我是沒有什麼用處的。鄧君回校時，我當代求一部。（他住在蘇州，住址我偶然丟了。）

②王船山的正蒙注、俟解、思問錄、噩夢，皆可看。他自正蒙入力甚多。他要人明白自己（人）在宇宙間的高等地位，努力做"超人"（豪傑）。他最恨"凡民""眾庶"——只曉得吃飯，穿衣，睡覺，生兒女的人是也。所以我說他似尼采。

③"苜蓿頭"兩句，誠如尊示所說。

"苜蓿頭！"——斜陽低。
苜蓿頭
腹中飢。

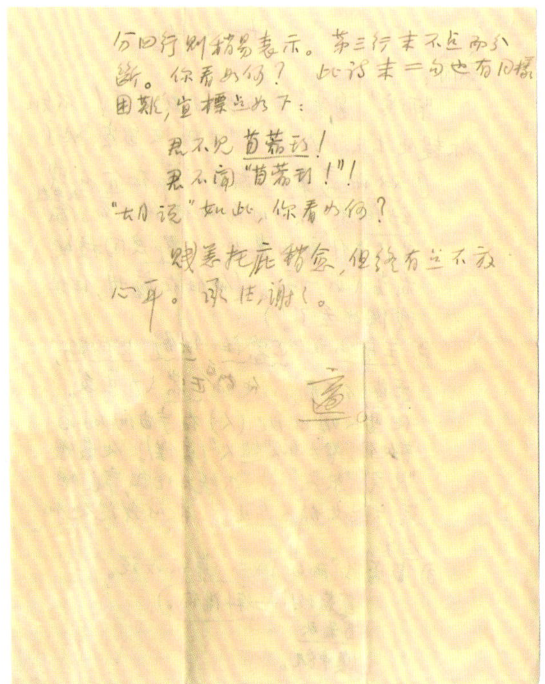

分四行則稍易表示。第三行末不點而不斷。你看如何？此詩末二句也有同樣困難，宜標點如下：

君不見苜蓿頭！
君不聞"苜蓿頭！"！

"古月詩"如此，你看如何？

賤恙拖延稍愈，但總有點不放心耳。承注，謝謝。

適

胡适致钱玄同（1924 年 7 月 9 日）

27.1cm × 21.6cm　2 页

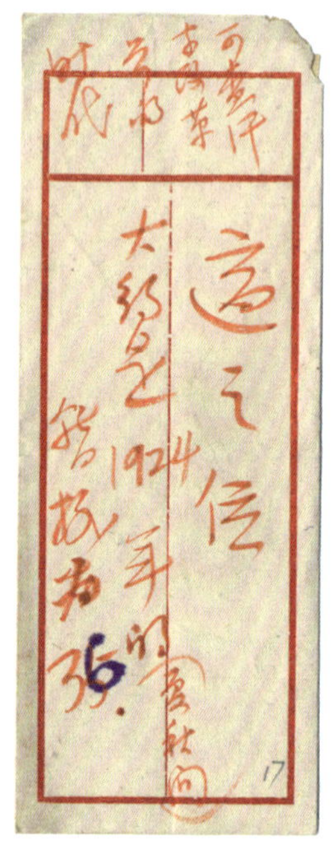

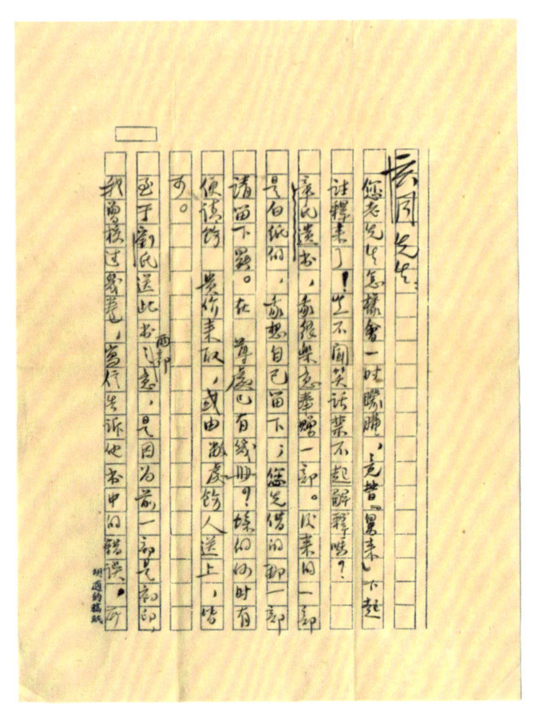

玄同先生：

您老先生怎样会一味瞎捧，竟替《黑幕》下起注释来了！也不闻笑话，叶不起解释呢？

章氏遗书，我很乐意奉赠一部。我素日一部是白纸的，我想自己留下；您先借的那一部请留下罢。在尊处已有几册？缘的的时有便请将[illegible]发行来取，或由敝处饬人送上，皆可。

至于刘氏送此书两部之意，是因为前一部是初印，我曾校过几处，曾行告诉他书中的错误，所

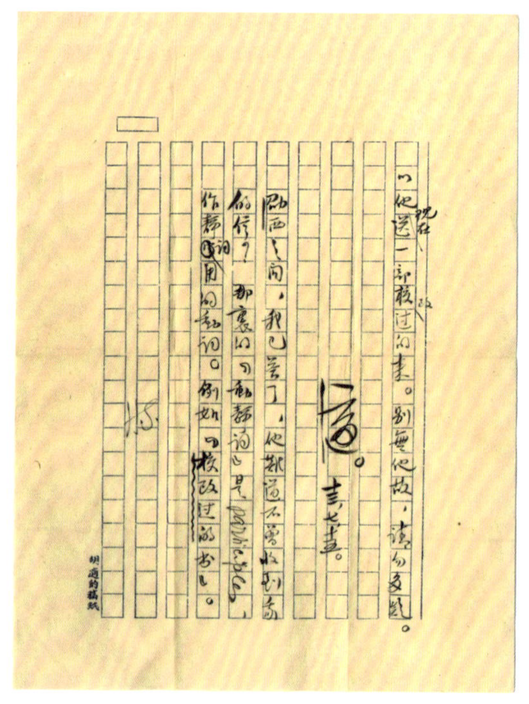

以他现在送一部校改过的来。别无他故，请勿多疑。

适。十三，七，十五。

附西之问，我已答了，他都还不曾收到高的信？那里的动静词是participles，作静词用的动词。例如“校改过的书”。

胡适致钱玄同（1924年7月15日）

19.3cm×25.2cm　2页

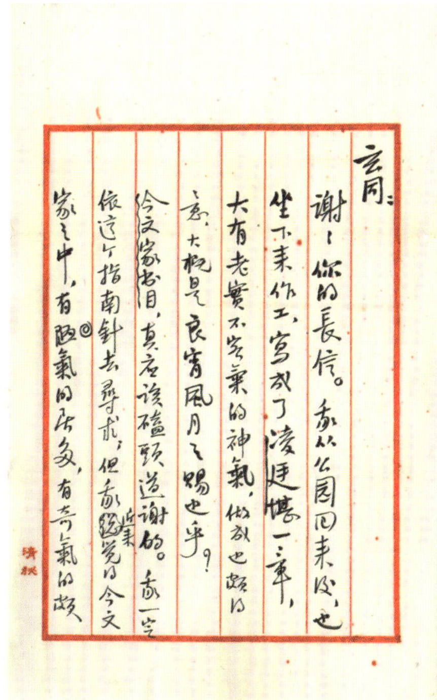

玄同：

谢谢你的長信。我從公园回來以後，也坐下來作工，寫成了淩廷堪一章，大有老實不客氣的神氣，似乎也頗有意，大概是良宵風月之賜也乎？今文家出目，真應該磕頭道謝的。我一定依這个指南針去尋求，但我近來總覺得今文家之中，有酸氣的居多，有奇氣的較

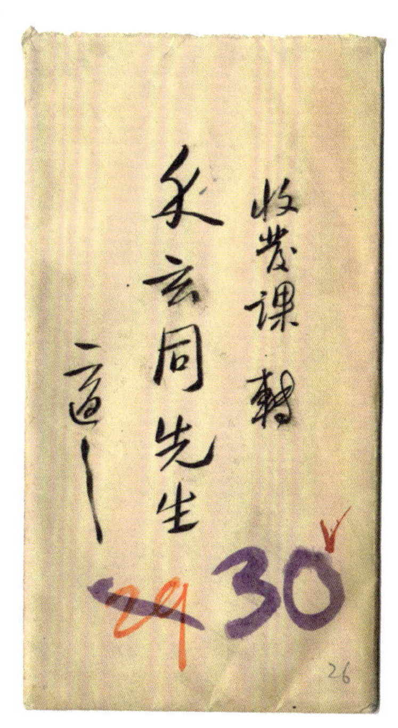

收發課轉
錢玄同先生
適

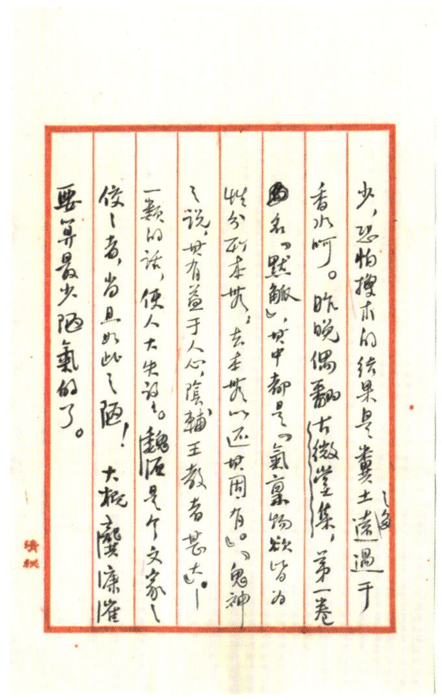

少，恐怕搜求的結果是糞土遠過于香水呵。昨晚偶翻古微堂集，第一卷篇名"默觚"，其中都是"氣稟物欲皆為性分所本無，去其欲以還其固有。""鬼神之說，其有益于人心，陰輔王教者甚大。"一類的話，使人大失望。魏源是个文家之佼佼者，尚且如此之陋！大概龔[illegible]要算最少陋氣的了。

胡适致钱玄同（1925年4月12日）

27.8cm × 17.4cm　6页

信中胡适认为整理国故，并不存挤香水之念；挤香水即是保存国粹了。粪土与香水皆是事实，皆在被整理之列。对于国故派昏谬思想，胡适说他也很气愤，但不愿作谩骂文章，认为"这种膏肓之病不是几篇小品文字能医的"。

不想求的什麽國粹來田詩綜世界
也。你說是嗎？
《華國》《學衡》都已讀過。讀了實在忍不
住要大笑。近來思想界常識的奇
特，真是出人意表！我也想出點力
來打他們，但我不大願意做零星的謾
罵文章。這種盲盲之病不是幾
篇小品文字能夠醫的呵。』適宜補

『擣香水』的話是仲甫的誤解。我們說
整理國故，並不存擣香水之念；擣香
水即是保存國粹了。我們整理國故，
只是要還他一個本來面目，只是直敘
事實而已。糞土與香土皆是事實，
皆在被整理之列。如敘述公羊家言，
指出他們有何陋處，有何奇特處，有
何影響，有何貢獻，——如斯而已，更

濫兼用』：補者何？儘量輸入科學的
知識，方法，思想。濫者何？用我們整
理國故，使人明瞭古文化不過如此。『七年
之病求三年之艾』，我們迂遠，實為
要圖。老兄不要怪我的忍耐性太高，我
見了這些糊塗東西，心裡的難受也決
不下於你。不過我有點愛惜子彈，
將來你總會見我開炮的，別性急呵。

你信上也曾提起我的『評東西文化……』及
『科學與人生觀序』。我覺得這兩炮不算
不響。只是這種炮狠費勁，我實在
忙不過來，如何是好？
這封信寫了兩天，時作時輟，若今晚
不寄出，怕又要擱起來了，因為明天我
有五點鐘的課。

適。十三，四，十二。

寄上一篇演稿。以文章論，你看如何？

幼漁，士遠，尹默，啟明，玄同，遏先諸位先生：

別來已經半年多了，想諸位先生一切均好。

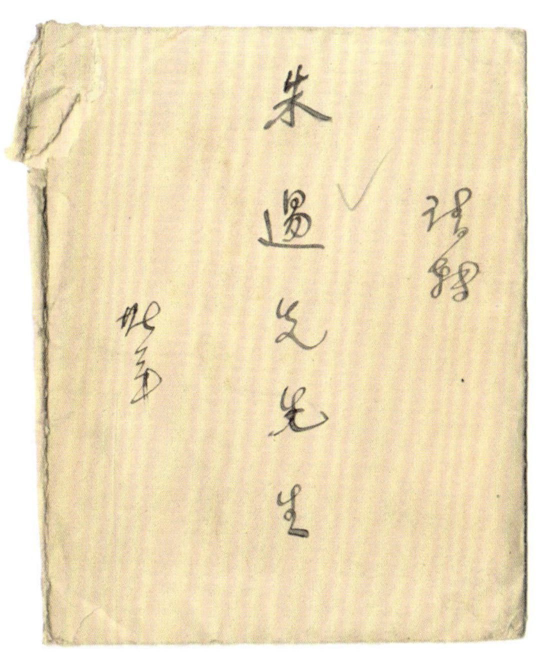

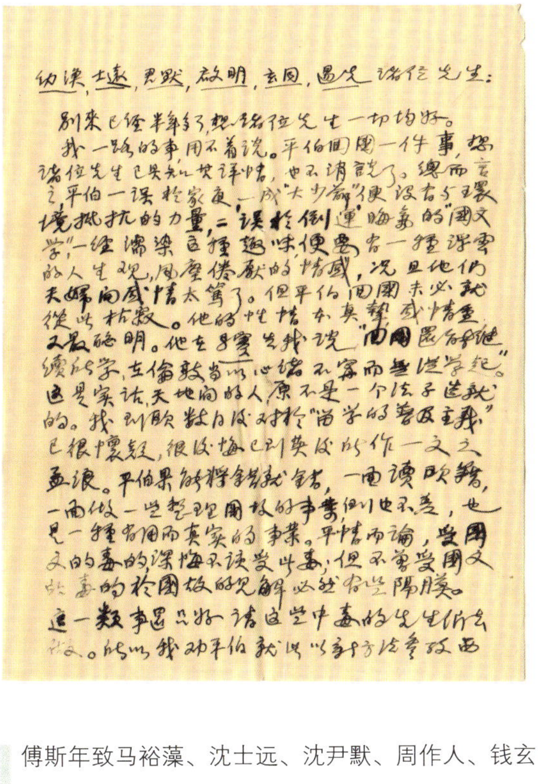

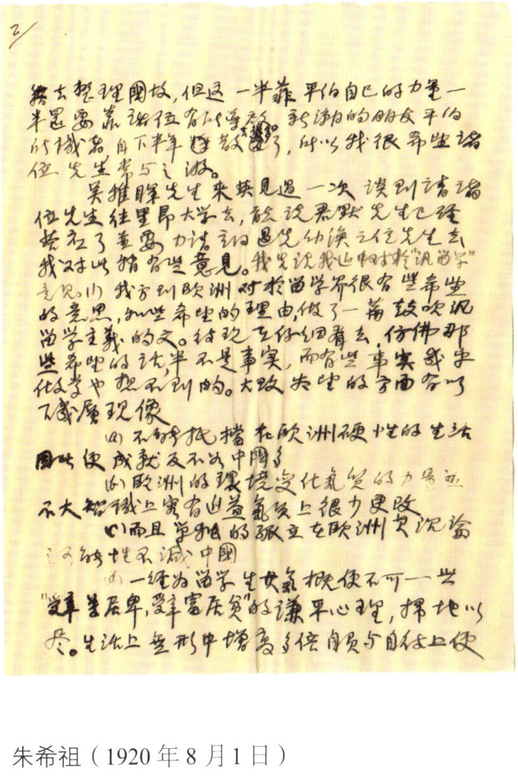

傅斯年致马裕藻、沈士远、沈尹默、周作人、钱玄同、朱希祖（1920 年 8 月 1 日）

25.5cm × 19.7cm　　5 页

信中傅斯年向诸位师长汇报留学一年的感想，以及对北大国文系建设和《新潮》杂志的建议。

3/

發生若干不甚高的收獲。

我現在並不是反對"留學普及論"。但覺得在中國研究之點正多。此事詳致蔡先生信中。

(2) 以上與諸位先生來歐事商議。我所以願出一言者，乃諸位先生來歐與北大之關係。

北大國文門我們未嘗[illegible]以他為十分圓滿，但在北大各門中要算第一流的。若吳稚暉先生所云之意，要將諸位搬出，這種辦法簡直是拆台。吳李諸先生之努力何嘗不是現在最難遇的，但凡事皆以留學為歸，留學皆以法國為歸，竟若心裡將北京大學放在海外是最好的，這直是一種感情的見識了。

(3) 總而言之，於北大之外另建設是最好的事，拆北大的材料去建設是最不好的事。

退一步而論，來里昂也不必同時一起來。

我還有一句話，所謂搬家等之如何方便的話，以吳稚暉先生的心理去做去是可以的，吳稚暉先生實在是說的實話。但大家的心理與吳先生不是一致。如所謂"隱居"的生活，搬家歐洲，一家"隱居"是可以的。如欲

借此教育家人，乃絕對難能之事（除非家在歐已最新式），而且反為自己讀書之大累，因此使一年歐洲不及半年了。

我並不是反對諸位行，我只以為諸位對此——尤其是搬家——不妨詳細考慮。

先生們有什麼新消息，可以寫出告給我一份，是最要感謝的。

斯年近中讀書上之心境，似比前有些進步。做文的膽子極小，並且毫無興趣，只覺讀書好。現入倫敦之 University College 專習心理科。決意把以前所學的一律丟了他。一切從頭起。現在預備化學、物理學、數學等。下半年所選科目半在醫科，半在理科，都都是心理學範圍中的。

前去新潮由啟明先生編輯一說，啟說已實行了。極歡喜。此後新潮質實上已進於前。我個人投稿一事，實在不能說定。一來於科學上有些興味，覺空而談做文章，自然懶於下筆；二來讀書之興味一濃，作文之興味便減。所以諾不定投稿期限。但果然真有心得，自然少要寫下。可是這心得

很不多，我很懷疑自己的一切感想。所以凡事詞窮，只覺讀書有真味道。至於為晨報投稿，乃是迫於家累，所寫慚愧之極。

此刻心理如涸大海，[illegible]，近接到新潮，覺得頡剛二位先生說來都懷疑這可怎樣好。

傅斯年敬白

1—8—20

46 Sisters Avenue
Lavender Hill
London S.W. 11.
England

半農先生在此甚好，惟其夫人時常小病，因此我與諸位先生通信不勤。

上文所言恐有誤會，我並不是絕端勸諸位不來，我是說"不可一齊來，而置北京大學之國文門於不顧"，因搬家上須熟慮。

校長布告

本年年假放一星期曾經布告在案兹經校務討論會公决將假期延長本校年假自本月二十八日起至十一年一月九日止由十日起開課此布

十年十二月二十六日

浙江省立一中校长布告

（1921年12月26日）

27.4cm × 12.7cm　1页

浙江教育厅训令第五二八号

174.5cm×27.6cm　1页

此训令发布于1923年5月6日。

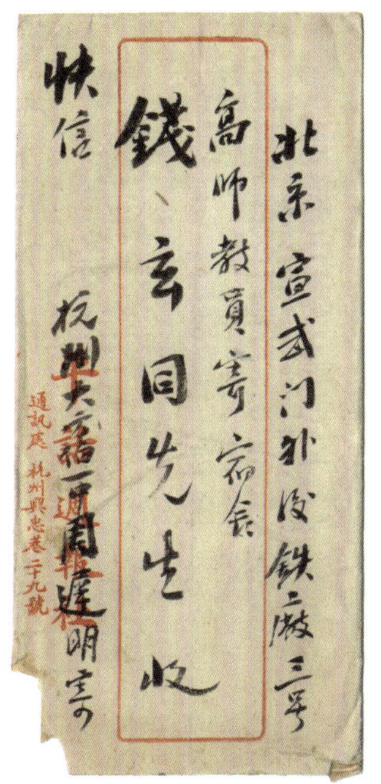

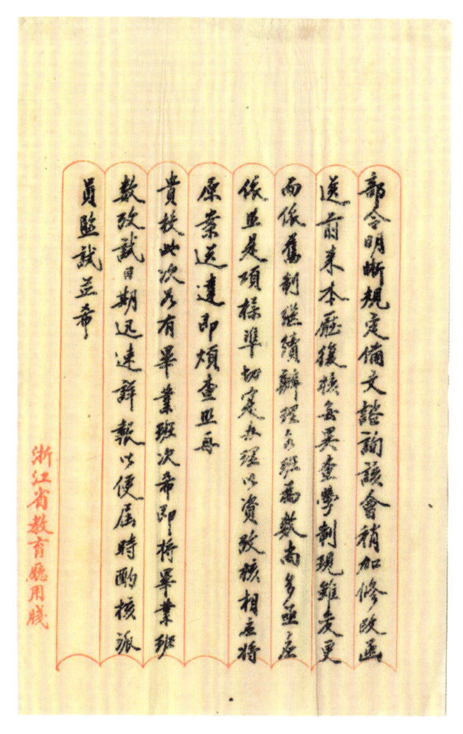

部令明晰規定備文諮詢該會稍加修改函
送前來本廳復核無異查學制現雖變更
而依舊制繼續辦理之各級為數尚多並應
依照是項標準切實辦理以資考核相應將
原案送達即煩查照爲
貴校此次如有畢業班次希即將畢業班
數考試日期迅速詳報以便屆時酌核派
員監試並希

浙江省教育廳用牋

台洽是荷此致
省立第一中學校
附標準一案
浙江教育廳啓 五月廿二日

浙江省教育廳用牋

浙江教育厅致省立第一中学函（1923 年 5 月 22 日）

18cm × 28cm　2 页

此函由浙江省立第一中学教员周迟明转寄钱玄同。

我們脫離一中的宣言

我們以爲在黑暗的混亂的社會之中，一切無根的謠言，無理的謾罵，是不能顧慮，不必顧慮，而且不屑顧慮的。現在，我們要老老實實地，明明白白地，對青年的學生，對教育界的人士，對全浙的父老兄弟諸姑姊妹們，說幾句應當說而且不能不說的話！

我們抱着極誠摯的願望，到第一中學來，原想替我們浙江的教育界盡一分應盡的義務，負一部應負的責任，做一番應做的事業。所以任事年餘，在艱難困苦中，慘淡經營，努力改進，不膽怯，不心灰，不顧毀譽，不計成敗，一步步往前做去。我們雖然不敢說而且不願說，自已的成績如何好，進步如何快，和那些純盜虛聲，毫無實效的辦學的人們一樣，來欺騙社會，誇揚自已；但是一中學生，確已潛心向學，獲得了自覺的新生命，一中的校務，確已綱舉目張，樹立了系統的新組織，學風已呈很好的轉機，前途更有莫大的希望。這本是我們應盡的義務，應負的責任，應做的事業；我們並不以此自滿，以此自劃，仍願本着我們所抱的極誠摯的願望，努力向前，一步步地做去。

一中正在改進的時候，我們驟然宣告脫離，本來是不應當而且不願意的；現在，可是不當不脫離而且不忍不脫離了。我們認爲學校決不僅是販賣智識的場所，人格的感化是很重要的；辦學決不可采敷衍粉飾的手段，誠實的工夫是最緊要的；校長決不當用奔走鑽營的鄙夫，卑劣的手段是很可恥的！現在教育廳所聘任的新一中的校長何炳松，以道德論，則納妓作妾，造謠賣友；以辦事論，則專事敷衍，純盜虛聲；以鑽營校長之經過論，則夤緣官紳，製造輿論，蠱惑青年：這都是很明顯而確實的事！我們認爲他是不配做而且不能做校長的，所以在一師一中教職員聯席會議時，都主張反對他來做新一中的校長。我們和他，私交上，直接的或間接的，都曾發生過關係；但是爲學校前途計，爲青年學生計，爲教育界的道德計，不得不反對他！我們既在教廳未發表聘他做校長以前，表示反對了，決不當在他已接受教廳的聘任書而且宣告就職以後，再和他合作！——所以就我們自己的良心和人格說，不得不宣告脫離！這種無行的，無廉恥的，無辦學的能力和誠意的人，做了校長，將來新一中的前途，已經使我們失望而且絕望了。明知其已絕望而必與不可共事的人共事，坐視我們正在改進的一中，重新向退化的路上走，坐視我們生氣勃勃的一中同學，漸漸地被沉沉的暮氣籠罩了，汨沒了，溶化了，使我們年半之功，隳於一旦，是可忍，孰不可忍？——所以就我們辦學的過去和將來說，更不得不宣告脫離！

唉！純潔高尚的，明白事理的青年學生們，常說人家「信口雌黃」自已偏又「信口雌黃」起來，以嫖賭烟酒誣蔑人，拒絕他來做校長，偏又歡迎擁戴那眞正嗜好嫖賭烟酒的人來作校長；發展個性，竟是發展惡性；增長校譽，只知增長虛譽；這種盲目的矛盾的言行，怠惰的，浮夸的學風，竟發現於素負新文化盛名的學校裡，這眞是我們所最駭怪，憤懣而痛惜的啊！我們希望和我們曾發生過關係的一中同學們，不要爲惰性所牽掣而狃於苟安，爲損友所同化而習於浮囂，爲狐媚的，敷衍的，卑劣的人們所蠱惑而發爲盲目的矛盾的言行！要知道研究學問，須有自動的方法；檢束身心，須有自治的能力；改造環境，須有自覺的動機，自立的精神。我們要保存教育界的人格，所以不得不和你們作別；我們希望你們挽回學生界的頹風，所以不得不有幾句臨別的贈言！

最後，我們希望教育界的人士，和全浙的父老兄弟諸姑姊妹們，對於學校，不要再袖手旁觀，應當起來，取一種嚴重監督的態度，使正在改進的學校，不至於糜爛，已有轉機的學風，不至於墮落；我們浙江的教育界，或者還有一線的希望！

蔣伯潛，
周遲明，
壽子逸，
黃駿如，
趙準如，
盧斐然，
倪公孚。

一九二三，七，十一。

钱玄同藏蒋伯潜、周迟明等《我们脱离一中的宣言》

25.8cm × 52cm　1 页

此宣言发表于 1923 年 7 月 11 日。

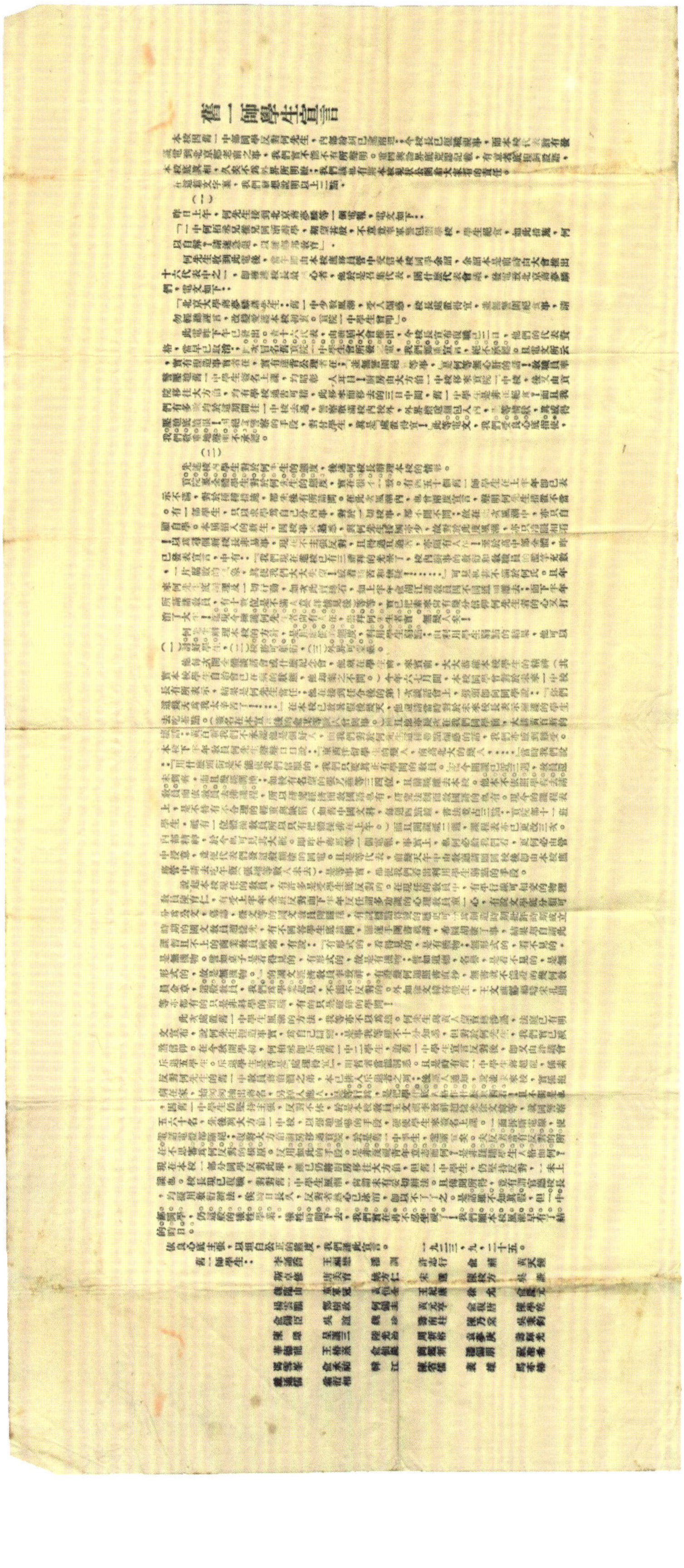

钱玄同藏李诵乔、王福懋等《旧一师学生宣言》

53cm×25.5cm　1页

此宣言发表于1923年9月25日。

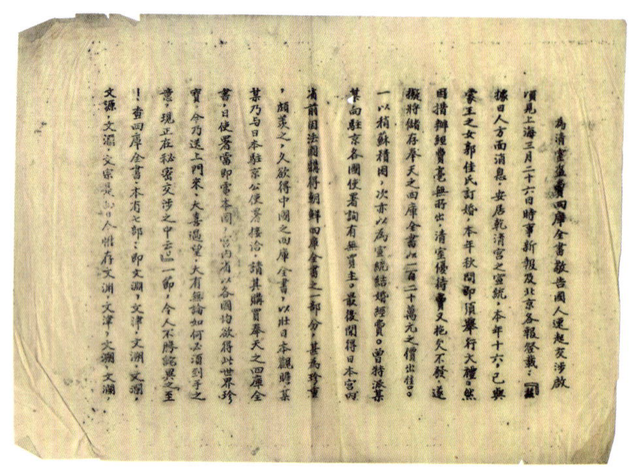
為清室盜賣四庫全書敬告國人速起交涉啟

頃見上海三月二十六日時事新報及北京各報登載：「據日人方面消息，安居乾清宮之宣統，本年十六，已與蒙王之女郭佳氏訂婚，本年秋間即須舉行大禮。然因措辦經費毫無所出，清室優待費又拖欠不發，遂擬將儲存奉天之四庫全書以一百二十萬元之價出售。一以稍蘇積困，次亦以為宣統結婚經費。曾特派某某向駐京各國使署詢有無買主。最後聞得日本宮內省前因法國購得朝鮮四庫全書之一部分，甚為珍重，頗羨之，久欲得中國之四庫全書，以壯日本觀瞻，某某乃與日本駐京公使署接洽，請其購買奉天之四庫全書，日使署當即電本國，宮內省以各國均欲得此世界珍寶，今乃送上門來，大喜過望，大有無論如何必須到手之意，現正在秘密交涉之中云云」一節，令人不勝詫異之至！查四庫全書，本有七部：即文淵，文津，文溯，文瀾，文源，文滙，文宗是也。今惟存文淵，文津，文溯，文瀾，

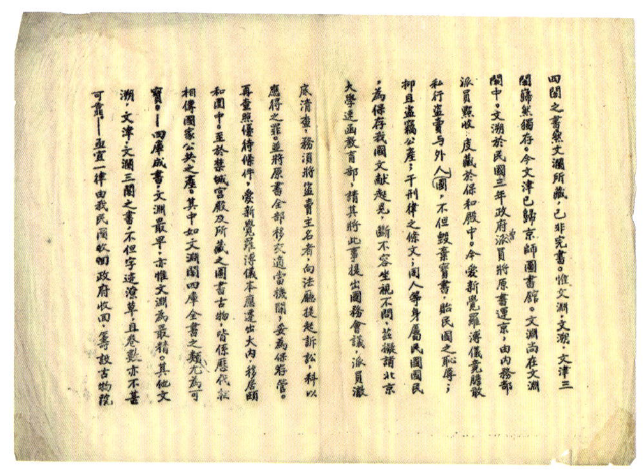
四閣之書，然文瀾所藏，已非完書。惟文淵，文溯，文津三閣巋然獨存。今文津已歸京師圖書館。文淵尚在文淵閣中。文溯於民國三年政府派員將原書運京，由內務部派員點收，庋藏於保和殿中。今愛新覺羅溥儀竟膽敢私行盜賣與外國，不但毀棄寶書，貽民國之恥辱；抑且盜竊公產；干刑律之條文；同人等身屬民國國民，為保存我國文獻起見，斷不容坐視不問，茲擬請北京大學速函教育部，請其將此事提出國務會議，派員澈底清查，務須將盜賣主名者，向法廳提起訴訟，科以應得之罪。並將原書全部移交適當機關，妥為保管。再查照優待條件，愛新覺羅溥儀本應遷出大內，移居頤和園中。至於禁城宮殿及所藏之圖書古物，皆係歷代相傳國家公共之產。其中如文淵閣四庫全書之類，尤為可寶。——四庫成書，文淵最早，亦惟文淵為最精。其他文溯，文津，文瀾三閣之書，不但字迹潦草，且卷數亦不甚可靠。——亟宜一律由我民國政府收回，籌設古物院

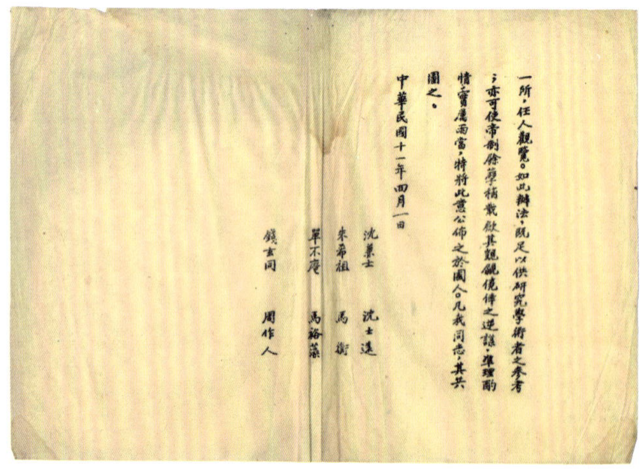
一所，任人觀覽。如此辦法，既足以供研究學術者之參考；亦可使帝制餘孽稍戢其覬覦僥倖之逆謀。準理酌情，實屬兩當。特將此意公佈之於國人。凡我同志，其共圖之。

中華民國十一年四月一日

沈兼士　沈士遠
朱希祖　馬衡
單不庵　馬裕藻
錢玄同　周作人

钱玄同等具名发表“为清室盗卖四库全书敬告国人速起交涉启”

38cm × 27cm　3 页

1922 年 4 月 1 日，沈兼士、沈士远、朱希祖、马衡、单不庵、马裕藻、钱玄同、周作人八人具名发表“为清室盗卖四库全书敬告国人速起交涉启”。

國立北京女子師範大學校長楊蔭榆致馬裕藻教員函

幼漁先生鑒　讀先生等發布宣言　嘉惠學羣　實感良導　惟所宣各點　尙有直告先生之處　請畢其辭　承謂（本校不安之狀　半載餘時有隱顯　榆不反省　不竭誠處理）　夫此心省察　證明困難　敎事處理　聞見具在　請未竭誠　先生在校　何始終不屑一教　必至今日乃暴　榆罪耶　抑先生所謂竭誠　必須如是耶　此不能不直告者一　承謂（校內演講時　學生勸校長退席）　究竟如何勸法　又如何狀況　若輩次日文字護短　尙自承一箇請字　先生偏欲以勸字　輕輕一筆　抹煞當時觀聽耶　此不能不直告者二　承謂（繼卽以評議部名義　將自治會職員六人　揭示開除）　評議有會　榆爲尊崇公意起見　確經該會多數通過　先生非評議員　原可認爲不知　至揭示是否用評議會名義　此項布告開端　究署何種名稱　曾否蓋有校章　其文義又如何起訖　先生未之見幷亦未之聞耶　此不能不直告者三　承謂（文字發表　大槪諄諄以品學二字立言　使不諳此事始末者見之　一若此次風潮　爲校長整飭風紀所致）　然則諄諄以品學立言　榆有罪耶　開除暴烈學生　非學校整飭風紀事耶　此不能不直告者四　承謂（六生學業　俱非不良　至於品性一端　平素尤絕無懲戒記過之跡　以此與開除並論　若離若合　殊有混淆黑白之嫌）　六生品學　頗聞先生多時積極教導

今復確切保證　足見莫爲之前　雖美不彰　莫爲之後　雖盛不明　但榆考察所及　六生中學績多有考試不及格者　業荒得意　事理之常　懲戒雖未著迹　申儆寧憚再三　歷來校中訓話　卽是明證　倘謂學生品性果好　一日犯規　卽亦不能開除　幷開除時署其犯規事項外　即亦不能將其他品性不良之點　相提並論　俾本人知所警惕　則章程上有無此項規定　此不能不直告者五　承謂（六生俱爲自治職員　倘非長才　衆人何由公舉）在先生意思　自治會職員　定是良才　或竟定是不能開除　則此後學校進退學生　是否卽用此爲標準　又謂（不滿意於校長者　倘非公意　則開除之後　全校何至譁然）譁然兩字　始於五月七日禮堂少數暴烈分子　非始於此次開除之後　公意兩字　學生中文字反對　報紙聲明　拒絕服從　既非偶見　全校兩字　哲教系音樂系體育系新聞啓事　更正函件　亦非泛泛

先生豈不願寓目　抑先生身在局中　校內眞相　還未見到耶　又謂（所罰果當其罪　則本系之兩主任　何至事前並未與聞　繼遂相率引退）開除以前　有薛教務主任親自通知文科主任一事　先生豈未聞知　理科主任在當時評議會多數贊成開除之際　文先生亦是列席之人　引退自有苦衷　挽留亦已有事實　先生發議　豈但取筆墨之周匝　不顧事情之實在者乎　此不能不直告者六　總之開除學生　本在校長職權以內　第以尊崇公意　特先諮詢評議會同意　然後負責發表　呈部備案　鬧潮以後　復經評議會會員主任教員專任教員聯席會議　議決以後永遠不贊成已開除之六生返校

其時大衆表決　除各位職教員外　各系主任教員　全體列席　（惟李主任已因家事離席）　全體一致　幷無異議　今先生椽筆一呵　宣言突起　乃曰公論尙在人心　曲直早經顯見　所謂公論如是　所謂曲直如是　所謂偏私謬戾之舉又如是　榆雖不敏　尙不願妄以空言曲說　與先生爭此事短長　然亦不敢不以偏私謬戾之的眞事實　還以質之高尙純潔之大教育家　抑本校國文系諸生　自先生離職主任後　時有事端　不知所出　聞此次潮後　暴烈學生開會　先生大聲疾呼　當衆申說　奬以此番行爲　足洗女界弱點　今後種種　力戒五分鐘熱度　其時學生幾輩　咸奉先生之言　鼓掌動地　向嘗以爲疑　今以宣言內狀　一一觀察　意者先生關心教育　熱度既高　其必欲爲女界特開生面而成一極新極大之景象者乎　榆何言哉

钱玄同藏国立北京女子师范大学校长杨荫榆致马裕藻教员函（1925 年）

35.5cm × 24.3cm　1 页

國立北京女子師範大學用箋

敬啓者本校流離顛沛將及一載賴
諸位先生熱心維持始有今日之成功謹
於本月十三日(星期三)晚七時在本校大
禮堂略備茶點餘興聊表敬意并藉以慶
祝新校長之蒞校務乞
先生光臨是幸

國立北京女子師範大學學生自治會謹啟

一月十日

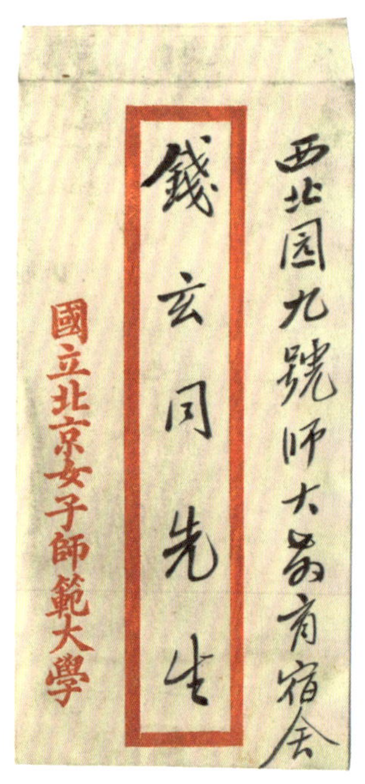

国立北京女子师范大学学生自治会致维持会诸位先生启（1926 年 1 月 10 日）

17cm × 26.5cm　1 页

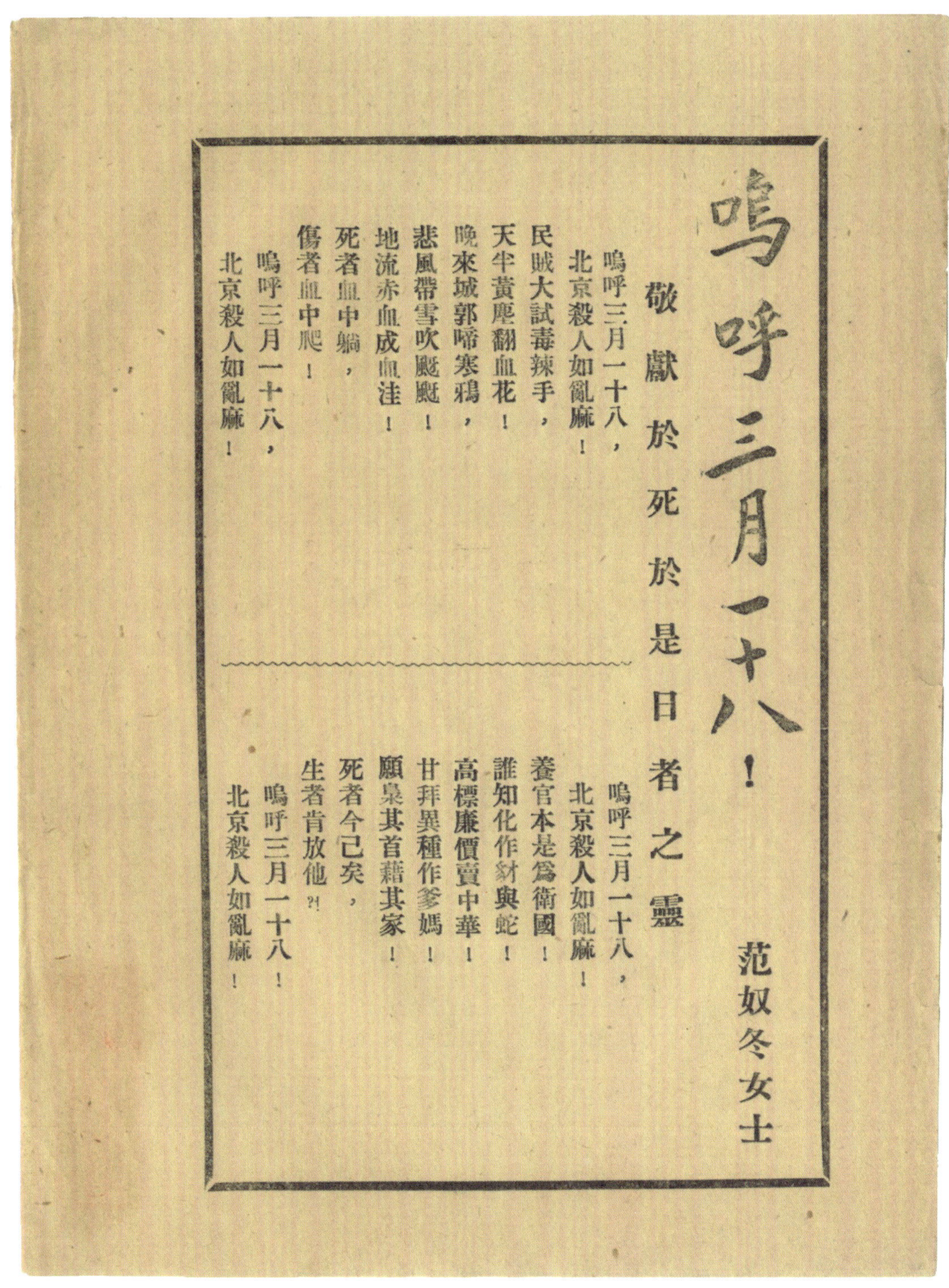

嗚呼三月一十八！

敬獻於死於是日者之靈

范奴冬女士

嗚呼三月一十八，
北京殺人如亂麻！
民賊大試毒辣手，
天半黃塵翻血花！
晚來城郭啼寒鴉，
悲風帶雪吹颼颼！
地流赤血成血洼！
死者血中躺，
傷者血中爬！
嗚呼三月一十八，
北京殺人如亂麻！

嗚呼三月一十八，
北京殺人如亂麻！
養官本是爲衛國！
誰知化作豺與蛇！
高標廉價賣中華！
甘拜異種作爹媽！
願梟其首藉其家！
死者今已矣，
生者肯放他？！
嗚呼三月一十八！
北京殺人如亂麻！

《呜呼三月一十八！》诗传单（1926年）

0.5cm × 27.3cm　1页

诗为范奴冬女士作。

国语运动功臣

钱玄同是文字音韵学家，他提倡白话文，偏重于体式和应用，因此他的文学革命事业很快就依性之所近，学之所长发展为汉字革命事业。他提倡汉字简化，并制作了第一批由教育部公布推行的简化字，参与创编第一批国语教科书；参与制定国语罗马字，主编《国音常用字汇》，首次用注音字母、国语罗马字同时注音，推广了国语罗马字的普及和应用，《国音常用字汇》成为当时最为通行的实用字典。自 1919 年教育部国语统一筹备会成立，钱玄同即为会员“兼常驻干事，自是于国语、国音、注音符号、国语罗马字、简体字等的制作、推行，悉从策划，亘二十年，其效甚溥”。我国语言文字有现在的面貌与发展，其中就有钱玄同不少的功劳。

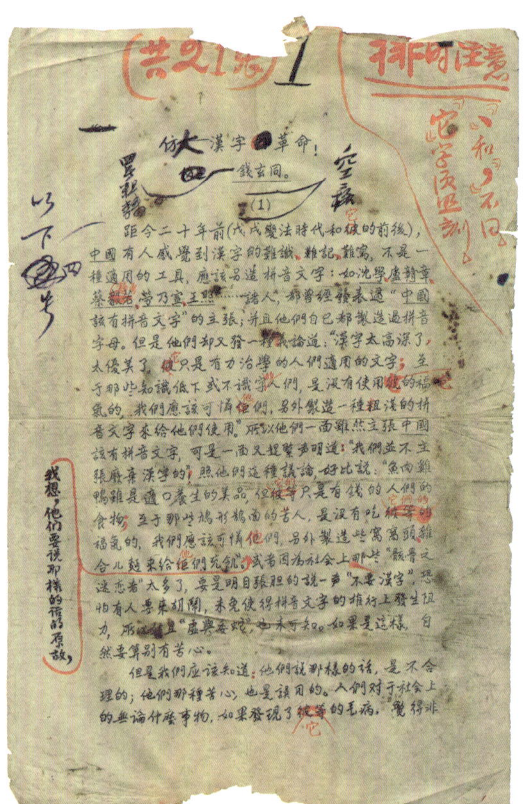

共21张 1

排时注意

汉字革命！

钱玄同。

(1)

距今二十年前(戊戌變法時代和他的前後)，中國有人感覺到漢字的難識、難記、難寫，不是一種適用的工具，應該另造拼音文字：如沈學、盧戇章、蔡錫勇、勞乃宣、王照……諸人，都曾經發表過"中國該有拼音文字"的主張；并且他們自己都製造過拼音字母。但是他們却又發一種議論道："漢字太高深了，太優美了，只是有力治學的人們適用的文字；至于那些知識低下或不識字的人們，是沒有使用他的福氣的，我們應該可憐他們，另外製造一種粗淺的拼音文字來給他們使用。"所以他們一面雖然主張中國該有拼音文字，可是一面又趕緊聲明道："我們並不主張廢棄漢字的！"照他們這種議論，好比說："魚肉雞鴨雞是適口養生的美品，但他只是有錢的人們的食物；至于那些鳩形鵠面的苦人，是沒有吃他的福氣的，我們應該可憐他們，另外製造些窩窩頭雜合儿麵來給他們充飢。"或者因為社會上那些"骸骨之迷戀者"太多了，要是明目張胆的說一声"不要漢字"，恐怕有人要來胡鬧，未免使得拼音文字的推行上發生阻力，所以這是"虛與委蛇"，也未可知。如果是這樣，自然要算別有苦心。

但是我們应该知道：他們說那樣的話，是不合理的；他們那種苦心，也是誤用的。人們对于社会上的無論什麼事物，如果發現了他的毛病，覺得非

《汉字革命》发排稿

44cm × 29.8cm 21 页

钱玄同作于 1922 年，发表于《国语月刊》第 1 卷第 7 期"汉字改革"专号。稿上所作校改，皆为钱玄同手笔。

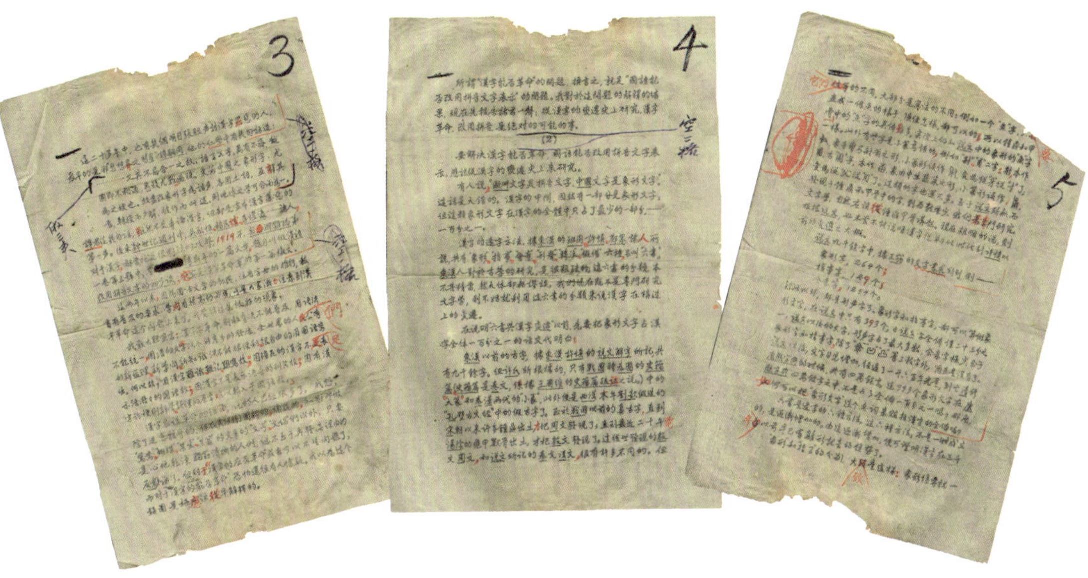

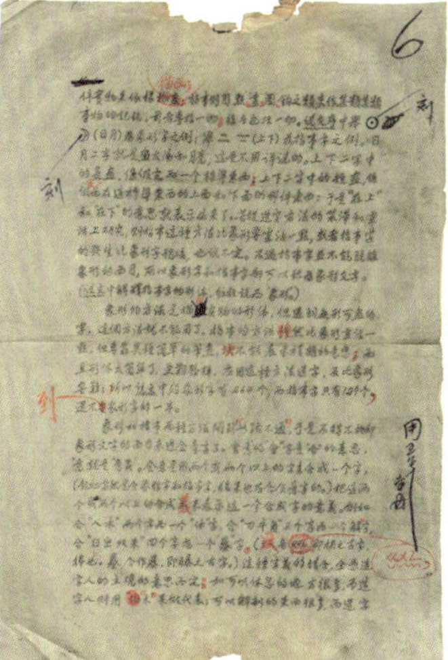

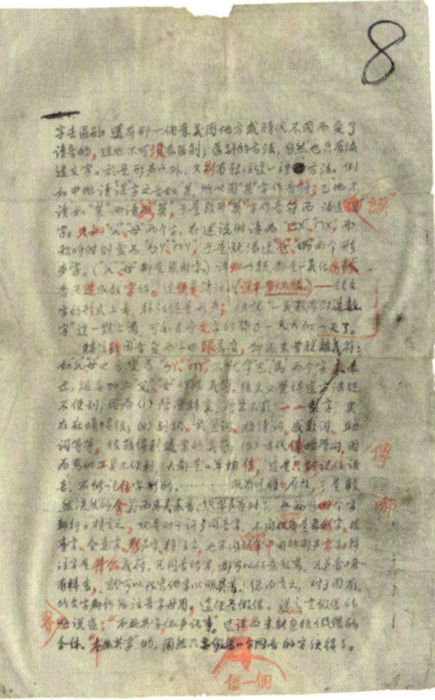

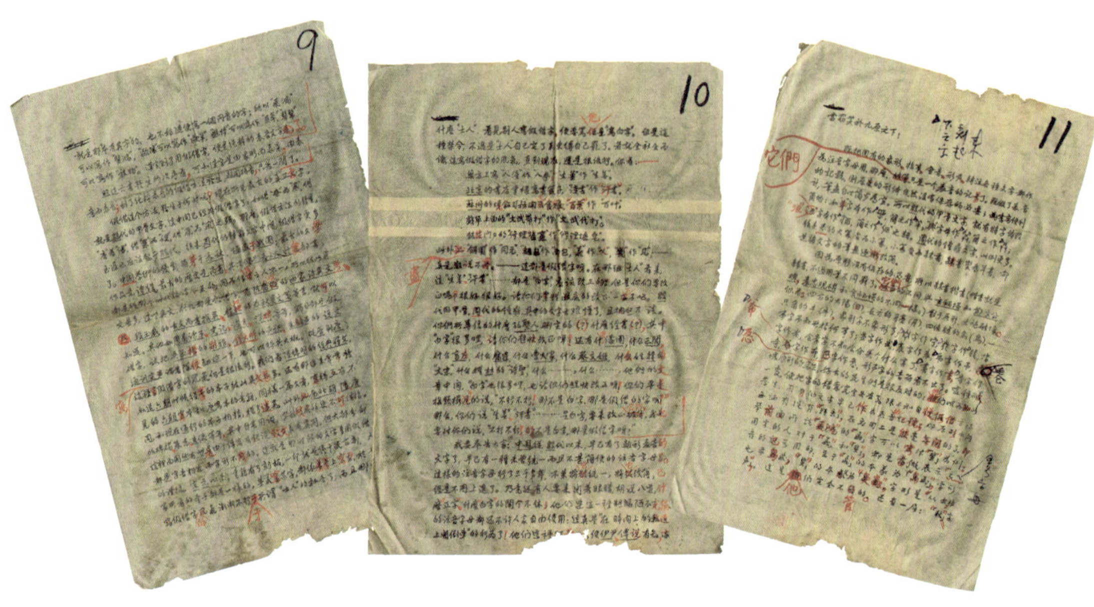

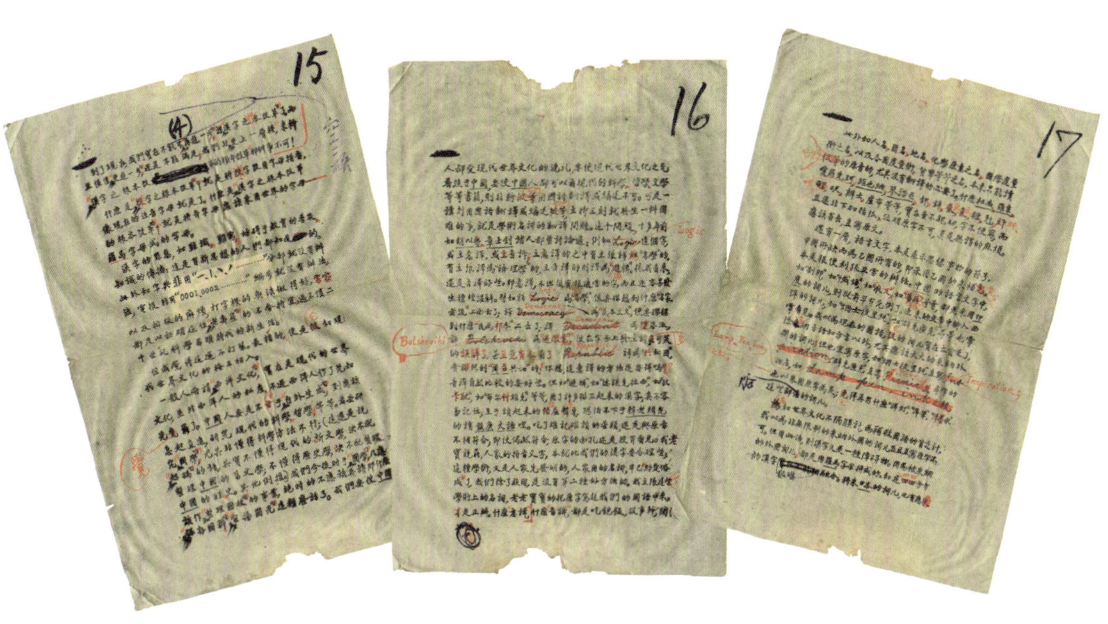

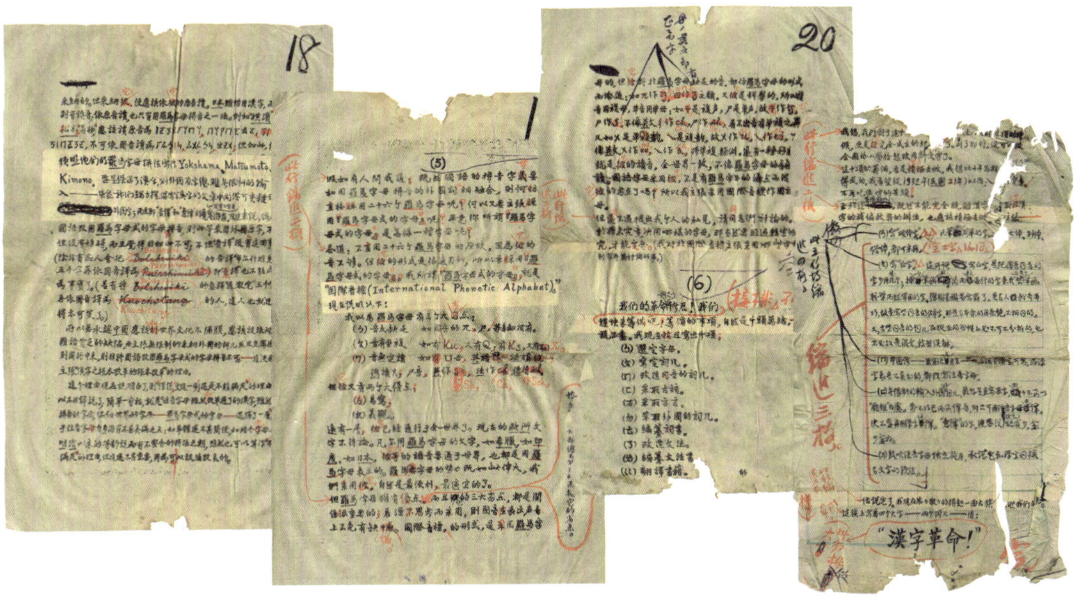

六年九月廿八日

玄同先生，

昨奉 來书，感謝無已。"彼"借為"非"，可無須他證；先生之言是也。惟朱氏以"彼"為"柀"之異体，似不如以之為"詖"之異体。說文云："詖，辯論也。古文以為頗字。从言皮声。""彼"既訓"衺"，"詖"字後人亦訓"衺"（楚辭之靈懷："不從俗而詖行兮"）。且"詖"古訓"辯論"，（漢書敘傳下之集注："詖，辯也"），正合吾意想中之"彼"字。"詖"亦可假為"頗"，又安知不可假為"彼"乎？

適所以不敢不辯者，蓋莊子"彼出於是，是亦因彼"之"彼"字訓為"非"，已夠了。但是墨經的"彼（佊），不可兩不可也"，及"辯，爭彼也"，這兩句的"彼"字，若但作"非"解，似尚有未盡之意。先生以為然否？

再，適以為行文用橫行固好，但是中文似乎宜用"○"為句号。"·"太少小了，不很明白。若能效西文，於每句之末，留一片空地，則用"·"還可勉強應用。否則適意還是用"○"為便。先生以為然否。

弟 胡適。

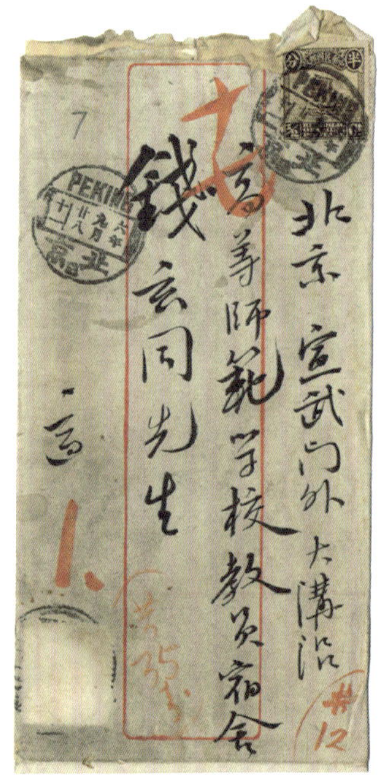
北京 宣武門外大溝沿

高等師範學校教員宿舍

錢玄同先生

適

胡适致钱玄同（1917年9月28日）

15.2cm × 25.1cm　3页

玄同先生：

昨天的信很好，可惜我们不能面谈。

墨经的"假"便是"彼"，"彼"也是"彼"，都是"鞍"字：——这一说我也采用了。我又以为後人的"駁"字，或者就是"此彼"两字的转音。上声转入，如宋的"底"变成了今人的"的"。先生以为如何？

先生说的每句的後面，应该留一个字的空地。这话我极以为然。从前也曾劝"科学"诸君用这法。不知如何不曾採用。但是此法非绝没会随加符号的人，不能用的。第必须写完了再加符号，定必不能预定何处应有一个字的空白。

至于"，"的"。"的後面空与不空，都不甚要紧。我这几年来觉得这個"，"或"△"号简直可以不用。有时可以用"、"去代他。有时可以用"。"去代他。例如

所恶於上，毋以使下；所恶於下，毋以事上；所恶於前，毋以先後；所恶於後，毋以从前；此之谓絜矩之道。

这段的"；""："用的很好。但是符号若不够用，尽可如下写法：

所恶於下，毋以事上。——所恶於前，毋以先後。——此之谓絜矩之道。

引语的"："也可用"、"去代他。英文也有这個法子。下面用了"引号"，上面用"、"也很清楚了。如

孟子曰，"——"。

胡适致钱玄同（1917 年 9 月 30 日）

16.1cm × 25.1cm　6 页

北京大學用箋

我這種牽扯的办法，先生或不甚以為然罷？

我上文用了兩个"問号"，都寫成"？"。這是昨天的新發明。因為先生所擬孟子一章的寫法裏面有

何必曰利？

這個似乎不便。不如用一個"？"，也寫在旁邊，如

何必曰利？

豈不便当嗎？

第　字　號

北京大學用箋

先生所說書名和本名析斷在兩行，便該用一畫把他連起來。這法我也曾用過。有幾本劄記內都如此寫法。因為這是狠不少的。例如

…………范雎為魏-齊所辱……

若不加一短畫，便与兩個國名相混了。但是這法卻有許多困難。因为中國字个个字都占一方塊。這個"—"若占一方塊呢，又用不

第　字　號

北京大學用箋

着他了。若占半方塊呢，又不雅觀。況且這一畫長了又和"一"字相混。短了又看不明白，還怕印不分明。（越在頁边的字，越印不分明。）所以我曾想用法文的法子，用一个"="。（德文也用他）。譬如 魏=齊 韓非=子

魏=齊

先生以為怎樣？

胡適

第　字　號

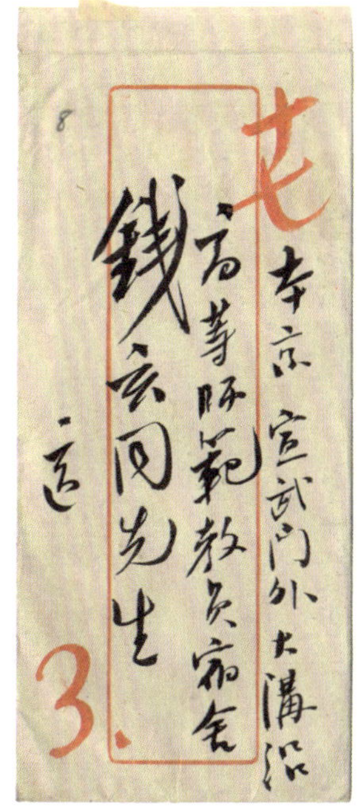
北京宣武门外大沟沿
高等师范教员宿舍
钱玄同先生
适
3.

十月初二日

玄同先生：

昨日的信已读过了。

我讲的"駁"字，乃是"斑駁"之駁。我疑"彼"字(說)音变之後，後人假借"駁雜"之駁来代他。正如"之"，後人初用"底"字，("無不是底父母")，後用"地"字，(水滸的"撲地"，"括剌剌地"，)如今都用"的"字了。

先生所讲中文符號宜多不宜少。這话狠對。我從前讲的话，一則因为自己的文法观念略深了；二則因为自己有点儿懒病；三則因为中國的排印工太不行了，自己又不能去花工夫训练他们。

先生称呼的问题，我却不能直截解决。西方人的通例：大凡生存的人，大概多用 Mr. X 的称呼；死了的人，大概直称名。例如 Mr. Wilson is comparable to Lincoln。称官名，職業名，与称 Mr. 同。此法似乎可仿行。先生以为何如？

我看活人在中國不妨称"字"。講義中称"字"，似乎可以不用称"先生"了。講義究竟和歷史不同。講義讲的是"我的"话，歷史讲的是歷史上的事實。先生以为對不對？

但是死人也常称"官名"，如 President Jackson, General Gordon.

適

胡适致钱玄同（1917年10月2日）

15.2cm × 25.1cm　3页

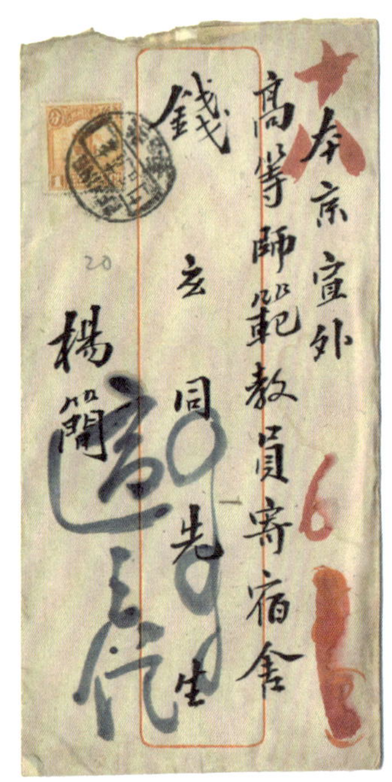

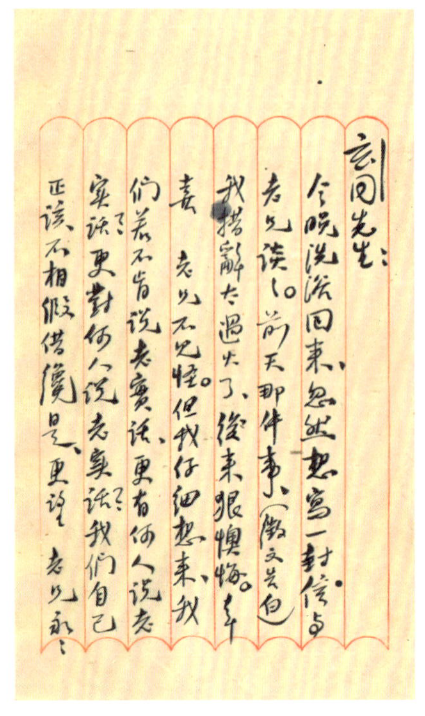
玄同先生：
今晚洗浴回來，忽然想寫一封信與
老兄談談。前天那件事（繁文岂白）
我措辭太過了，後來很懊悔。本
要 老兄不見怪。但我仔細想來，我
們若不肯說老實話，更有何人說老
實話？更對何人說老實話？我們自己
正該不相假借，覺是，更望 老兄永永

恐怕挑起許多無謂之紛爭，反把這
問題的真相弄糊塗了。——不但如此，
若果然這種主張能惹起許多討
論，也還罷了。只怕人家見了，祇當他
是一種不切事情，不由衷的高論，只可
付之一笑，沒有討論的價值。若果如此，
——我心想這種主張的效果不過如此，——那
就不但失了 老兄主張的原意，並且失了

胡适致钱玄同（1918年5月29日）

14.1cm×23.5cm　14.4cm×21.7cm　6页

信中胡适就在《新青年》讨论中国文字问题发生争论时措辞太过，向钱玄同道歉。但他还是认为，废灭汉字，无论是用世界语或其他任何一种外国语来代替，都是万万行不通的，是抄近路、偷懒的办法，还是就现在的文字做些补救的功夫较为符合实际。

这个报的声价了。老兄千万不可疑心我又来"首鼠两端"了。我不怕人家攻击我们，只怕人家说我们不值得攻击。老兄前天信里提"日本人有用外国语作书报的"。这事不够作论证。日本人懂西文的比中国人何止多几十倍，况且日本已有字母的文字，尚且不过能做到

如此相待，才是。千万别以为切这爱摆架子就不屑教训他了。中国文字问题，我本不配开口，但我仔细想来，总觉得这件事不是简单的事，须有十二分的耐性，十二分的细心，方才可望稍稍找得出一个头绪出来。若此时想抄近路，无论那条近路是世界语，还是英文，不但断断办不到，还

这种少数人尝试的地步。试问中国今日能有几万分之一的人能懂得一种外国语么？我这封信，并不是打官司的。我的意思以为国中学者能像老兄这样关心这个问题的，实在不多。这些学者在今日但该做一点耐性的工夫，研究出一些补救的改良方法，不该存一个偷懒的心，——我老实说这种主张是偷懒的主张！——要想寻一条近路。老兄以为这

话有一个道理吗？夜深了，我也要睡了！

适

十一月九夜

本京
順治門外
後鐵廠
高等師範教員宿舍
錢玄同先生
適

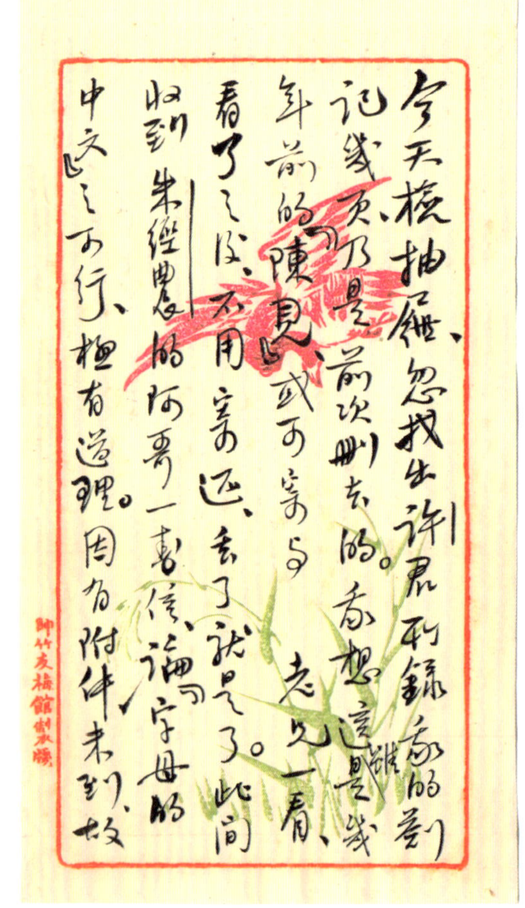
今天檢抽屜、忽找出許君刊錄我的劄記幾頁、乃是前次刪去的。我想這是幾年前的陳見、或可寄與老兄一看、看了之後、不用寄還、丟了就是了。此間收到朱經農的阿哥一封信、論字母的中文之不可行、極有道理。因為附件未到、故

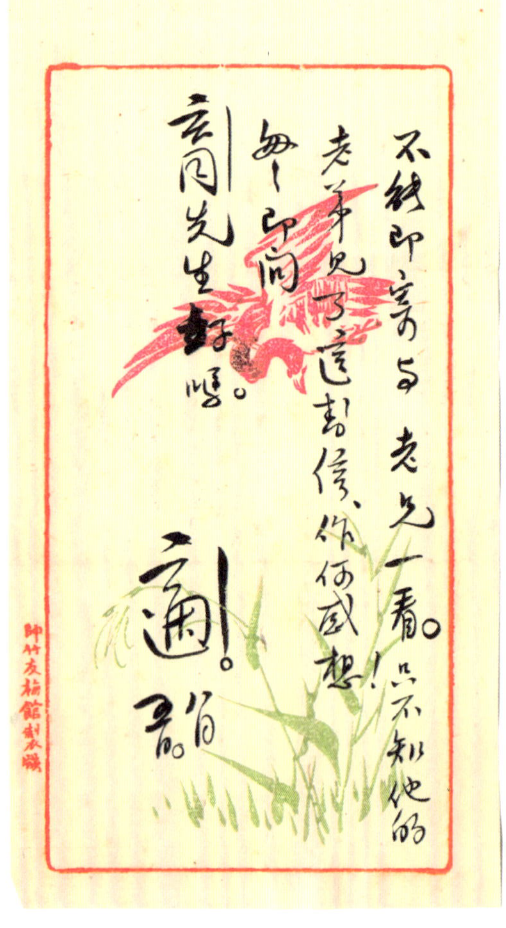
不能印寄與老兄一看。只不知他的老兄見了這封信、作何感想！[illegible]
玄同先生好呀。
適。

胡适致钱玄同（1918年8月5日）

22.6cm × 12.5cm　6页（正文2页，附件4页）

信中附4页胡适新作札记，论汉字的教育与普及，相信“文字符号”（即拼音）是“补助吾国文字一种极有力的方法也”。

16

[illegible]

與人言證與據之別詩云「普天之下莫非王土率土之濱莫非
王臣」而舜既為天子矣敢問瞽瞍之非臣如何?」是據也據經典
之言以明其說也詩云「娶妻如之何?必告父母」信斯言也宜莫
如舜舜之不告而娶何也」是亦據也證者根據事實根據法理
或由前提而得結論由果溯因(演繹)由因推果(歸納)是證也吾
國舊論理但有據而無證證者乃科學的方法雖在歐美亦為
近代新產兒當中古時代宗教勢燄方張之時凡「新舊約」之言
皆足為論理之前提「創世紀」云上帝創世六日而成故後之談
天演進化者皆妄談也此亦據也其無根據與吾國之以「詩云」
「子曰」作論理前提者正相伯仲耳今之言論家動輒引亞丹斯
密盧騷白芝浩穆勒以為論理根據者苟不輔以實際的經驗
目前之時勢其為荒謬不合論理正同向之引「詩云」「子曰」者耳
欲得正確的理論須去據而用證
作一英文論文題為「如何可使吾國文言易於教授」將乞趙君
元任於今年東美學生年會時讀之先是有鍾某等廣刊傳單
極力詆毀漢文主張採用字母以為欲求教育之普及非有字
母不可云云其詞極激昂志在動人也余以為此問題至重大
不當以意氣從事當從容細心研究之故建議以「國文」為今
年年會討論問題而分此題為二分先論國文次論國語吾與

17

趙君分任之趙君作論論吾國語能否採用字母制及其進行
方法吾則擇上所記題大旨如下
一、無論吾國語能否變為字母之語當此字母制未成之先今
之文言終不可廢置以其為僅有之各省交通之媒介物也
以其為僅有之教育授受之具也
二、漢文問題之中心在於「漢文究可為傳授教育之利器否?」一
問題
三、漢文所以不易普及者其故不在漢文而在教之之術之不
完同一文字也甲以講書之故而通文乙以徒事誦讀不求
講解之故而終身不能讀書作文可知受病之源在於教
法
四、舊法之弊蓋有四端
(一)漢文乃是半死之文字不當以教活字文之法教之(活文
字者日用語言之文字如英文法文是也如吾國之白話
亦是也死文字者如希臘拉丁非日用之語言已陳死矣
半死文字者以其中尚有日用之分子在也如犬字是已
死之字狗字是活字乘馬是死語騎馬是活語故曰半死
之文字也)舊法不明此義以為徒事朗誦可得字義此其
受病之根源蓋教死文字之法與教外國文字之法相似
須用翻譯譯死語為活語所謂「講書」是也

18

(二)漢文乃是視官的文字非聽官的文字凡象形會意之文字乃視官的文字而字母諧声之文字皆聽官的文字也凡一字有二部一為其声一為其義無論何種文字不能同时並達此二者字母的文字但能傳声不能達意象形會意之文字但可達意而不能傳声(例如英文dog合三字母而成能拼音者皆知其音為「多葛」然何以此D、O、G、三字母合成則為狗?此則無從索解但須强記而已至漢文之「犬」則不然「犬」乃象形之字義即在形中無待遠求惟犬何以讀如犬則亦無從索解但須强記而已更繁複之字如英文Candidate「候選人」拉丁文為Candidatus本義為「白衣人」以羅馬制凡選人皆衣白故也源出Candidus「色白」更出動詞Candēre(發白作白色)與梵文Chand「照耀」有關係自英文之字溯源至於梵文可謂深矣而終不能知何以Candēre為作「白色」與夫何以Chand有「照耀」之義終須强記耳漢文則反是如「貓」字析之得豸苗二字豸以示此物屬肉食獸類苗以示此獸鳴声合之為作苗声之肉食獸也又「苗」字象田上所植草更析之則艸象形田指事也皆足達意而不能傳声學者須强記艸讀為艸田讀為田苗讀為苗也)是故切韻之語與會意之語各有所長亦各有所短今之漢文已失象形、會意、指事之特

17

長而教者又不復知說文學。六書之學向之以授八歲之孩童者今雖老生宿儒未必知之其結果遂令吾國文字既不能傳声又不能達意向之有一短者今並失所長學者不独須强記字音又須强記字義是事倍而功半欲救此弊須用何法乎?(一)將恢復篆書耶?此必不可得之事也(二)當鼓勵字源學(說文學)(三)當以古體今体並列教科書中(四)小學教册中之新字須遵六書之法先令蒙童習象形指事之字徐及淺易之會意字次及淺易之形声字其字源不易明解者宜俟稍進之學級不以眩蒙也(五)中學以上皆當習字源學凡此諸法皆所以增益兒童識字之興趣令其由興趣而記憶字義則其記憶也不勞而易能庶幾稍復吾國文字既失之一長云尔

(三)吾國文本有文法而古来從未以文法教授國文今「馬氏文通」出世已近廿載而文法之學不治如故夫文法乃教文字語言之捷徑今當提倡文法學使普及國中又当列「文法」為必要之學科自小學至於大學皆当治之

(四)吾國向不用文字符號致文字不易普及而文法之不講亦未始不由於此(說見所著「文字符號論」)今當力求採用一種規定之符號以求文法之明顯易解及意義之確定不易(蓋「文字符號」)敢信為補助吾國文字一種極有力的方法也

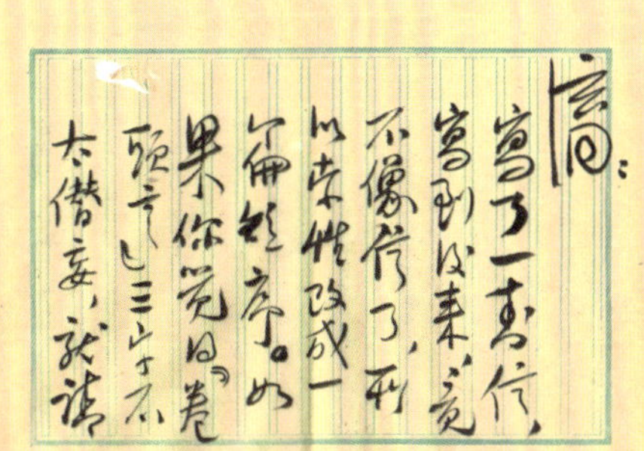

玄同：写了一篇"卷头言"，写到後来，竟不像"卷头言"了，我以为须改成一篇短序。如果你觉得"卷头言"三字不太僭妄，我请

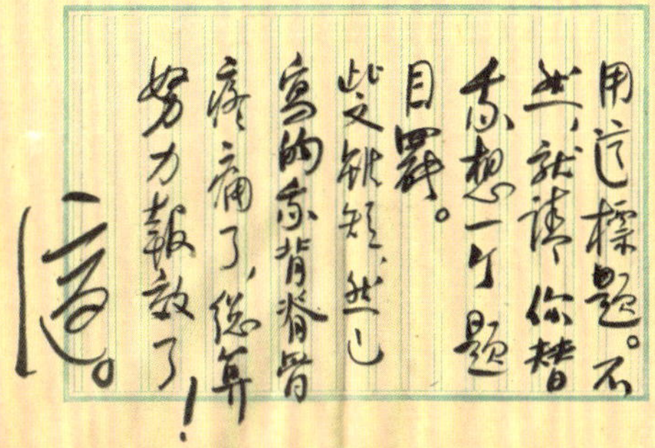

用这标题。不然，就请你替我想一个题目罢。此文虽短，然已写的我背脊骨疼痛了，总算努力报效了！

适。

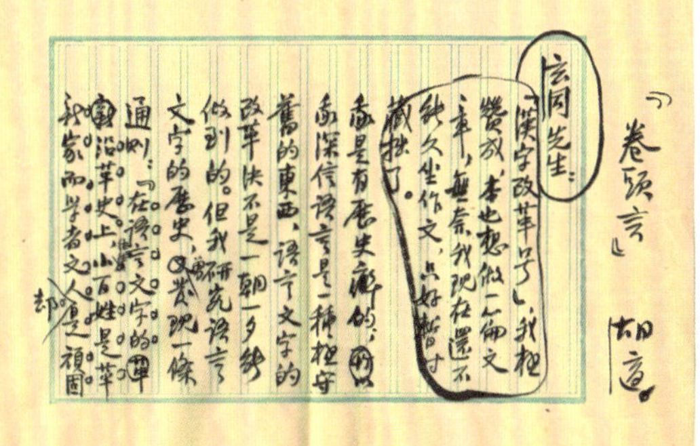

"卷头言"　胡适。

玄同先生："汉字改革号"，我想赞成，本也想做一篇文章，无奈我现在还不能久坐作文，只好暂时缺席了。

我是有历史癖的；我深信语言是一种极守旧的东西，语言文字的改革决不是一朝一夕能做到的。但我研究语言文字的历史，发现一条通则："在语言文字的沿革史上，小百姓是革新家，而学者文人却是顽固党。"

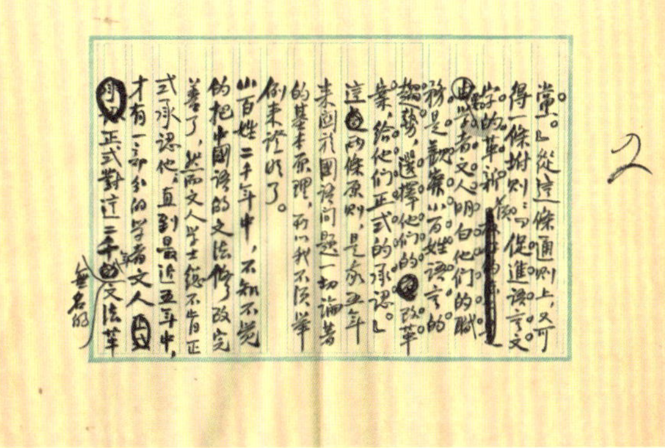

从这条通则上，又可得一条附则："促进语言文字的革新，须要学者文人明白他们的职务是观察小百姓语言的趋势，选择他们的改革案，给他们正式的承认。"

这两条原则，是我研究五年来国语问题的一切论著的基本原理，所以我不须举例来证明了。

小百姓二千年中，不知不觉的把中国语的文法修改完善了，然而文人学士总不肯正式承认他；直到最近五年中，才有一部分的学者文人正式对这二千年无名的文法革

2

胡适致钱玄同（1923 年 1 月 12 日）

28cm × 19.7cm　8 页（正文 2 页，附件 6 页）

信中附胡适为《国语月刊》"汉字改革号"所作"卷头言"文稿。

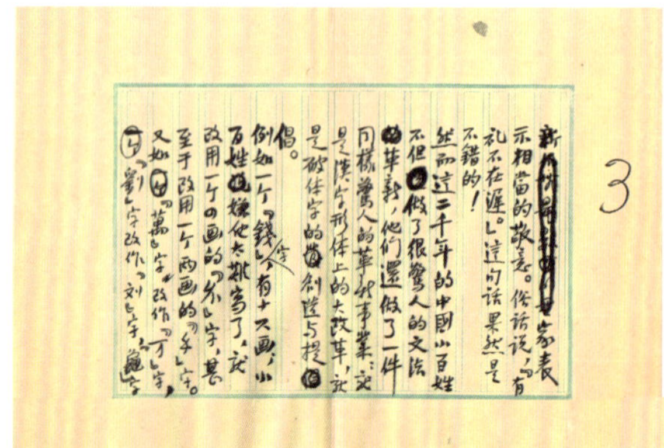

3

新[illegible]家表
示相當的敬意。偺話說，"有
礼不在遲。"這句話果然是
不錯的！
然而這二千年的中國小百姓
不但[illegible]做了很驚人的文法
[illegible]革新，他们還做了一件
同樣驚人的革新事業，就
是漢字形体上的大改革，就
是破体字的[illegible]創造與提[illegible]
倡。
例如一个"錢"字，有十六画，小
百姓[illegible]嫌他太繁了，就
改用一个四画的"尔"字，甚
至于改用一个两画的"千"字。
又如[illegible]"萬"字改作"万"字，
[illegible]"劉"字改作"刘"字，"龜"字

4

改作"龟"字，"亂"字改作"乱"
字，"竈"字改作"灶"字，"蘆"
字改作"芦"字，"聽"字改作
"听"字，"聲"字改作"声"字，
"與"字改作"与"字，"靈"字
改作"灵"字，"蓋"字改作"盖"
字，"齊"字改作"齐"字，"齋"
字改作"斋"字，"還"字改作
"还"字，"壞"字改作"坏"字，
……這些驚人大改革，處
處都合于"經濟"的一个大原
則。我曾說過：
改變的動機是實用上的
困難；改變的目的是要
補救這[illegible]種實用上的困
難；改變的結果是應用
能力的增加。（胡適文存三、三四）

5

那幾句話就是為白話文法說
的，但我現在用來褒揚破体
字的改革，似乎也是很適
當的。
小百姓[illegible]了他們的力了；
但現在文[illegible]到學者文人來做審
查與追認的一步工夫了。
錢玄同[illegible]黎錦熙諸位先生們
對于[illegible]古來這些破体字，曾
經[illegible]細細研究過，認為很有
理由的改革，認為進步，不
是[illegible]退化。他們覺得這些
破体的"新字"不是小百姓印
曲本灘簧的專有品，乃是全
國人的公[illegible]共利器。所以他們
現在以言語學家的資格，[illegible]
十分鄭重的對全國人民提

6

出他們審查的報告，要求
全國人採用這幾千个合理
又合用的簡筆新字來代替
那些繁難不適用的舊[illegible]
字。
這[illegible]就不是徹底的改革，
但確然是[illegible]很需要而且
應該有的[illegible]一種[illegible]
改革。[illegible]他們的理論
是很不容易駁倒的，他們的
態度是十分誠懇的。我很
盼望全國的人士都用十分
誠懇十分鄭重的態度去
研究[illegible]他們的提議！
十二、一、十二，病中作。

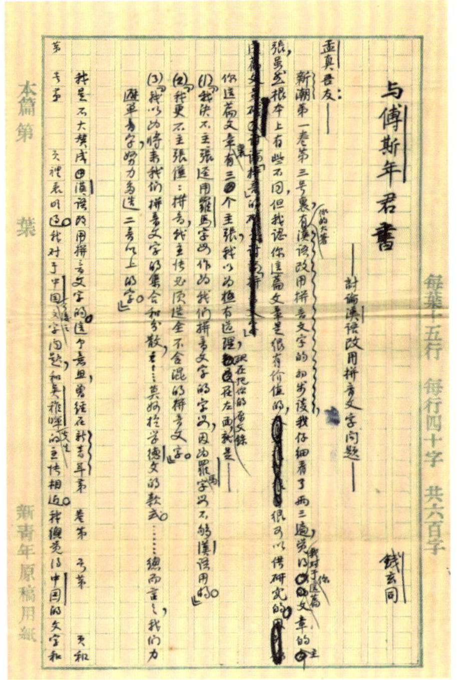

与傅斯年君書

——討論漢語改用拼音文字問題——

錢玄同

孟真吾友：——

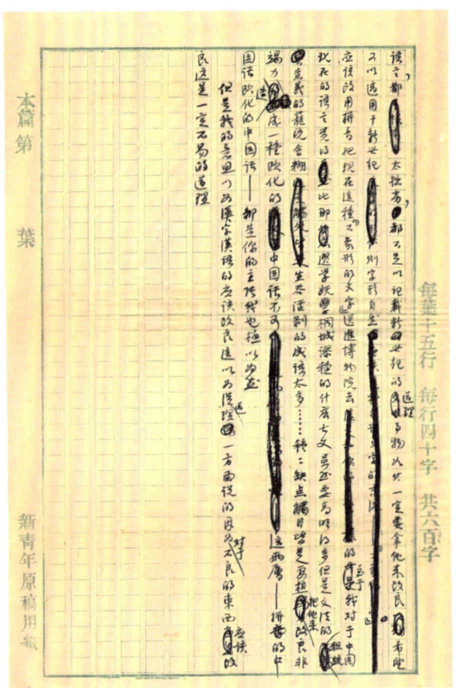

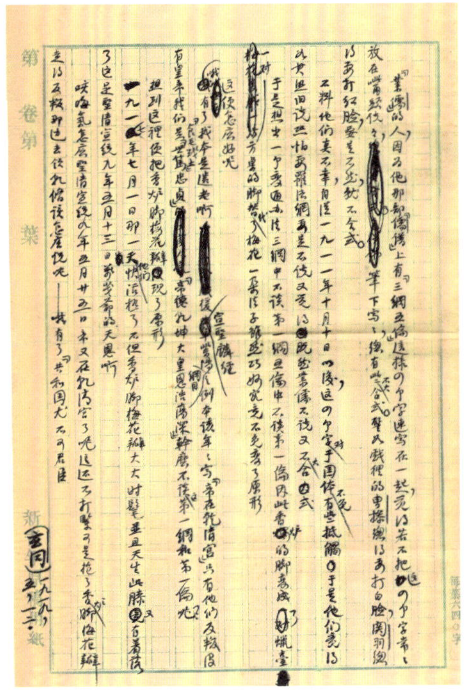

与傅斯年君书（1919 年 5 月 12 日）

43.5cm × 26cm　43.5cm × 28.3cm　3 页

钱玄同以《新青年》记者名义，与傅斯年讨论汉语用拼音文字问题。

第 1 期

14,6,1925

收稿處：北京，西北園，九號，師大寄宿舍，錢玄同。

定報處：甲 北京，東安門內，翠花胡同，十二號，北新書局；乙 北京，西單，機織衛西口外，逆通胡同，四號，兒童報社。

報費：
寄售——每期本京售銅元四枚。
郵寄——每期大洋二分，半年五角，全年一元，郵費在內。本京外埠一律；郵票代價，以九五折計算；只收一分半分的。

發刊辭

錢玄同

這個國語週刊，是黎劭西先生和我所辦的。我們因爲對於國語，自己有話要講，又因爲國語上應該討論研究的問題很多很多，所以辦這週刊做咱們大家發表關於國語的言論底機關。我們自己要講的話也不少，現在姑舉三點如下：

（ㄅ）我們相信這幾年來的國語運動是中華民族起死回生的一味聖藥，因爲有了國語，全國國民才能彼此互通情愫，教育才能普及，人們底情感思想才能自由表達。所以我們對於最近“古文”和“學校底文言課本”死灰復燃，認爲有撲滅它之必要；我們要和那些殭屍妖鬼決戰，拼個你死我活！

（ㄆ）我們相信正則的國語應該以民衆底活語言爲基礎，因爲它是活潑的，美麗的，純任自然的，所以我們對於現在那種由古文轉化的國語，認爲不能滿足；我們要根據活語言來建立新國語。

（ㄇ）我們相信中華民族今後之爲存爲亡，全系民衆之覺醒與否；而喚醒民衆，實爲知識階級唯一之使命。這回帝國主義者英吉利和日本在上海屠殺咱們底學生和工人的事件發生，我們更感到“禍至之無日”，喚醒民衆之萬不容再緩。講到喚醒民衆，必須用民衆的活語言和文藝，才能使他們真切地了解。所以我們對於現在那種爲民衆的書報和文藝，認爲絕對的不適用；我們要仔細地搜集考察民衆的語言和文藝底真髓，用它來建設種種新的民衆文藝。

現在已經答應我們擔任常常撰稿的有吳稚暉，胡適之，林語堂，周凱明，顧頡剛，魏建功，蕭家霖，杜同力，李遇安，董渭川，蘇耀祖……諸先生。在國外的趙元任和劉半農兩先生不久就可回國，將來我們也非得拉住他們做文章不可。我們還要竭誠邀請對於國語有興趣的先生們都到這兒來投稿，無任企盼！

世界上沒有兩個人底思想絕對相同的

目錄

—1—

《国语周刊》创刊号

19.3cm×26.2cm　1 张

《京报》副刊之一，1925 年 6 月 14 日创刊，1925 年 12 月 27 日出至第 29 期终刊。钱玄同为周刊编辑，并撰《发刊辞》。该刊实行钱玄同在《新青年》上主张而没有实现的横排，专门讨论和推广国语。

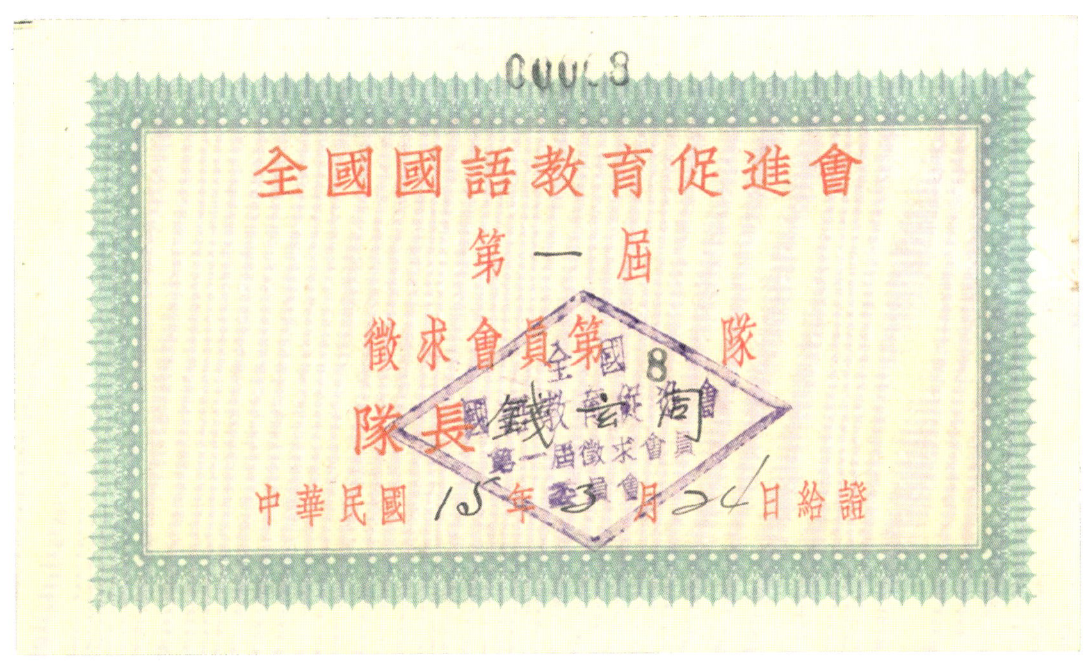
全國國語教育促進會
第一屆
徵求會員第8隊
隊長 錢玄同
中華民國15年3月24日給證

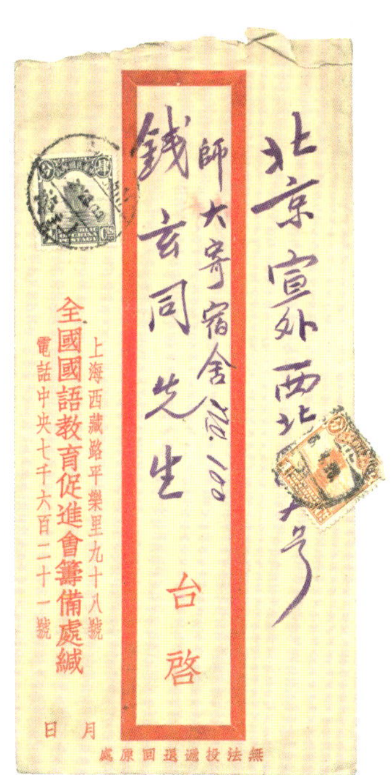

全國國語教育促進會籌備處

謹啓者承 先生 俯允所請感甚感甚茲請 先生担任本會第1屆徵求會員第8隊隊長奉上隊長證一紙隊員證(71-80)10紙徵求章程及須知各10份會章願書收據各100份業于3月20日挂號寄上敬請 檢收即日徵求專此敬請

台安 謹啓 3月20日

全国国语教育促进会筹备处致钱玄同函（1926年3月20日）

17.7cm × 25.4cm　14cm × 18cm　2页

函中附全国国语教育促进会第一届征求会员第8队队长证。

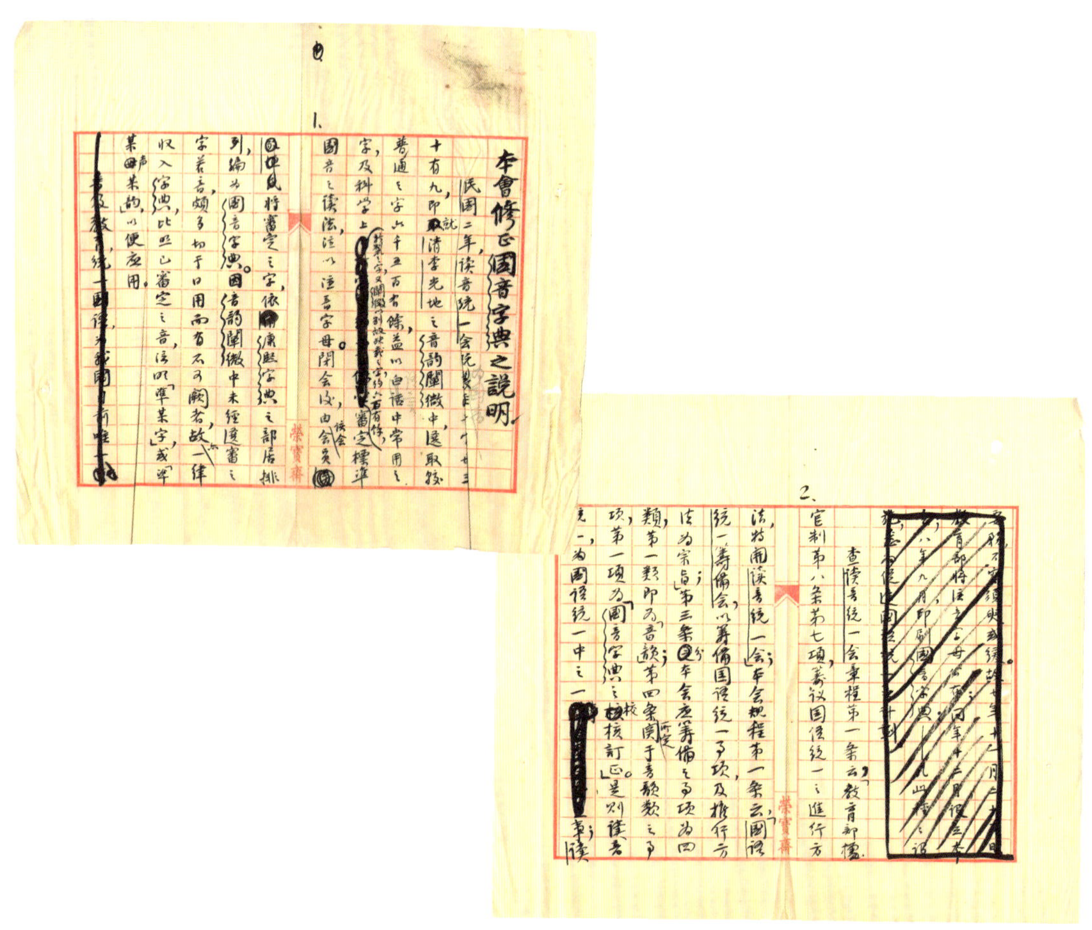

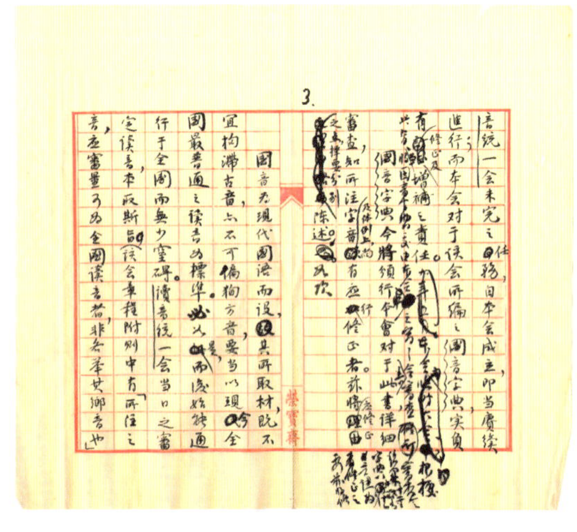

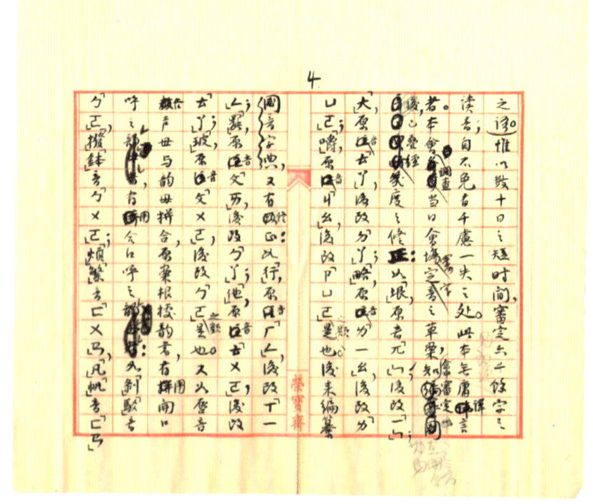

钱玄同《本会修正〈国音字典〉之说明》手稿

31cm×27cm 30cm×24cm 15张

钱玄同作于1932年，此文即教育部于当年公布的《国音常用字汇》长篇例言。这部字汇“从民十二到民二十一，整整的经过十年才成功，可以说是钱先生一手编定的。卷首有一长篇例言，题为《本书的说明》，也是钱先生一手做成的，这篇东西是他近年最精细、简明、切实之作”（黎锦熙语）。

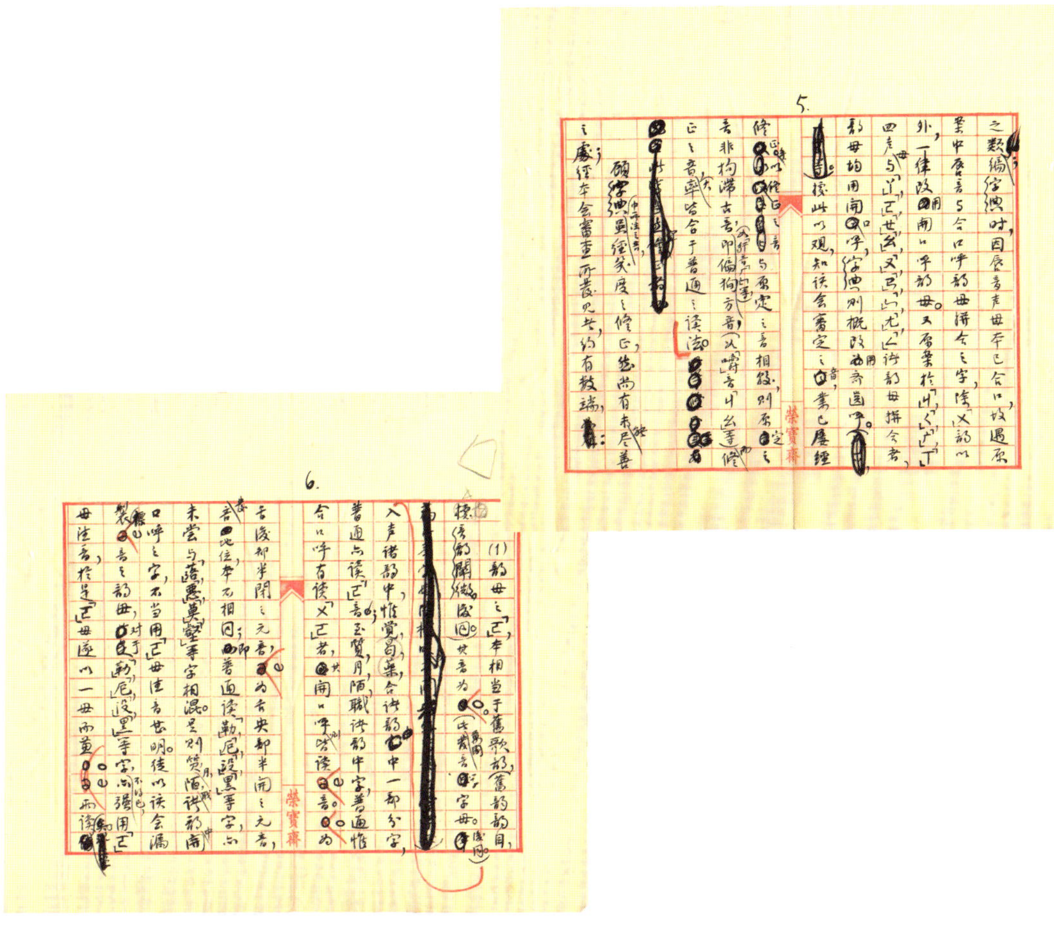

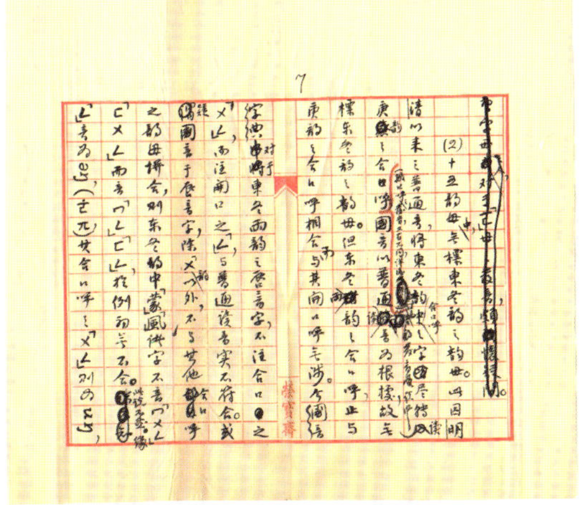

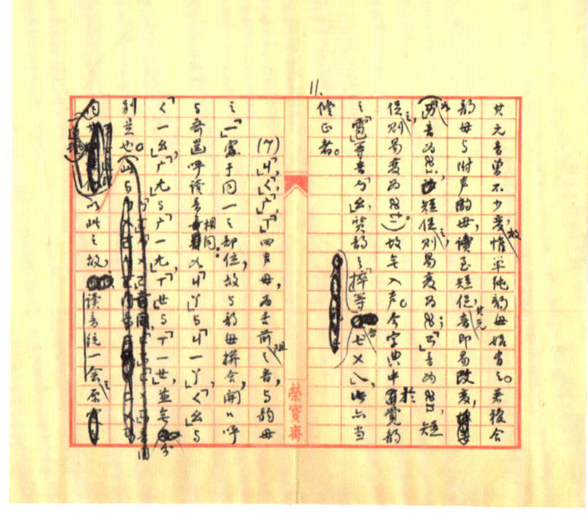

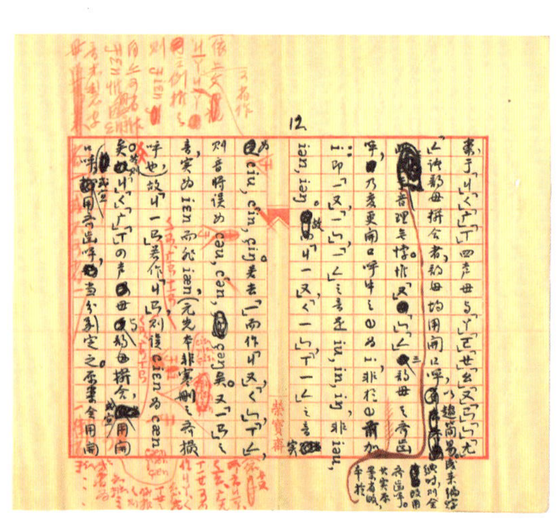

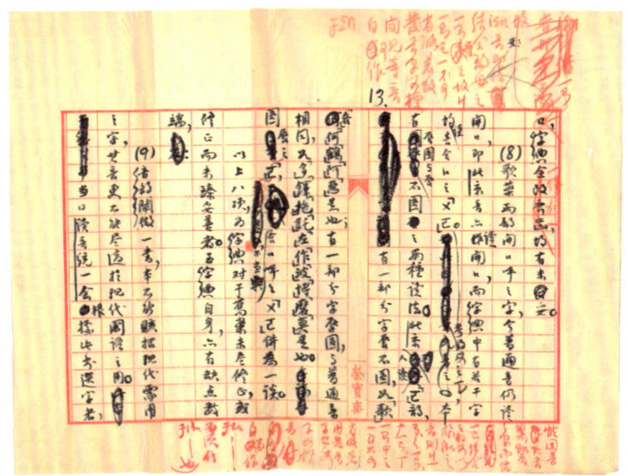

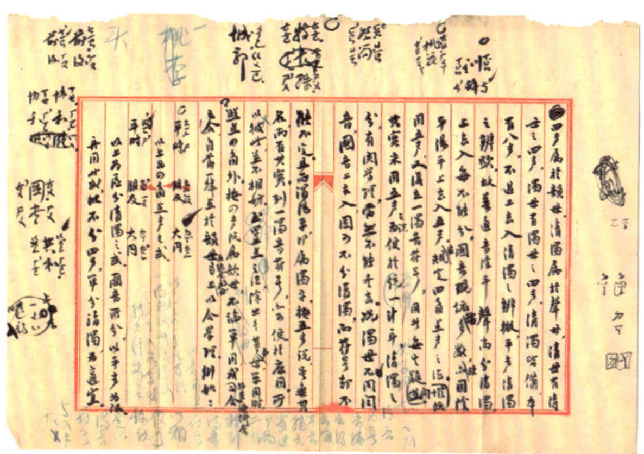

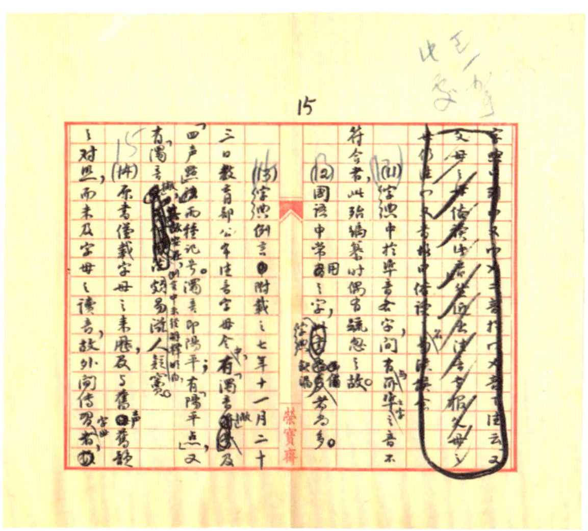

第四年的……

貓和狗

一隻貓在太陽光射着的地上裝飾，他用舌舐他的毛。一隻狗從後院走出，慢慢地走来。這貓趕到狗的前面攔住他。

狗不走了，戲弄這貓；貓叫起来，嗔他，露出爪来；狗用腳打他一下，貓聳身跳過狗的身子上，狗轉身来要捉他，他跑上梯子，躲在倉樓上的貓洞裏。

清潔

一个小学生，很愛清潔。他早晨起来，用清水洗頭，擦脖子，用布巾擦乾，梳好頭髮。

他常常刷他的衣服和鞋子，不願意他的衣服上有一些髒。

他的手不會黏上墨水，他不咬筆頭，並且不含鉛筆頭，在寫字或畫圖的時候。

第四年的——

養蠶

在春天的時候，桑樹上發滿了葉子；他姊妹兩人，提着竹筐，帶着剪子，去剪桑葉。

姊姊告訴妹妹道，"蠶在幼稚的時候，要把桑葉切細飼他，等他三眠以後，可以不用切細的葉子了；但是桑葉必定要拭乾纔好。"

養蠶的利益很大，我们穿的绸衣服，那材料都是蠶絲織成的。

（因为第四年的学生現在试验養蚕，所以選這一課，請先生先印。）

ㄖㄜㄋㄝ

René（法國小孩的名字）。

René學一課國語讀本，他專心讀過兩次，就很明白了。他口裏發出字的聲音很明亮，很適當。

他讀過兩次，就能背，並且懂着全課的意思。他相信永遠不會忘了。

小溪

小溪從山谷裡流出来，慢慢地穿過草叢的中間，他很窄，我们可以一步跳過。

小溪流入農家的院裏，農人利用他，做他的鷄鴨飲水的池子。

小溪的水，可以澆花；有些時候打魚的人在小溪的石洞裡捉小蝦。

ㄝㄇㄧㄌ

Emile.（法國小孩的名字）

Emile做小学生的時候，在放假的日子，他很勤力料理他的小花園，他把襯衣的袖口捲到臂上，用鏟子鏟地，又用鈀子鈀平他。

他收藏花的種子，過了一年，他把種子種下，等到花的枝葉發生出来了，他就把他移到別處種下，並且放下肥料。

他常常澆花，且用剪子剪去花的敗葉；花開的時候，他採摘花朵。

钱玄同为孔德学校四、五年级抄选的国语课文稿

29.5cm × 16cm　毛订 1 册

钱玄同是我国第一批国语教科书的创编者之一。

第五年的一

瞎子和顏色

一个瞎子，他從生下来的时候眼睛就是瞎的。

有一回，他问一个眼睛能看的人道，“牛乳是什麼顏色？”答道，“牛乳的顏色和白纸的顏色一樣。”

瞎子道，“那末，他的顏色在手拿着的時候，也同纸一樣，有瑟瑟的聲音的吗？”

答道，“不是，他是像白麵粉一樣的白。”

瞎子道，“這樣說来，他的顏色，就是柔軟輕鬆，和麵粉一樣的吗？”

答道，“不是，他光是白，他的白像白的兔子。”

瞎子道，“這是什麼道理？他的白是细軟的，和兔子的皮相同的吗？”

答道，“不是，他的顏色，大概和雪的顏色同樣。”

瞎子道，“那末，他是像雪一樣冷的吗？”

這个人用了許多的比方，瞎子總是不能懂着白的顏色是怎樣。

第五年

太戈爾

印度Tagore的詩

ㄊㄞˋㄍㄜㄦ

一天早晨在花園裡，一個盲女送給我一串包在荷葉裡的花圈。

我將這花圈掛在頸上，淚兒便到我眼裡来了。

我與她接吻，說道，“你瞎了，任憑花是怎樣，你自己就不知道你的贈品是多麼美麗啊！”

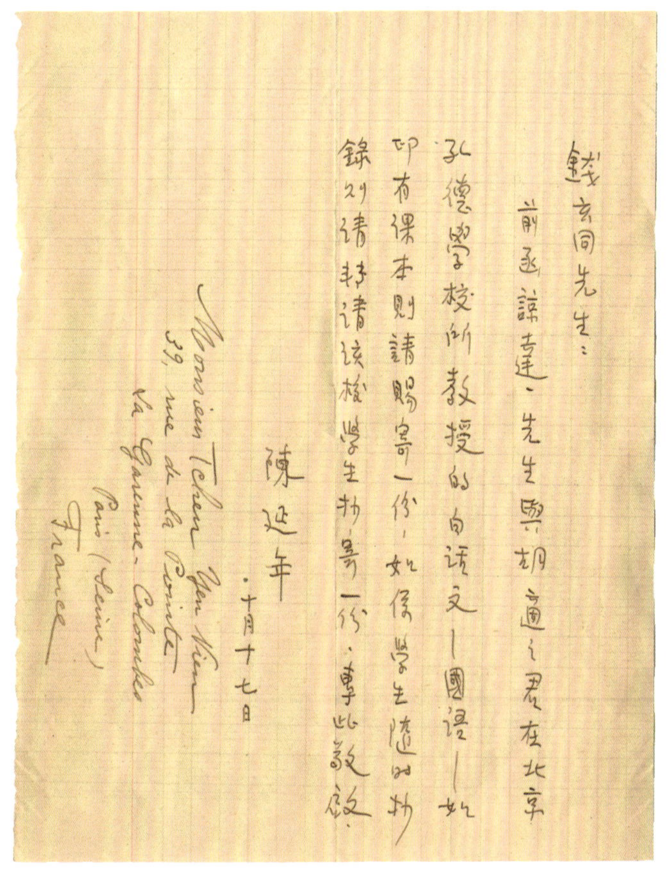

錢玄同先生：

前函諒達。先生與胡適之君在北京孔德學校所教授的白話文—國語—如印有課本則請賜寄一份。如係學生隨時抄錄的，請特請該校學生抄寄一份。專此敬啟。

陳延年

十月十七日

Monsieur Tchen Yen Nien
39, rue de la Pointe
à Garenne-Colombes
Paris (Seine)
France

陈延年致钱玄同（1920年10月17日）

22.6cm × 17.5cm　1页

信中陈延年向钱玄同索要钱玄同、胡适等在孔德学校编用的国语课本。

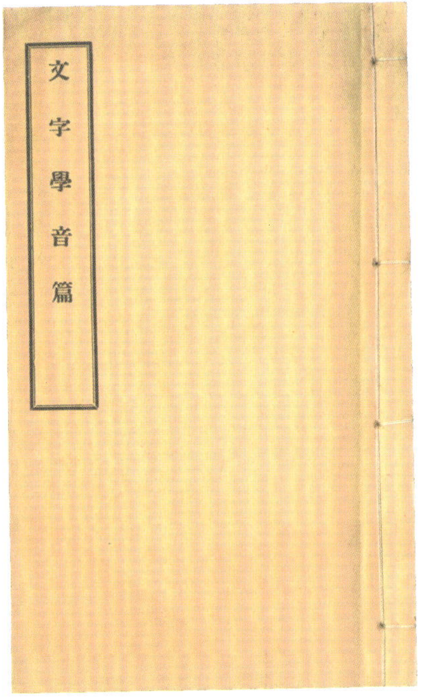

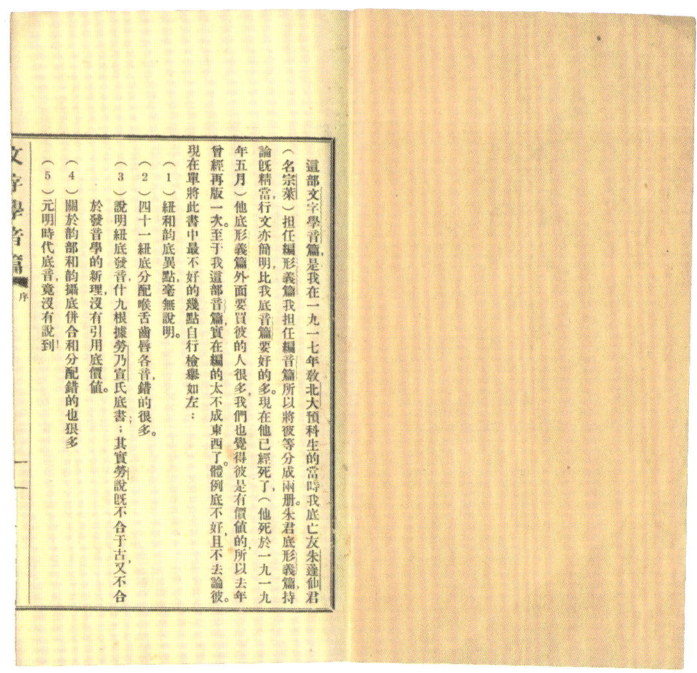

這部文字學音篇，是我在一九一七年教北大預科生的當時我底亡友朱蓬仙君（名宗萊）担任編形義篇我担任編音篇所以將彼等分成兩冊。朱君底形義篇，持論既精當，行文亦簡明，比我底音篇要好的多。現在他已經死了，（他死於一九一九年五月）他底形義篇外面要買彼的人很多，我們也覺得彼是有價值的，所以去年曾經再版一次。至于我這部音篇，實在編的太不成東西了。體例底不好，且不去論彼。現在單將此書中最不好的幾點自行檢舉如左：

（1）紐和韵底異點，毫無說明。

（2）四十一紐底分配喉舌齒脣各音，錯的很多。

（3）說明紐底發音，什九根據勞乃宣氏底書；其實勞說既不合于古，又不合於發音學的新理，沒有引用底價值。

（4）關於韵部和韵攝底併合和分配錯的也狠多

（5）元明時代底音，竟沒有說到！

文字學音篇　序

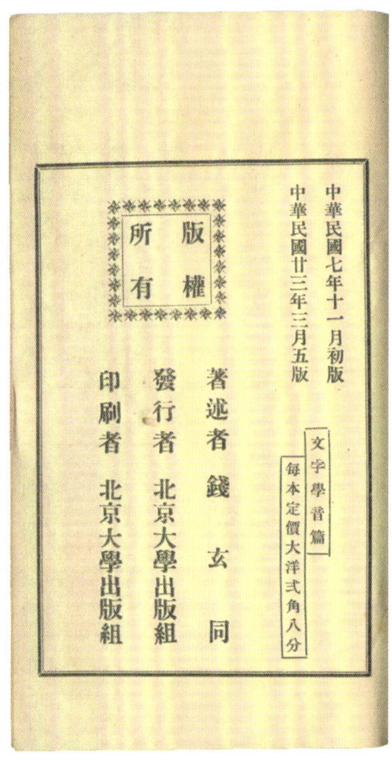

中華民國七年十一月初版
中華民國廿三年三月五版

文字學音篇　每本定價大洋弍角八分

版權所有

著述者　錢玄同
發行者　北京大學出版組
印刷者　北京大學出版組

《文字学音篇》

22.8cm × 13.8cm　1 册

钱玄同著，北京大学出版组 1934 年 3 月五版。该书原为钱玄同在北京大学担任文字学课的讲义，1918 年 11 月正式出版。

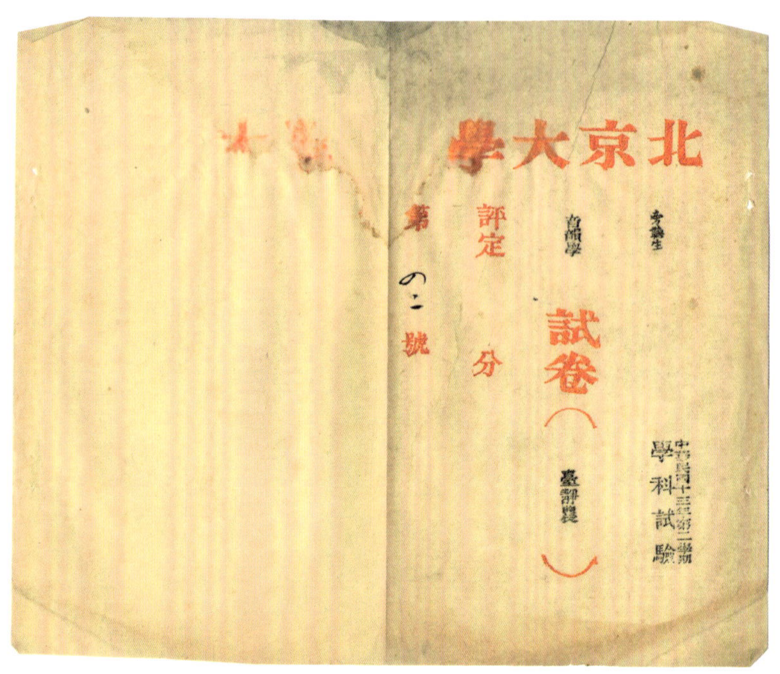
北京大學
旁聽生
音韻學
學科試驗
試卷（臺靜農）
評定　分
第 の二 號

北京大學試卷

钱玄同藏 1924 年第 2 学期北京大学音韵学旁听生台静农试卷

26cm × 15.5cm　2 页

章太炎书“急就庼”匾

36.5cm × 130cm　1 幅

释文：急就庼。玄同喜治六书，中年好作章草。史氏分别部居即邵陵所本，斯亦异流同原，因以急就名其居，属余篆此。志则笃矣，庼实未有也。民国廿一年四月。章炳麟识。

印章：白文“炳麟长寿”，朱文“太炎六十三岁以后书”。

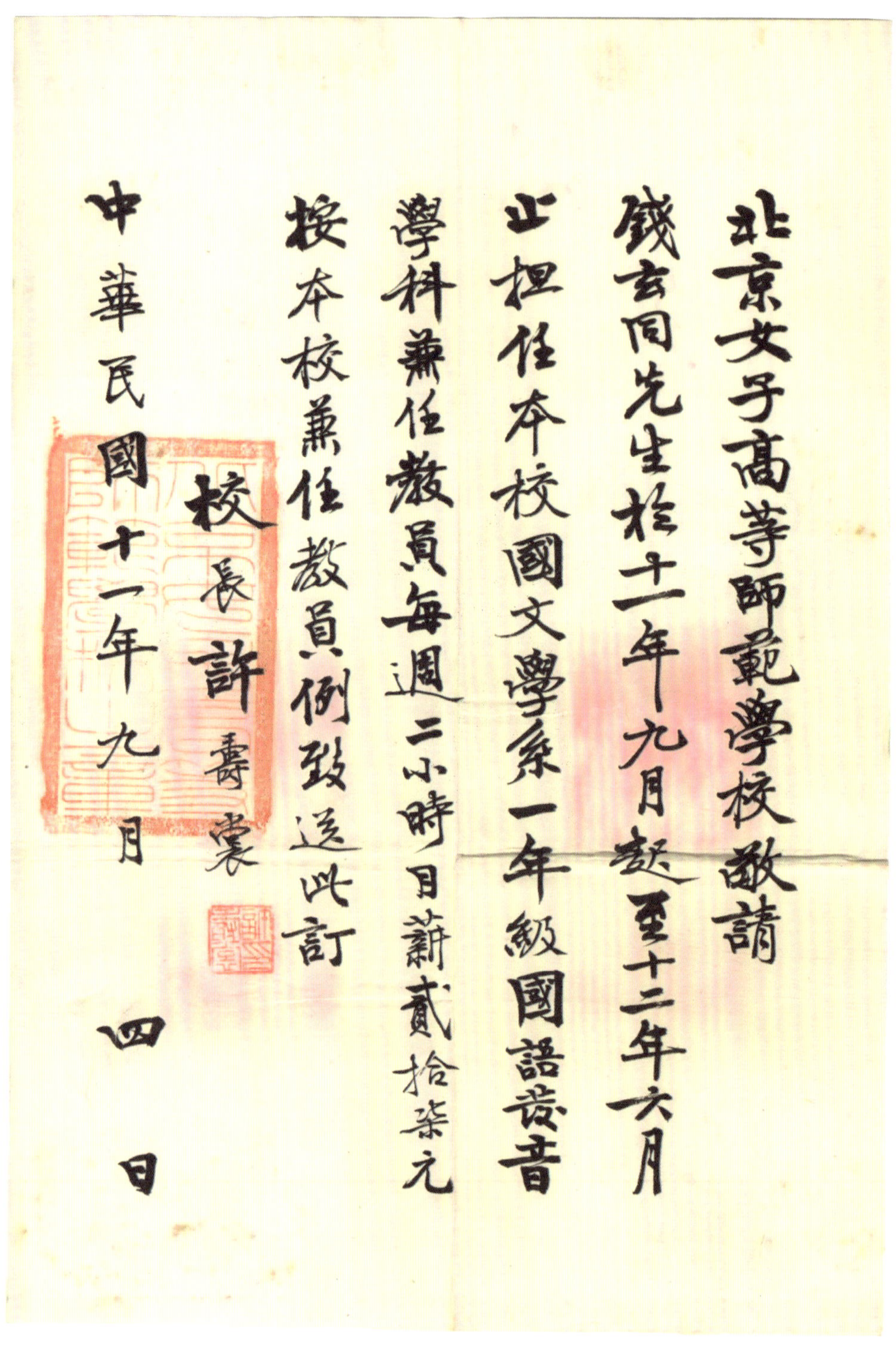

北京女子高等師範學校敬請
錢玄同先生於十一年九月起至十二年六月
止担任本校國文學系一年級國語發音
學科兼任教員每週二小時月薪貳拾柒元
按本校兼任教員例致送此訂
校長許壽裳
中華民國十一年九月　四日

北京女子高等师范学校聘书（1922 年）

31.5cm × 22cm　1 页

1922 年 9 月 4 日，北京女子高等师范学校聘钱玄同为国文学系一年级国语发音学科兼任教员。

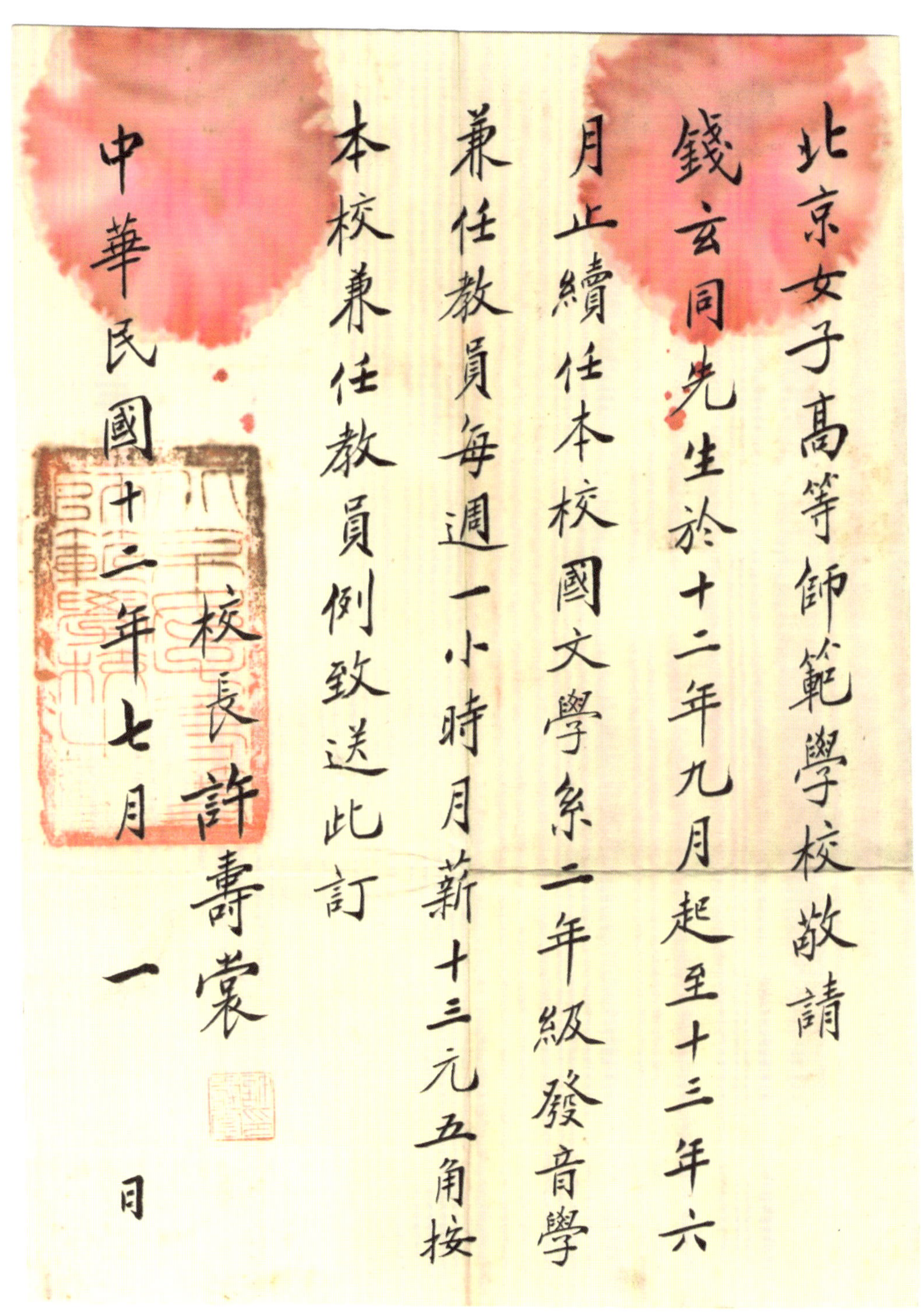

北京女子高等師範學校敬請
錢玄同先生於十二年九月起至十三年六
月止續任本校國文學系二年級發音學
兼任教員每週一小時月薪十三元五角按
本校兼任教員例致送此訂
校長許壽裳
中華民國十二年七月一日

北京女子高等师范学校聘书（1923 年）

22cm × 31.5cm　1 页

1923 年 7 月 1 日，北京女子高等师范学校聘钱玄同为国文学系二年级发音学兼任教员。

中華民國二十五年七月一日

錢玄同先生
聘書
內
國立北平師範大學

聘書

錢玄同先生為本校文學院國文系教授兼系主任此訂
敬聘
國立北平師範大學校長李蒸

附聘書附件一件
中華民國二十五年七月一日
教字第十號

国立北平师范大学聘书（1936年）

24cm×57.2cm　25.8cm×25.2cm　3页（正文1页，附件2页）

1936年7月1日，国立北平师范大学聘钱玄同为文学院国文系教授兼系主任。

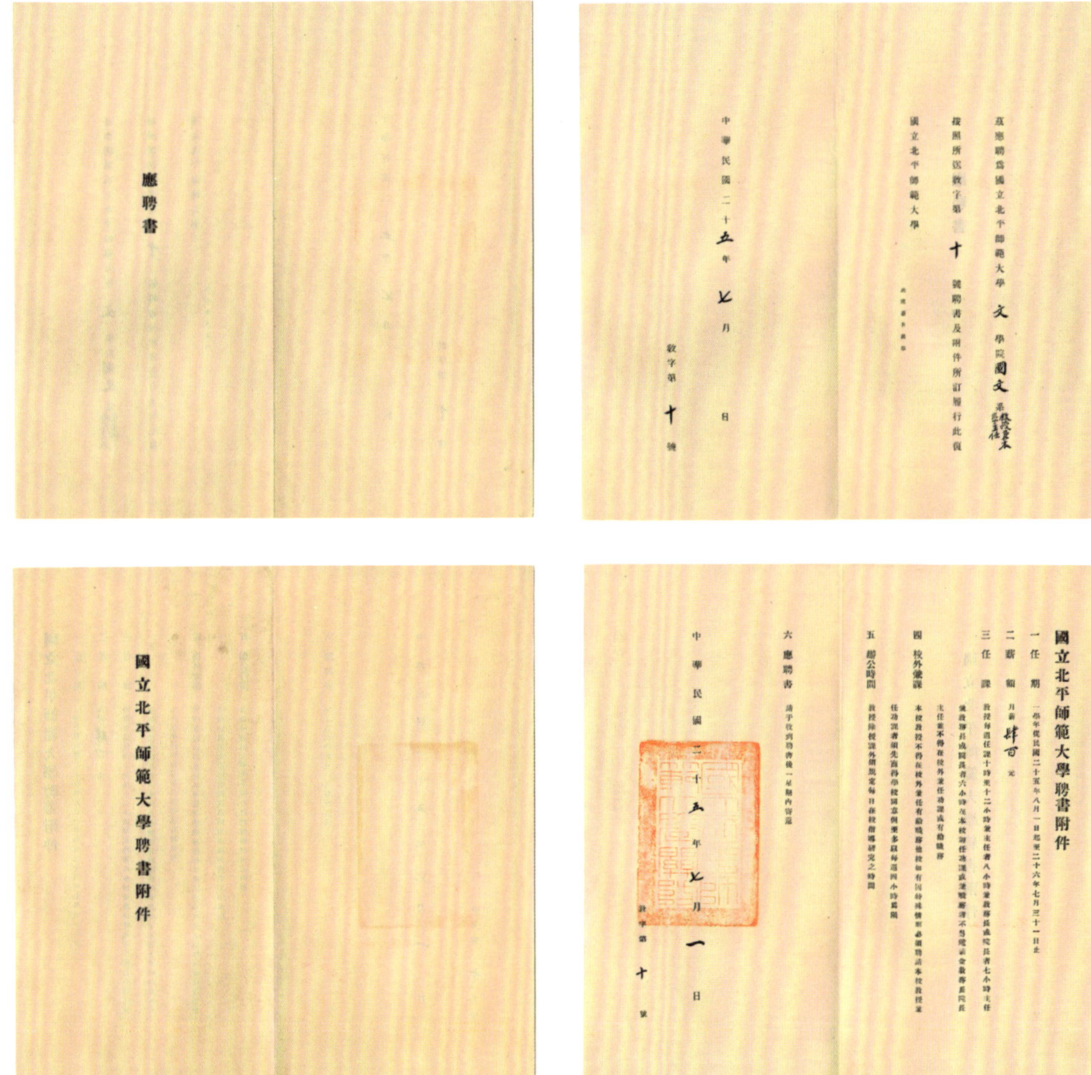

應聘書

茲應聘爲國立北平師範大學文學院國文系教授兼系主任

按照所寄教字第十號聘書及附件所訂履行此復

國立北平師範大學

中華民國二十五年七月　日

教字第十號

國立北平師範大學聘書附件

國立北平師範大學聘書附件

一 任期　一學年從民國二十五年八月一日起至二十六年七月三十一日止

二 薪額　月薪肆百元

三 任課　教授每週任課十時至十二小時兼主任者八小時兼教務長或院長者七小時主任兼教務長或院長者六小時在本校擔任功課或實驗經常不另發給兼教務長院長

四 校外兼課　本校教授不得在校外兼任有給職務惟校如有因特殊情形必須聘請本校教授兼任功課者須先商得學校同意但至多以每週四小時爲限

五 辦公時間　教授除授課外須規定每日在校指導研究之時間

六 應聘書　請于收到聘書後一星期內寄還

中華民國二十五年七月一日

教字第十號

孔德學校
錢玄同先生
內
聘書
國立北平師範大學

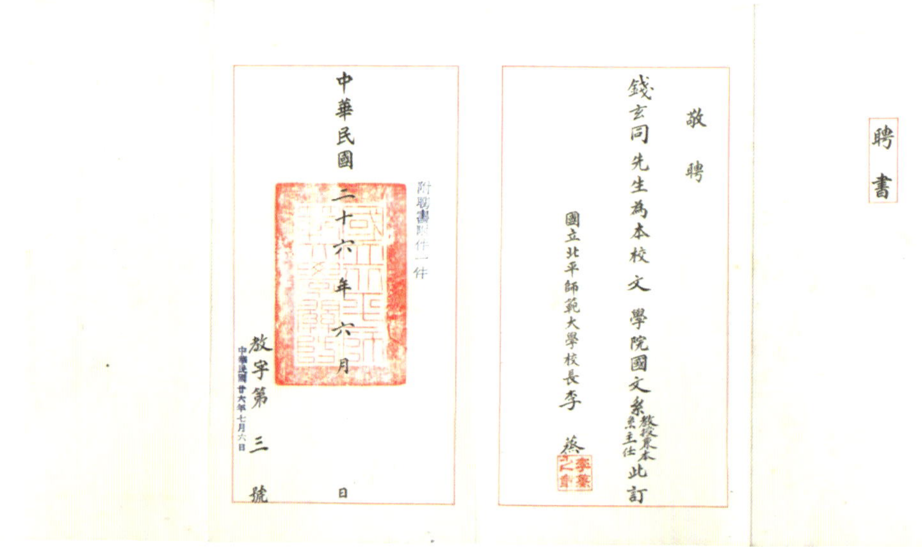

聘書

敬聘
錢玄同先生為本校文學院國文系教授兼本系主任此訂
國立北平師範大學校長李蒸

中華民國二十六年六月 日
附聘書附件一件
教字第三號
中華民國廿六年七月六日

国立北平师范大学聘书（1937 年）

24cm × 57.2cm　25.8cm × 25.2cm　3 页（正文 1 页，附件 2 页）

1937 年 6 月，国立北平师范大学聘钱玄同为文学院国文系教授兼系主任。

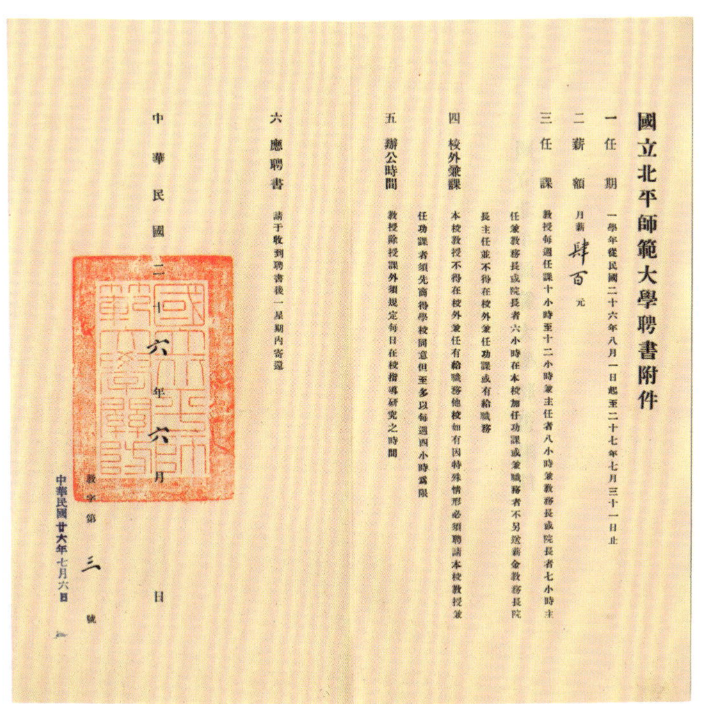

國立北平師範大學聘書附件

一　任　期　一學年從民國二十六年八月一日起至二十七年七月三十一日止

二　薪　額　月薪肆百元

三　任　課　教授每週任課十小時至十二小時兼主任者八小時兼教務長或院長者七小時主任兼教務長或院長者六小時在本校加任功課或兼職務者不另致薪金教務長院長主任並不得在校外兼任功課或有給職務

四　校外兼課　本校教授不得在校外兼任有給職務他校如有因特殊情形必須聘請本校教授兼任功課者須先商得學校同意但至多以每週四小時爲限

五　辦公時間　教授除授課外須規定每日在校指導研究之時間

六　應聘書　請于收到聘書後一星期內寄還

中華民國二十六年六月　日

教字第三號

中華民國廿六年七月六日

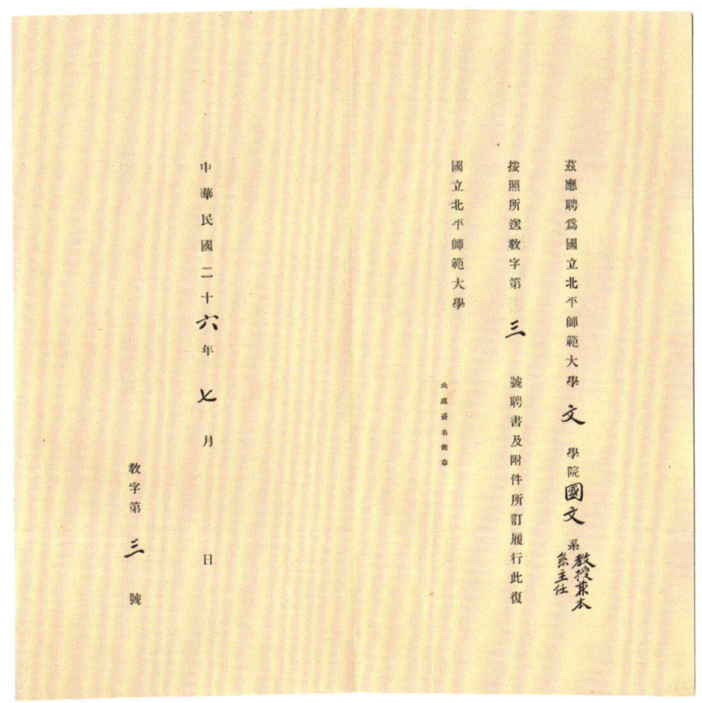

茲應聘爲國立北平師範大學文學院國文系教授兼本系主任

按照所送教字第三號聘書及附件所訂履行此復

國立北平師範大學

此處簽名蓋章

中華民國二十六年七月　日

教字第三號

北京大学文科国文门毕业摄影（1918 年）

27cm×21cm　1 帧

北京大学文科国文门第四次毕业摄影，摄于 1918 年 6 月。

北京大学二十五周年纪念摄影（1923 年）

28cm × 21.5cm　1 帧

北京大学二十五周年纪念研究所国学门同人摄影，摄于 1923 年 12 月。

玄同兄：你可考倒我了。我近幾年壓根兒就沒有想过春秋的性質的問題，所以對于你的質問，我幾乎要交白卷。但你的信却使我不能不想一想這个問題，想一想的結果，略如下方，寫出請你指教。

第一，孟軻說：「晉之乘，楚之梼杌，魯之春秋，一也。其事則齊桓晉文，其文則史。孔子曰，其義則丘竊取之矣。」我想，「其文則史」一句似乎是說，以文字體裁而論，《春秋》是一部史，与別國的史正是「一也」。试看齊國史官記「崔杼弑其君」，晉國史官記「趙盾弑其君」，其文字體裁正与春秋相同。况且「其義則丘竊取之矣」一句，依文法上嚴格說來，應譯作，「至于其裏面的意義，則我可也偷了他們的了。」舊註以「竊取」為謙辭，我却不肯放过這句話。我以為董狐南史都在孔子之前；史官

胡适致钱玄同（1930年12月20日）

25.8cm × 15.4cm　8页

信中讨论《春秋》及古史问题。

麼「敬告大家」，只要敢說老實話，敢記真實事，便可使人怯（懼）了。今々網路報紙，尚且有大官貴人皆出大捧銀子去收買，何況那位有些傻氣的孔二先生呢？。我的英國朋友湯恩比（Arnold Toynbee）每年編一冊「國際關係調查」，頗能據事直書。近幾年中，每年都有列國外交當局對他的記事表示很關切的注意。這便是「懼」字的「今誼」了。

（崔浩修史的故事更可借來印證。）

的威權已經成立了，故孔子自認竊取史官「書法」的專家，而建立正名的思想。

第二、所謂「孔子作春秋」者，至多不過是說，孔子始開私家學者作歷史的風氣。創業不易，故孔子的春秋（即使不全是今所傳本）也不見得比「斷爛朝報」高明多少。但私家可以記史事，確有可以使獨裁權臣擔憂之處。故有「亂臣賊子懼」的話。此事正不須有什

孔子作的；也不能證明此書是否荀子一派人作的。因為簡短，故頗像「斷爛」；其實我們看慣了殷虛卜辭，更見了董振齋史所記，何可以假定今本春秋不是晚出的書，也許真是孔子做古史書法而作的。我從前（哲學史一〇三）曾說春秋有「後來被孔門干涉，方才改了的」。現在看來，在那種時代，私家記載不能不有忌諱，也是很平常的事。即使胡適之錢玄同在今

第三，孔門的後人不能繼續孔子以私家學者作史的遺風，却去向那部比斷爛朝報高明不多的春秋裏去尋求他老人家的微言大義。於是越鑽越有可怪的謬論發現。其實都是像禪宗和尚說的，「某甲祇將花插香炉上，是和尚自錯會，有什麼事。」（作左氏春秋的那位先生似是例外。）

第四，我們在今日無法可以證實或否證春秋是

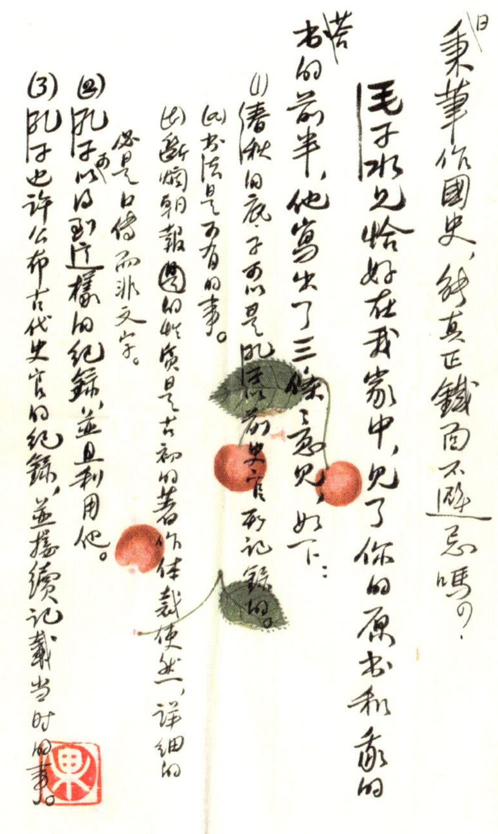
（問）秉華作国史，能真正鐵面不避忌嗎？

毛子水兄恰好在我家中，見了你的原書和我的答書的前半，他寫出了三條意見如下：

(1) 春秋的底子可以是孔子以前史官所記錄的。

(a) 書法是本有的事。

(b) 斷爛朝報的性質是古初的著作體裁使然，詳細的多是口傳而非文字。

(2) 孔子可以得到這樣的紀錄，並且利用他。

(3) 孔子也許公布古代史官的紀錄，並繼續記載當時的事。

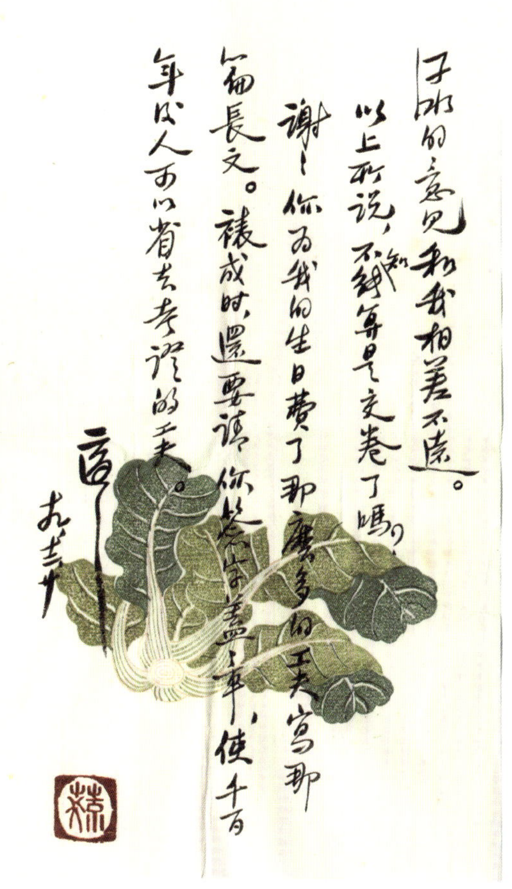
子水的意見和我相差不遠。

以上所說，不知算是交卷了嗎？

謝謝你為我的生日費了那麼多的工夫寫那篇長文。稿成時，還要請你於字[illegible]，使千百年後人可以省去考證的工夫。

适

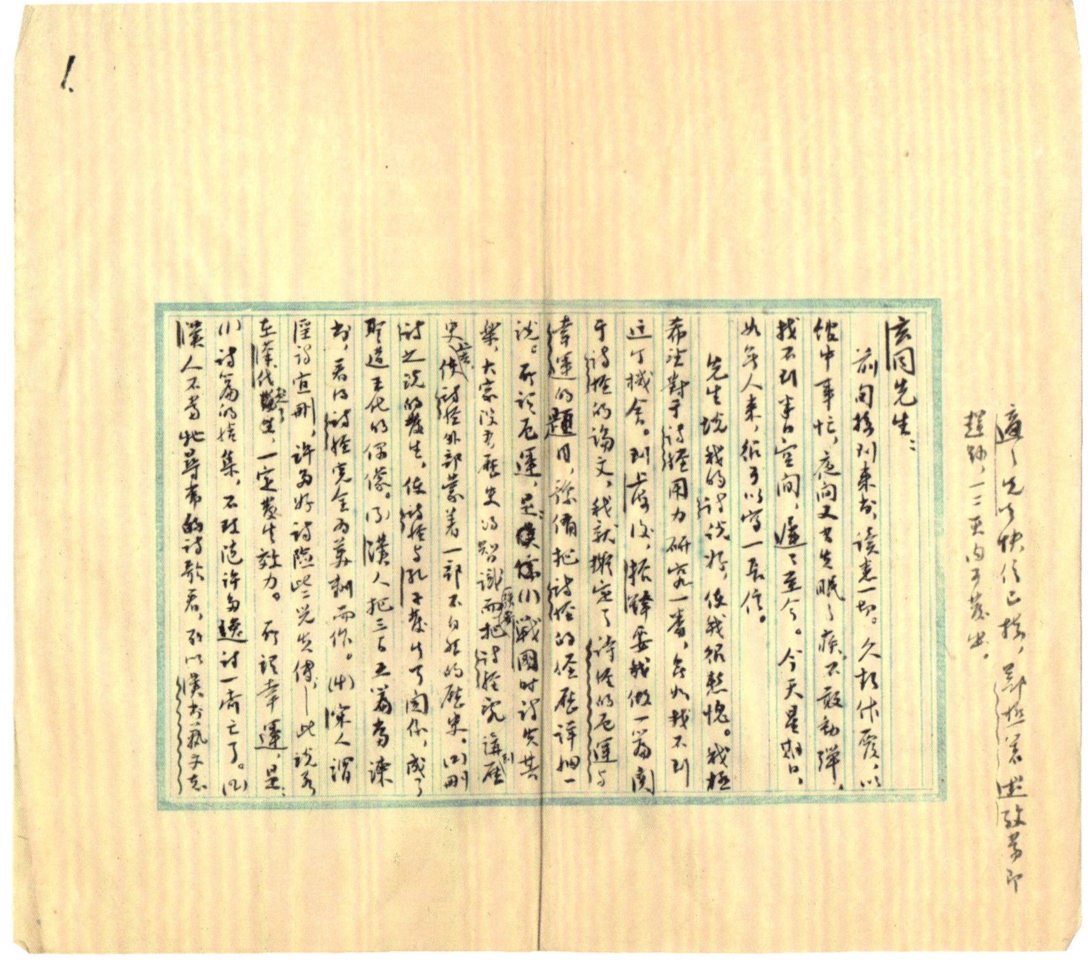

1.

玄同先生：

前月接到来书，读悉一切。久未作复，以馆中事忙，适之先生病了，不敢动笔。我不到书室间，适之至今。今天是节日，没有人来，能够写一长信。

先生说我的《诗》说稿，使我很惭愧。我经希望对于《诗经》用力研究一番，无如我不到这个机会。刘苍说，校雠要我做一篇关于《诗经》的论文，我就拟定了《诗经的厄运与幸运》的题目，预备把《诗经》的经历详细一说。所说厄运，是：(1)战国时《诗》失其乐，大家没有历史的智识而把《诗经》研究讲历史，使《诗经》外部蒙着一部不自然的历史。(2)删《诗》之说的发生，使《诗经》与孔子发生了关系，成了圣道王化的偶像。(3)汉人把三百五篇当谏书，看得《诗经》完全为美刺而作。(4)宋人谓淫诗宜删，许多好诗险些儿失传；——此说若在汉代发生，一定发生效力。所说幸运，是：(1)诗篇的结集，不致随许多逸诗一齐亡了。(2)汉人不当他尊崇的诗歌看，所以汉初孔子名

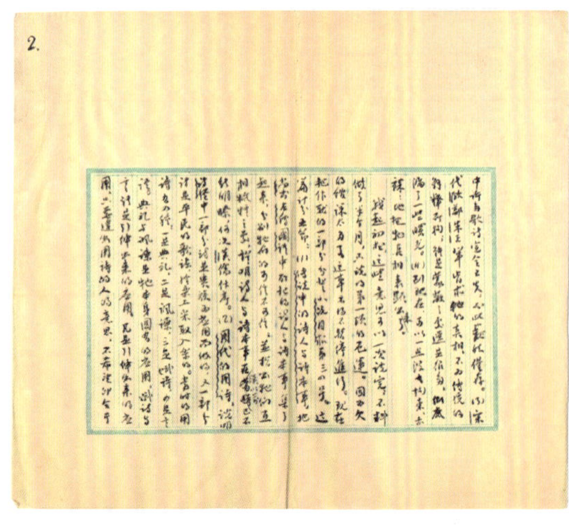

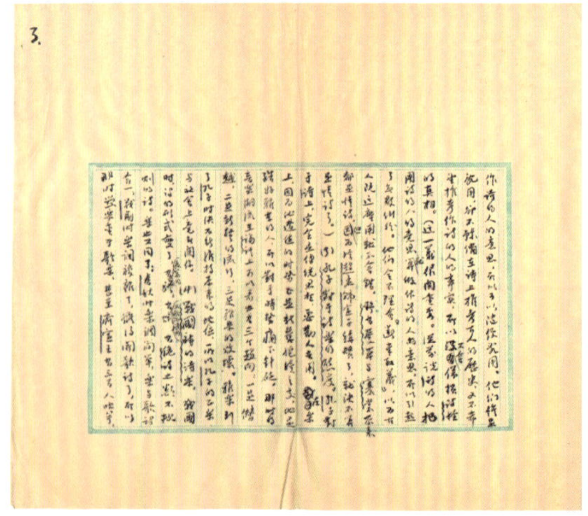

顾颉刚致钱玄同 (1923 年 2 月 25 日)

26.7cm × 30.5cm　16 页

信中顾颉刚首先提出“层累地造成古史”的理论，成为古史辨运动、古史辨学派的核心理论。

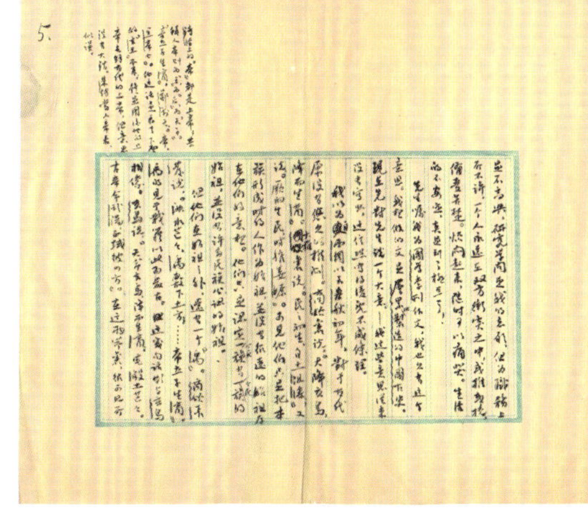

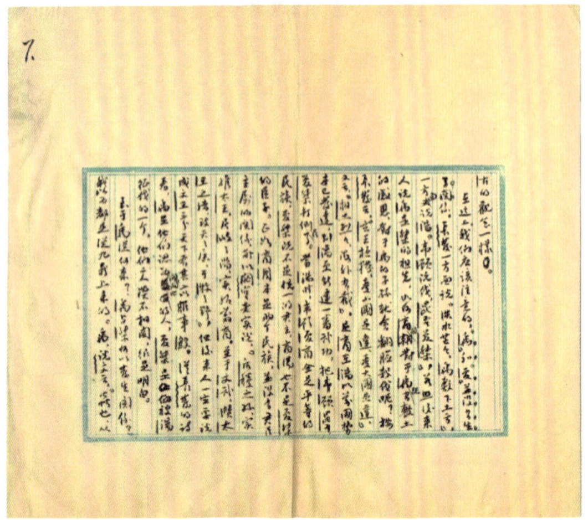

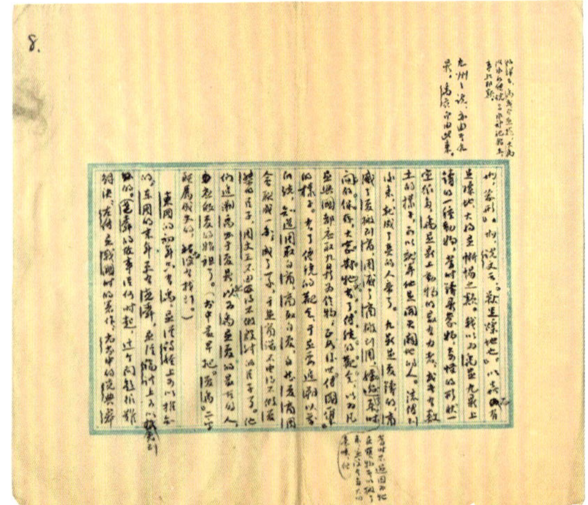

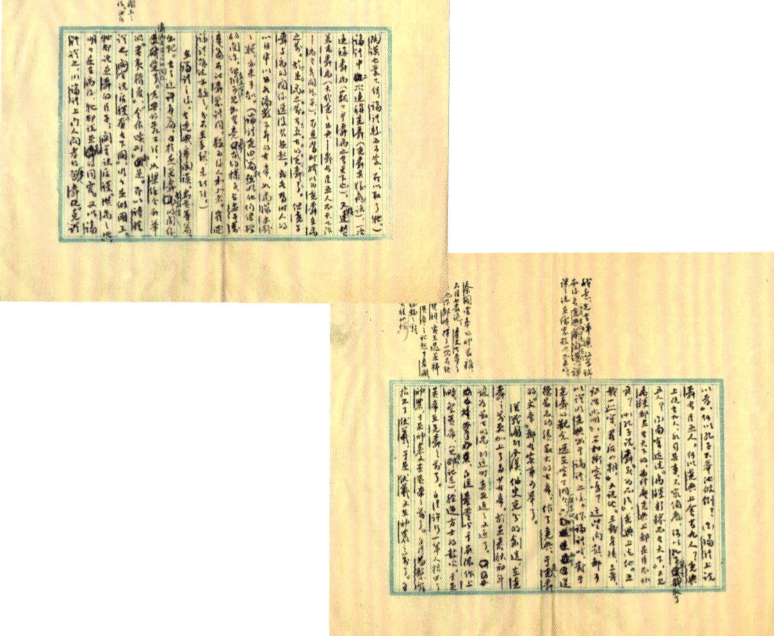

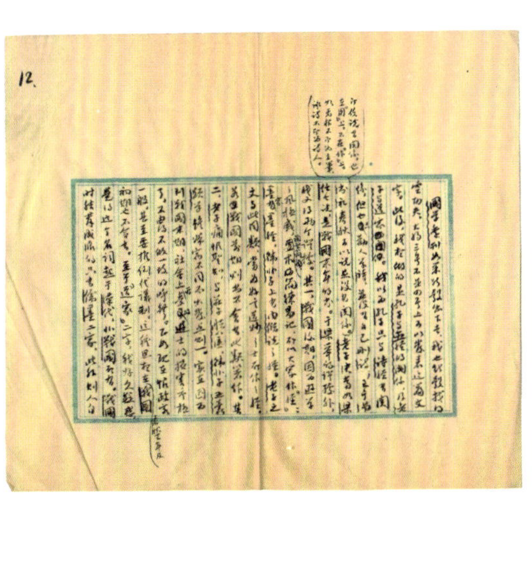

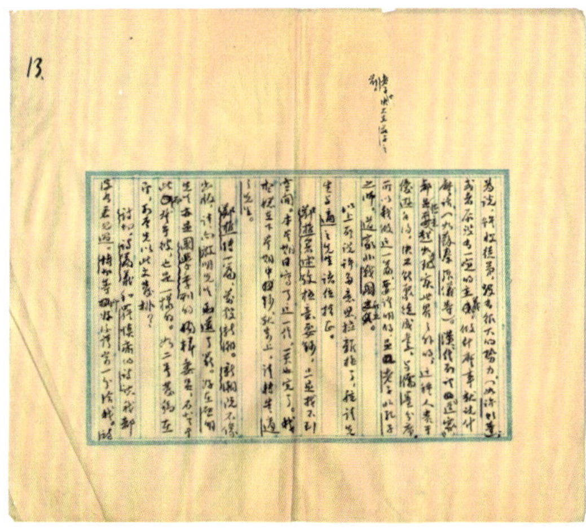

北京大學研究所國學門週刊

第一期

一九二五年十月十四日

《北京大学研究所国学门周刊》第一期封面

26.5cm × 19cm　1 册

1925 年 10 月 14 日出版。本期发表钱玄同与顾颉刚的通信《春秋与孔子》。

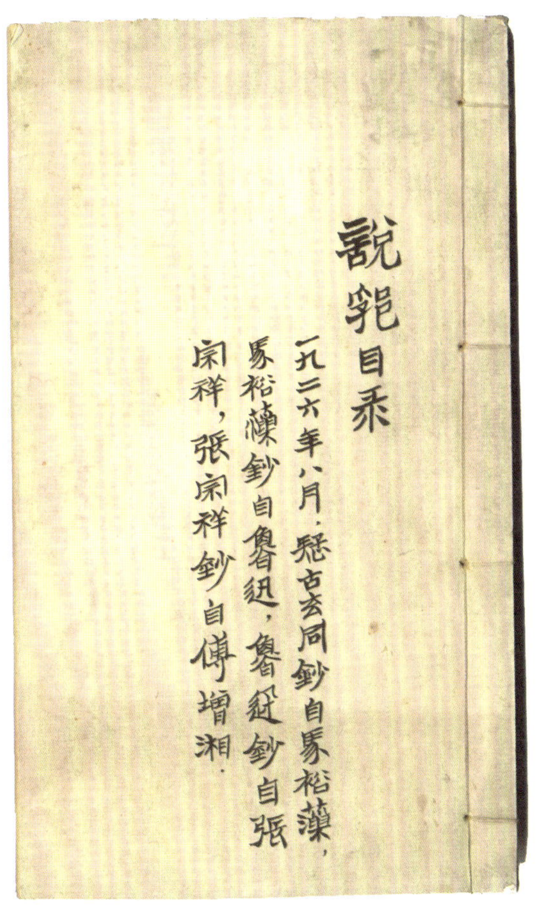

钱玄同手抄《说郛》目录

26.4cm × 15.2cm　1 册

释文：（左）《说郛》目录。一九二六年八月，疑古玄同钞自马裕藻，马裕藻钞自鲁迅，鲁迅钞自张宗祥，张宗祥钞自傅增湘。

（右）余幼时在金陵，闻旧曲中老寇四家，有《说郛》全部，以四大厨贮之。近见虎林刻本，才十六套，每一种为数少者尚全镌，多者咸为遗去，甚至每一集有存不四五叶者。陶氏当时即有去取，未必如是之简。此刻未出时，博古之士多有就寇氏抄录者。及此刻出，不知者以为《说郛》尽于此，更不知求其全。余常言自刻本《说郛》出，而《说郛》亡矣，然其中全帙有另镌行者。后人缘天其目，广求之始为全璧，未可为此刻误也。宋末贾秋壑亦访《说郛》，为《悦生堂随抄》六百馀卷，不知今尚有传本否？（编者按：此跋《钱玄同文集》未见收录，故为标点，以资博采）

交游及其他

钱玄同在新文化运动、国语运动中，在文字音韵、文史经学上有多方面的成就和造诣，个性也亦庄亦谐。他擅长书法，而且有求必应，来者不拒，毕业纪念册、近代书刊的封面上留下不少墨宝，他还曾经在大街上写过推行国语运动的标语。他擅写文章，恣肆畅达之外，往往掉弄笔头，庄谐杂出，产生强烈的讽刺幽默效果。在友朋谈天及书札中也是如此，因此朋友们往往故意模仿他的笔法写一些游戏的书札、文章来投桃报李，像周作人、胡适这样正经八百的人亦染此风，这真是友朋之间“善戏谑兮，不为虐兮”的典型。

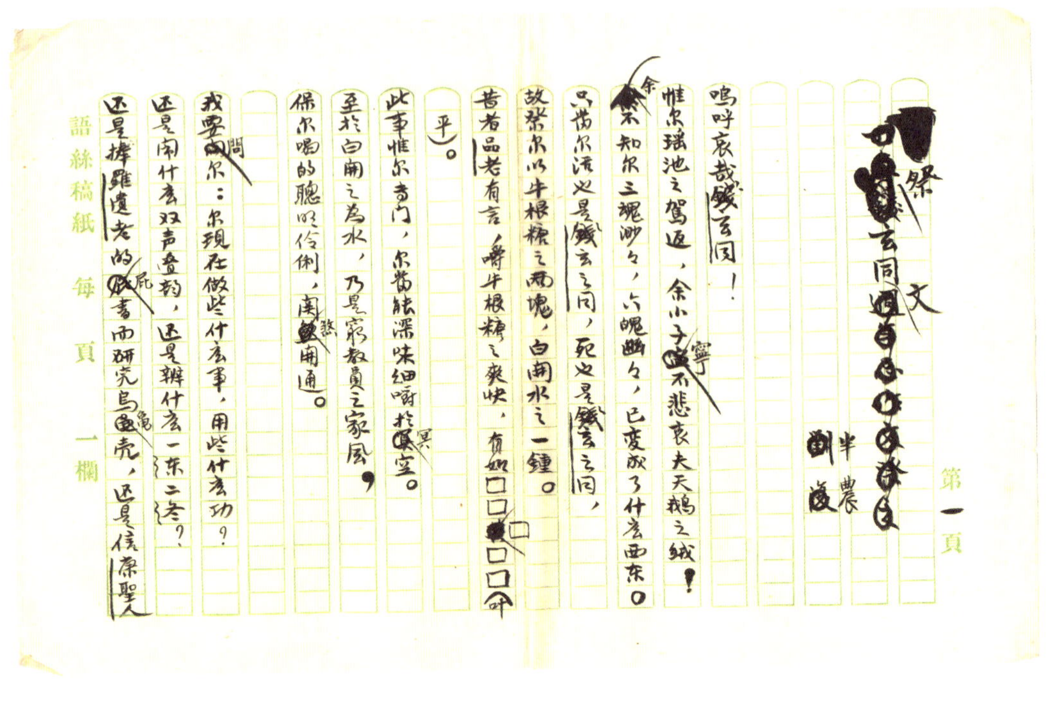

祭玄同文　刘半农

呜呼哀哉钱玄同！
惟尔瑶池之驾返，余小子宁不悲哀夫天鹅之绒！
余不知尔三魂渺渺，六魄幽幽，已变成了什么西东。
只当尔活也是钱玄之同，死也是钱玄之同，
故祭尔以牛根糖之两块，白开水之一锺。
昔者品老有言，嚼牛根糖之爽快，有如□□□□□呼平）。
此事惟尔青门，尔当能深味细嚼于冥室。
至于白开之为水，乃是穷教员之家风，
保尔喝的聪明伶俐，脏腑开通。
我要问尔：尔现在做些什么事，用些什么功？
还是闹什么双声叠韵，还是辨什么一东二冬？
还是捧罗遗老的屁书而研究乌龟壳，还是信康圣人

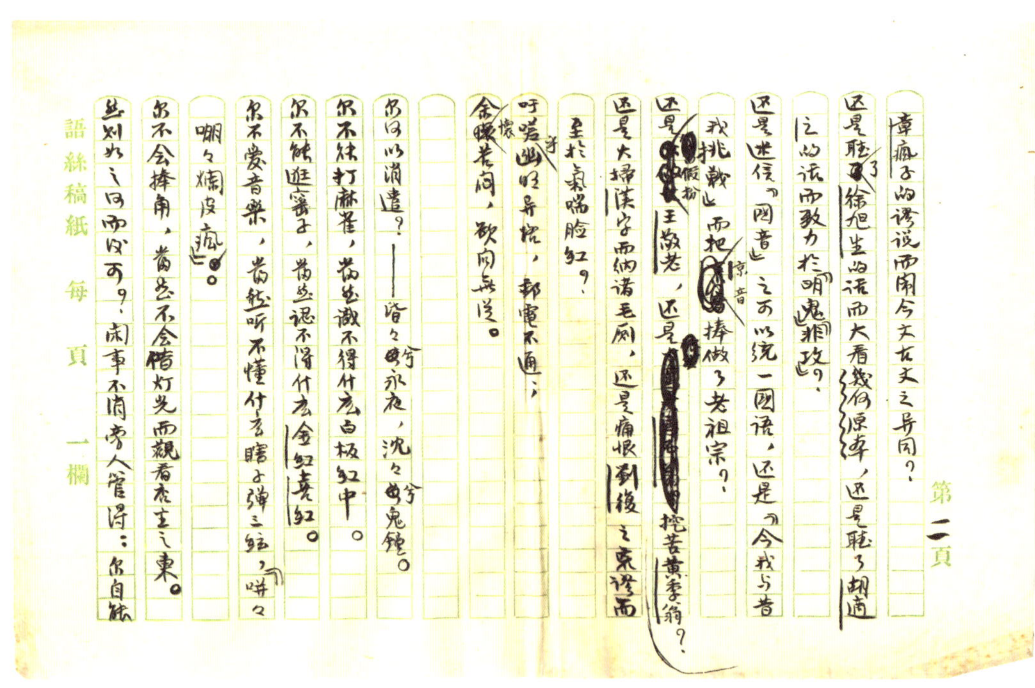

章疯子的谬说而闹今文古文之异同？
还是听了徐旭生的话而大看几何原本，还是听了胡适之的话而致力于明鬼非攻？
还是迷信「国音」之可以统一国语，还是「今我与昔我挑战」而把京音捧做了老祖宗？
还是假扮王敬老，还是挖苦黄季翁？
还是大扫汉字而纳诸毛厕，还是痛恨刘复之东谬西
至于气喘脸红？
吁嗟幽明异路，邮电不通；
余怀若何，欲问无从。
尔何以消遣？——路路兮永夜，沉沉兮鬼钟。
尔不能打麻雀，当然识不得什么白板红中。
尔不能逛窑子，当然认不得什么金红老红。
尔不爱音乐，当然听不懂什么瞎子弹三弦，哼哼嗍嗍癞皮疯。
尔不会捧角，当然不会借灯光而观看衣主之裘。
然则尔之何而可？闲事不消旁人管得：尔自能

刘半农《祭玄同文》

16.6cm × 26cm　4 页

作于 1927 年。钱玄同有感于人年纪变大，思想往往变得固执、退步，曾有“人到四十年就该枪毙”的愤激之论。1926 年，钱玄同年届四十，想在《语丝》上办一个“钱玄同成仁”专号，请朋友们作文，交换目录都发出去了，但沈尹默说：“现在是什么时候，还干这种事！”专栏才作罢。这篇祭文，还有胡适的《亡友玄同先生成仁周年纪念歌》，就是应钱玄同之邀的作品。两文庄谐杂出，把钱玄同反对封建纲常、提倡白话文的功绩表现得淋漓尽致。

第三頁

大唱女[illegible]之中，女桑之融々也。

尔其遨[illegible]尔女找[illegible]秣陵而較工

郵營造尺之岳同。

尔其閑坐而乱搨筆頭，搁字纸麓而一空。

尔其登高就之榻而高卧，直卧到太陽晒屁股而嫣

红。

尔其再造群言堂，躬为領袖而大逞谈鋒。

尔其提剃頭包而为街檀也，尔其唯々諾々而追隨於

口口之公。

尔其更深夜静而脱得一丝不掛，步中庭而瞩夫大空。

尔女坐馬桶而看書寫信，一坐就是兩点三点之鐘。

尔其吃小館子乎？则有东安市場之森隆。

尔女吃大菜乎？则正昌唤啥，即在東交民巷东口之

東。

或者尔已大变女相：穿西装而说“之乎”，涂脂抹粉

而大顯术袭之神通；

抱密司而跳舞，情话於公園北海兮林長草豐而？

吁嗟乎是耶非耶？我在京北，尔安都鄙，

語絲稿紙　每頁　一欄

第の頁

昔尔者不厭寫信与我，今也尔即欲寫信告我而无從。

闲事不以少说，正事不可通融：

尔欠我一篇何典之序，胡为乎懶着懒着而至於

天祿永終。

尔虽逃入墳墓，我还不肯放鬆：

究竟何日可以動手，何日可以完工？

有我如此一说，尔苟能悦然於搽尔者並非別人，乃

是常与尔抬槓的劉半之農。

嗚呼，即以抬槓而論，亦令人悶悵於無窮。

現在槓子非我獨力所能舉也，乃不得不寂々兮倒

卧於泥中，

風吹日炙，飽喂蛀虫。

已矣乎！已矣乎！吾女揮淚兮西風，吾女擤鼻

涕兮南東風！

語絲稿紙　每頁　一欄

1

玄同：

生離死別，忽忽一年，際此成仁周年大典，
豈可無詩！援筆陳詞，笑不可仰：

亡友錢玄同先生成仁周年紀念歌

該死的錢玄同，
怎會至今未死！
一生專教古人，
去年輪着自己。

2

可惜刀子不快，
又嫌投水可恥，
這樣那樣遲疑，
過了九月十二。
可惜我不在場，
不能來監斬你！
今年忽然來信，

3

要做成仁紀念。
這個倒也不難，
請先讀封神傳。
回家挖下一坑，
好好睡在裏面，
用草蓋在身上，
腳前點燈一盞，
草上再撒把米，

4

瞞得閻王鬼判，
瞞得四方學者，
哀悼成仁大典。
年年九月十二，
處處念經拜懺，
度你早早生天，
免在地獄搗亂。

胡适致钱玄同（1927年8月11日）

25.7cm × 17.2cm　12页

信中首先发表了《亡友玄同先生成仁周年纪念歌》。

5

醒世姻缘的序，如俶生与芝生皆做，那是再好没有的了，请您代向一声。俶生不在京，请先向芝生。能早日同我一信，最好。

小说考证，我真干不了了。此事本应该由一班朋友大家分任，人任一部书，则轻而易举。我做了几部最容易做（因为材料多）的小说的考证。材料没有了，考证也做不出了。如醒世姻缘便是一例。封神传，我请颉刚作序，他也没做成。此时我在

6

客中，手头没有书，更成了缴械之兵，更没有法子做考证的文字了，只好胡乱『译文生涯』，做几篇评论文学内容与技术的序跋。

近日收到一部乾隆甲戌抄本的脂砚斋重评石头记，只剩十六回，却是奇遇！批者为曹雪芹的本家，与雪芹是好朋友。其中墨评作于雪芹生时，朱批作于他死后。有许多处可以供史料。有一条说雪芹死于

7

壬午除夕。此可以改正我的甲申说。敦诚的挽诗作于甲申，（或编在甲申），在壬午除夕之后一年多。（也许是『就他周年』作的！）又第十三回可卿之死，久成疑案。此本上可以考见原回目本作『秦可卿淫丧天香楼』，后来全删去天香楼一节，约占全回三之一。今本尚留『又在天香楼上另设一坛醮』一句，其『天香楼』三字上不着天，下不着地，今始知删

8

削剩余之迹。此外尚有许多可贵的材料，可以证明我与平伯颉刚的主张。此为近来一大喜事，故远道奉告。

国语文学史的事，新月书店误用您的姓名，我却并无恶意，不过是借重大名来登广告而已。（若说北京文化书社印了一千本，就没有味儿了。）广告不是我做的，但我总得代为负责向您请罪。（广告全文附呈。）

9

《国语文学史》原稿，我本不很看得起。去年校查敦煌写本，校得许多文件，可以证实唐代实有很多的平民文学，——比我推想的还要多的多——因此我想借此机会修正我的原稿，先出上卷。但此时尚未修改，大约须俟我把手头工作收齐，方能下手。因此，我要请你帮我一点忙：①请代我买一部沙州文录及敦煌零拾；②请代买一部半农的

10

敦煌掇琐（下），或者请他送我一部。③如半农此书尚未出版，请代校他的自序与目录，赐我一份。此二事乞即办一办，不胜感谢之至。

最后要提到你的信的末段了。这一段大有"可教"的气味。所以说"四十以上人有该死之道者，正因为他要回思数年前所发谬论，十之八九都成忏悔之资料耳"。实则大可不必忏悔，也无可

11

忏悔。所谓"种种从前，都成今我，莫更思量更莫哀"是也。我们放的野火，今日已烧大地，是非功罪，皆已成不可忏悔的事实。昔日陆子静的门人有毁朱元晦者，子静正色说道："且道世间多个朱元晦陆子静，是甚么样子；少个朱元晦陆子静，又成个甚样子。"（原文记不得了。）此个只好说句："世间添个钱玄同，又成个甚么样子！少了个钱玄同，又成甚么

12

样子！"此中一点一滴都在人间，造福造孽，皆有挺着肩膀担当而已。你说是吗？

祝你好。并望常常写信来。

适。

十六，八，十一。

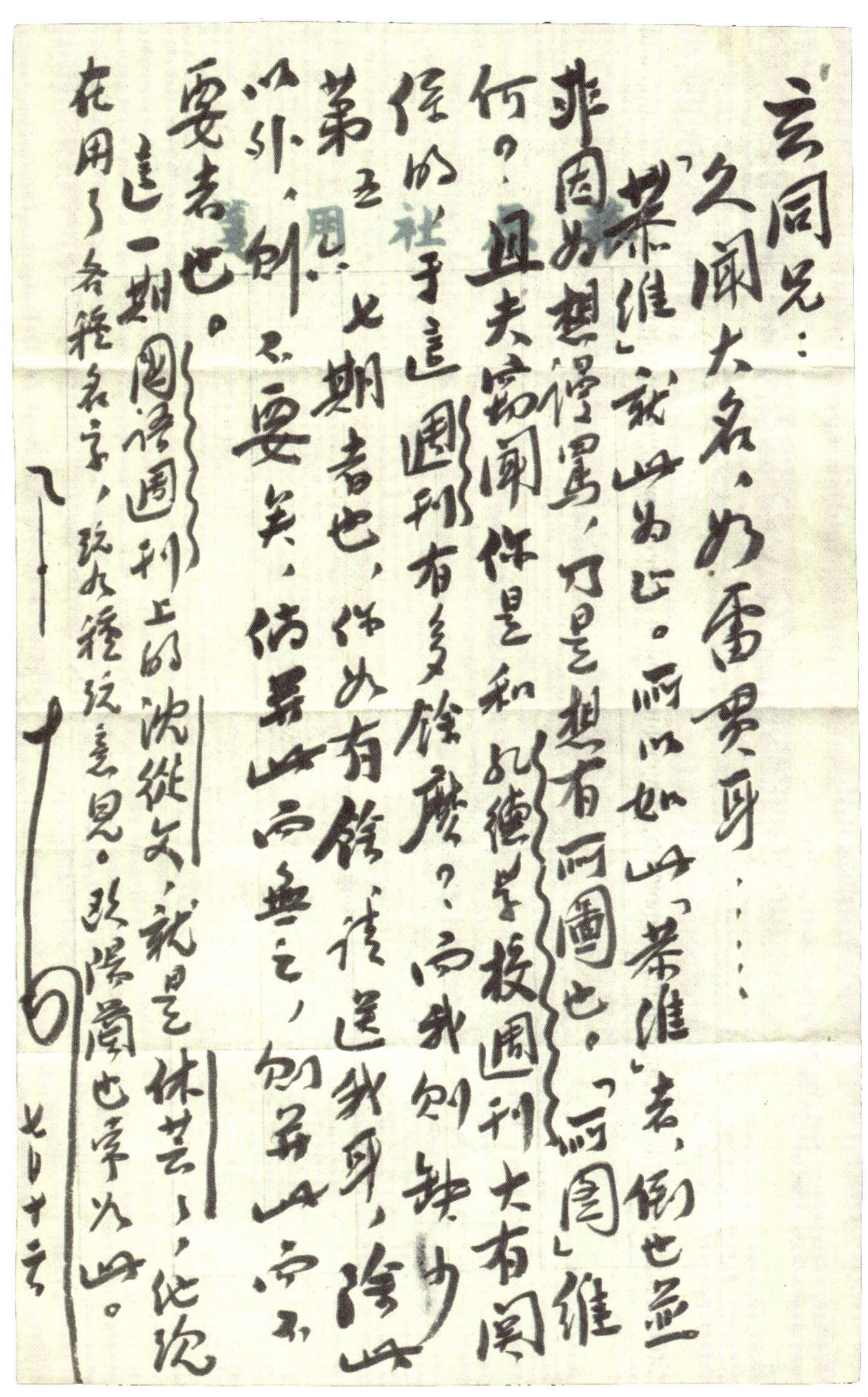

玄同兄：

久聞大名，如雷貫耳……

「莽原」就如此。所以如此「莽原」者，倒也並非因為想得罵，乃是想有所圖也。「所圖」維何？曰：夫竊聞你是和孔德學校週刊大有關係的，於這週刊有多餘麼？而我則缺少第三七期者也，你如有餘，請送我耳，除此以外，則不要矣，倘無此而無之，則並此而不要者也。

這一期週刊上的沈從文，就是休芸芸，他現在用了各種名字，玩各種玩意兒。歐陽蘭也常如此。

七月十二

鲁迅致钱玄同（1925 年 7 月 12 日）

25.3cm × 16cm　1 页

钱玄同好谐谈，友朋书札往往投其所好，故作游戏笔墨，此信即是。

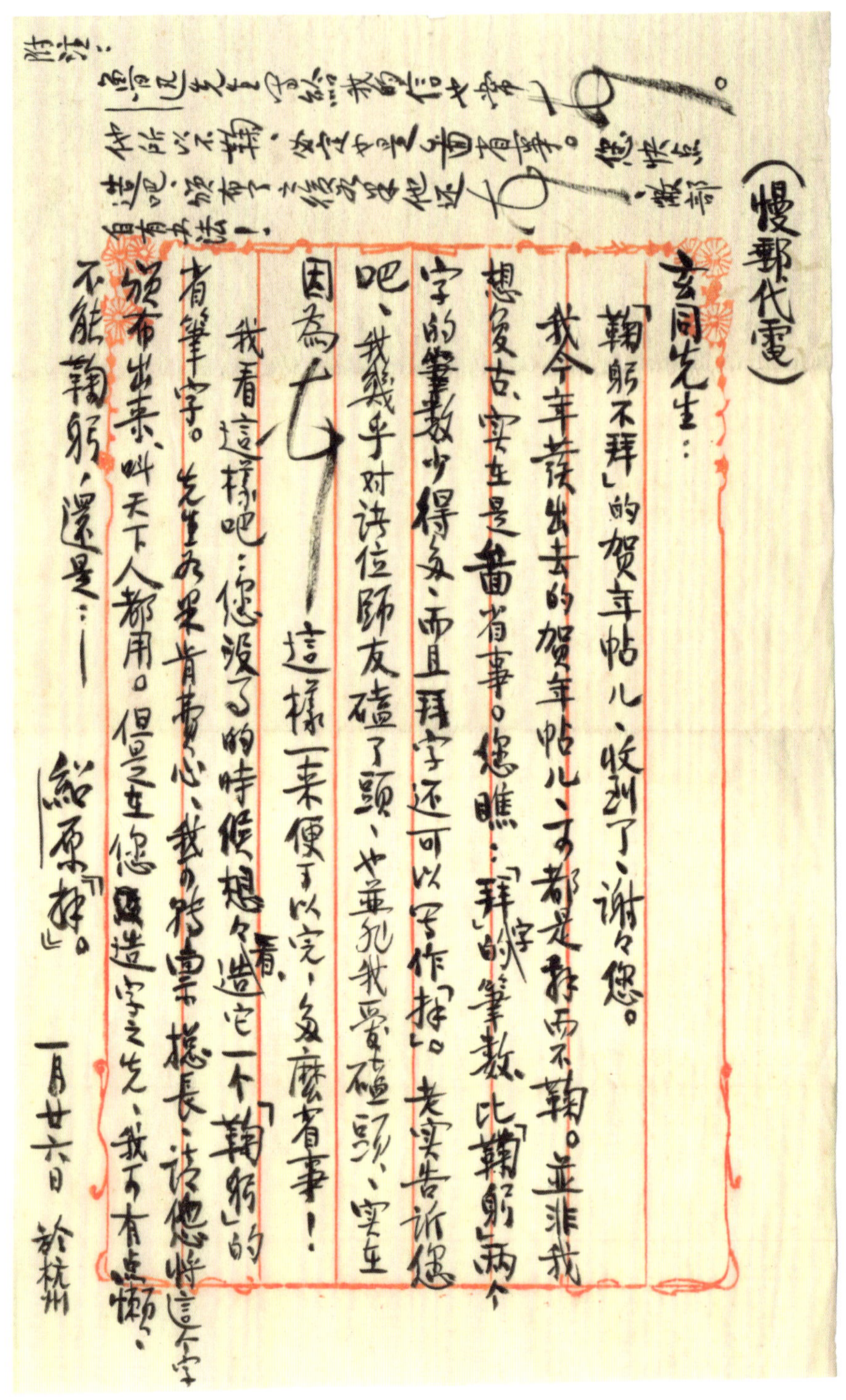

（慢郵代電）

玄同先生：

「鞠躬不拜」的贺年帖儿，收到了，谢々您。

我今年发出去的贺年帖儿，可都是拜而不鞠。並非我想复古，实在是图省事。您瞧：「拜」字的笔数，比「鞠躬」两个字的笔数少得多，而且拜字还可以写作「拝」。老实告诉您吧，我几乎对诸位师友磕了头，也並非我要磕头，实在因为这样一来便可以完，多么省事！

我看这样吧：您没了的时候，想々看，造它一个「鞠躬」的省笔字。先生如果肯费心，我的将来总长，请您将这个字颁布出来，叫天下人都用。但是在您没造字之先，我可有点懒，不能鞠躬，还是：——

绍原『拜』。

一月廿六日 於杭州

附注：[illegible]

江绍原致钱玄同（1928年1月26日）

25.6cm×15.7cm 1页

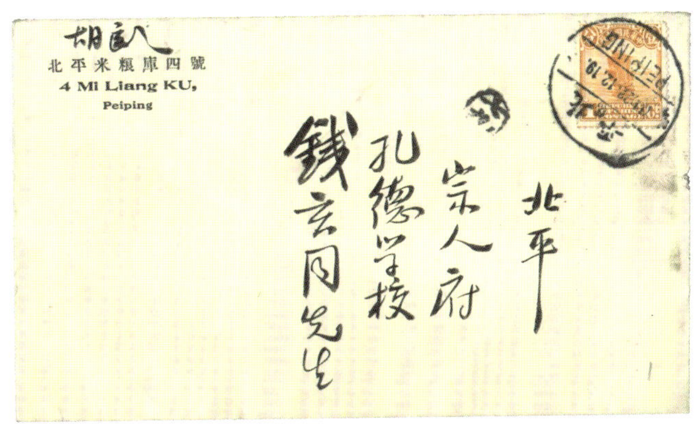

此函請
[illegible]兄閱後轉稻孫兄一閱。
適

國立中央研究院用牋

適之先生大鑒：

頃接浙江教育廳長陳布雷先生來函，略謂：前承函囑保存單不庵先生遺書，查是項書籍共五十三箱，於本年五月間存入省立圖書館，并附書目一册，經點收保管，由該館長繕就收據交原代理人潘尊行君收執。相應函復，等語。特此轉達，即希

察照。專頌

時祺。

蔡元培敬啟　十二，十二。

蔡元培致胡适（1933 年 12 月 12 日）

27.5cm × 18.4cm　1 页

信告单不庵遗书处理情况，单不庵为钱家亲戚，且与钱玄同为好友，故胡适转给钱玄同、钱稻孙看。

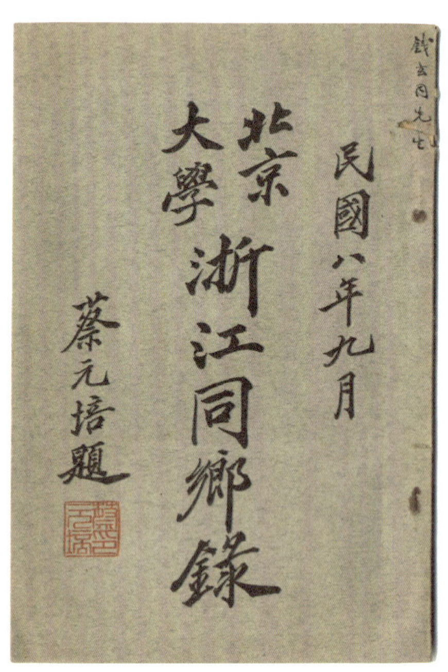

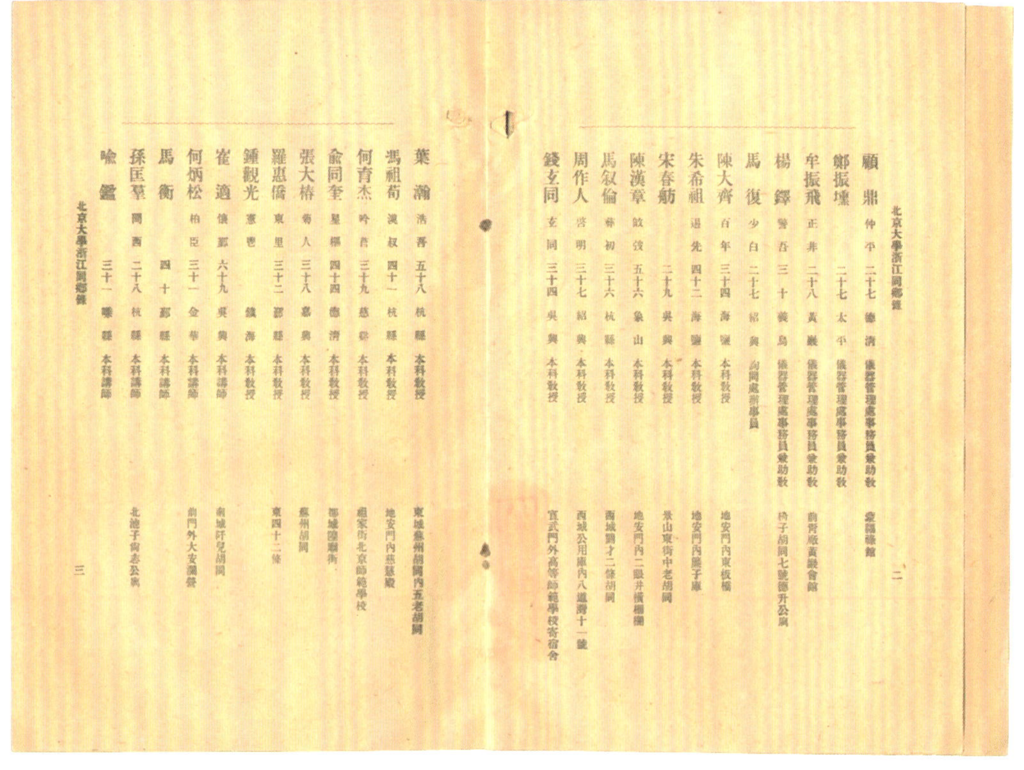

北京大學浙江同鄉錄 二

姓名	字	年齡	籍貫	職務	住址
顧鼎	仲平	二十七	德清	儀器管理處事務員兼助教	[illegible]福德館
鄭振壎		二十七	太平	儀器管理處事務員兼助教	
牟振飛	正非	二十八	黃巖	儀器管理處事務員兼助教	前青廠黃巖會館
楊鐸	警吾	三十	義烏	儀器管理處事務員兼助教	椅子胡同七號德升公寓
馬復	少白	二十七	紹興	[illegible]處辦事員	
陳大齊	百年	三十四	海鹽	本科教授	地安門內東板橋
朱希祖	逷先	四十二	海鹽	本科教授	地安門內[illegible]子庫
宋春舫		二十九	吳興	本科教授	景山東街中老胡同
陳漢章	倬雲	五十六	象山	本科教授	地安門內二眼井橫柵欄
馬叙倫	彝初	三十六	杭縣	本科教授	西城[illegible]才二條胡同
周作人	啓明	三十七	紹興	本科教授	西城公用庫內八道灣十一號
錢玄同	玄同	三十四	吳興	本科教授	宣武門外高等師範學校寄宿舍

姓名	字	年齡	籍貫	職務	住址
葉瀚	浩吾	五十八	杭縣	本科教授	東城蘇州胡同內五老胡同
馮祖荀	漢叔	四十一	杭縣	本科教授	地安門內慈慧殿
何育杰	吟苢	三十九	慈谿	本科教授	祖家街北京師範學校
俞同奎	星樞	四十四	德清	本科教授	[illegible]
張大椿	菊人	三十八	嘉興	本科教授	蘇州胡同
羅惠僑	東里	三十二	鄞縣	本科教授	東四十二條
鍾觀光	憲鬯		鎮海	本科教授	
崔適	懷瑾	六十九	吳興	本科講師	南城[illegible]兒胡同
何炳松	柏丞	三十一	金華	本科講師	前門外大安瀾營
馬衡		四十	鄞縣	本科講師	
孫匡[illegible]	[illegible]西	二十八	杭縣	本科講師	北池子[illegible]
喻鑑		三十一	嵊縣	本科講師	

北京大學浙江同鄉錄 三

《北京大学浙江同乡录》

23.8cm × 16.2cm 1 册

1919 年 9 月编印。

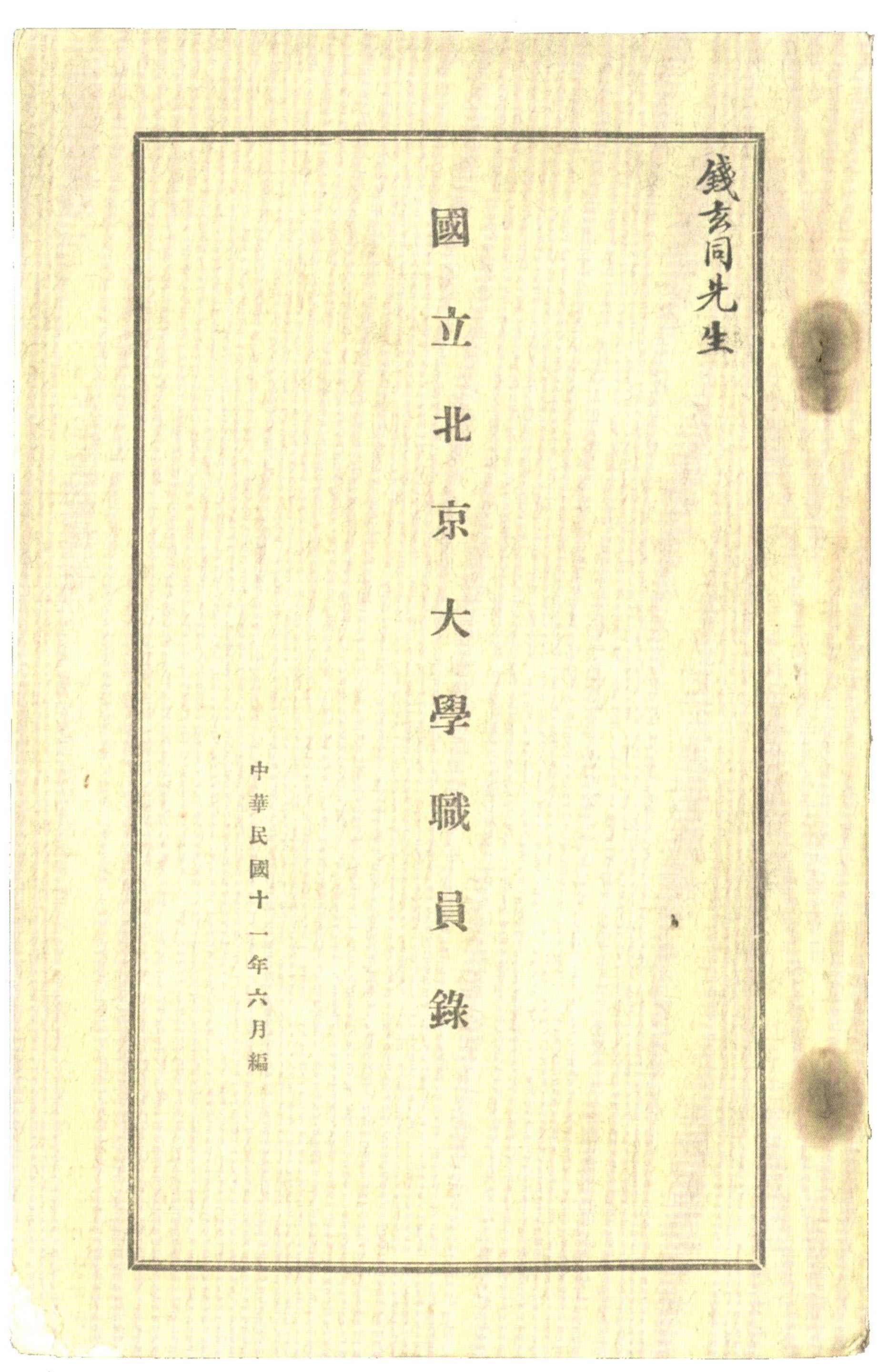

《国立北京大学职员录》

23.8cm × 16.2cm　1 册

1922 年 6 月编印。

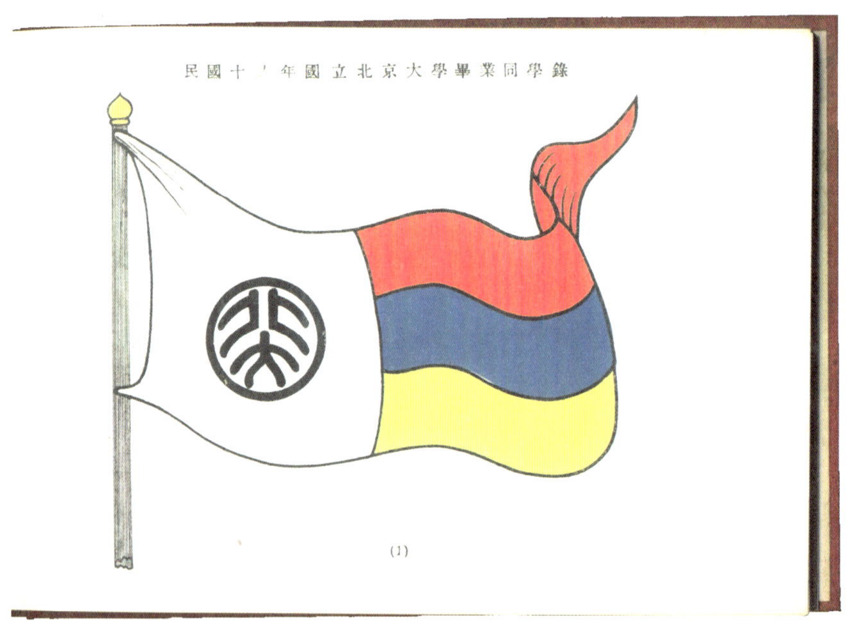

《国立北京大学毕业同学录》（民国十九年）

26.8cm × 18cm　1 册

钱玄同题写封面。

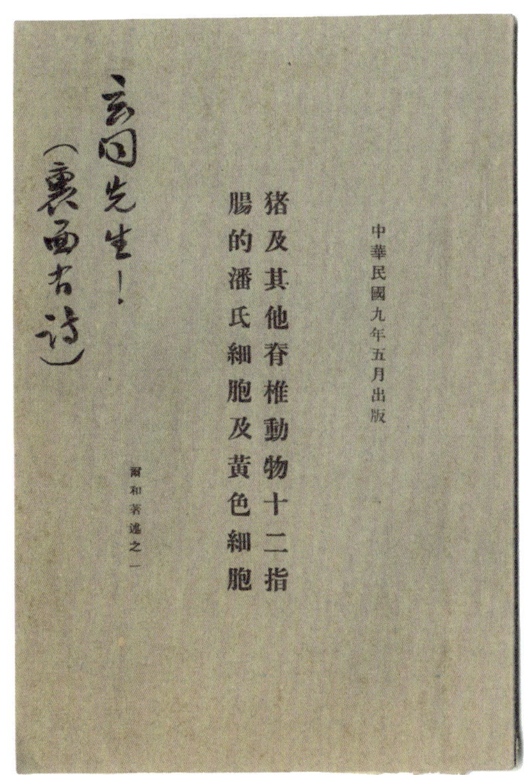

玄同先生！（裏面有詩）

豬及其他脊椎動物十二指腸的潘氏細胞及黃色細胞

中華民國九年五月出版

爾和著述之一

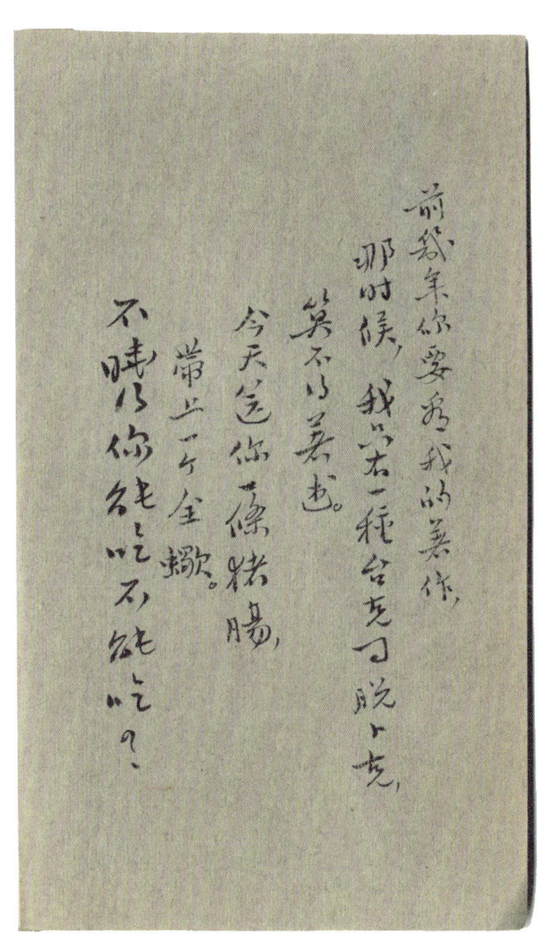

前幾年你要看我的著作，那时候，我只有一種台克司脱卜克，算不得著述。今天送你一條猪腸，帶上一个全蠍。不曉得你能吃不能吃？

《猪及其他脊椎动物十二指肠的潘氏细胞及黄色细胞》

15.1cm × 22.4cm　1 册

汤尔和著，1920 年 5 月出版。汤尔和亲笔题字、题诗赠钱玄同。

释文：前几年你要看我的著作，那时候，我只有一种台克司脱卜克，算不得著述。今天送你一条猪肠，带上一个全蝎。不晓得你能吃不能吃？

《章太炎的白话文》

13.4cm × 19.4cm　1 册

吴齐仁编，1921 年 6 月 20 日泰东图书局初版。吴齐仁者，无其人也，乃吴文祺化名。书中误收钱玄同的一篇文章，钱玄同朱笔在目录页上作出标注。

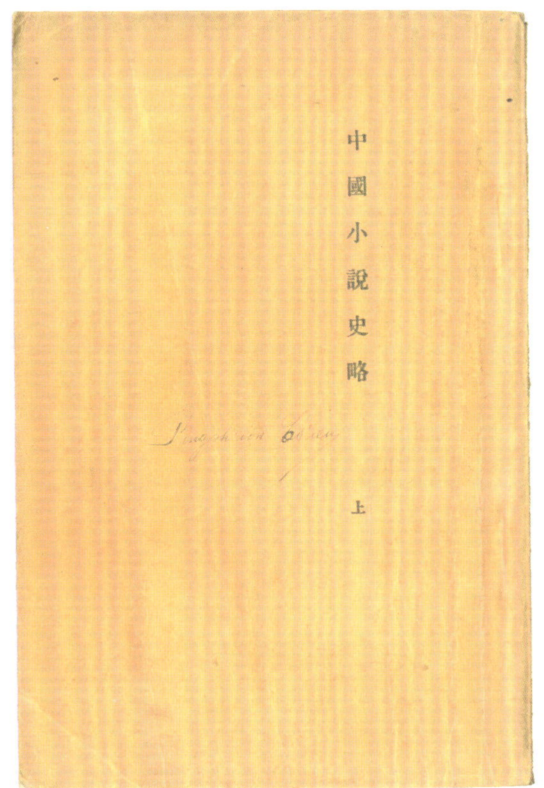

《中国小说史略》（上、下）

12.7cm × 18.9cm　2 册

鲁迅著，北大新潮社分别于 1923 年、1924 年初版。书中天头地脚处有近百处钱玄同所作批注。

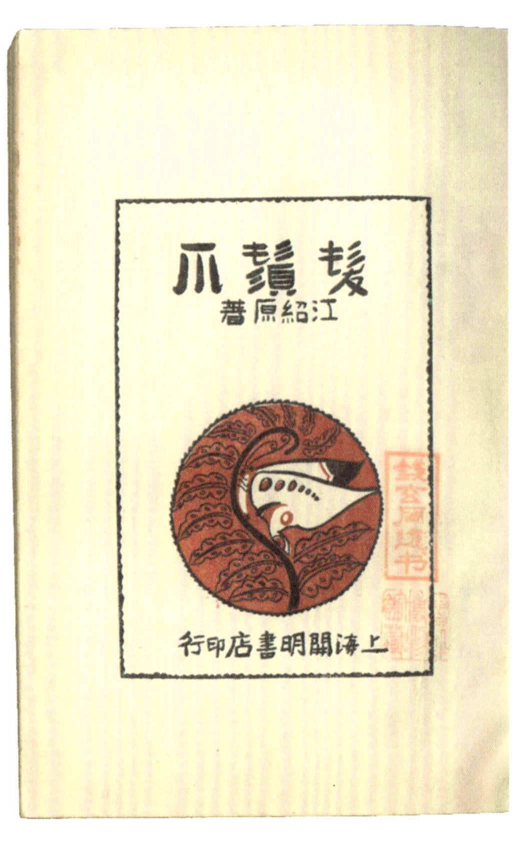

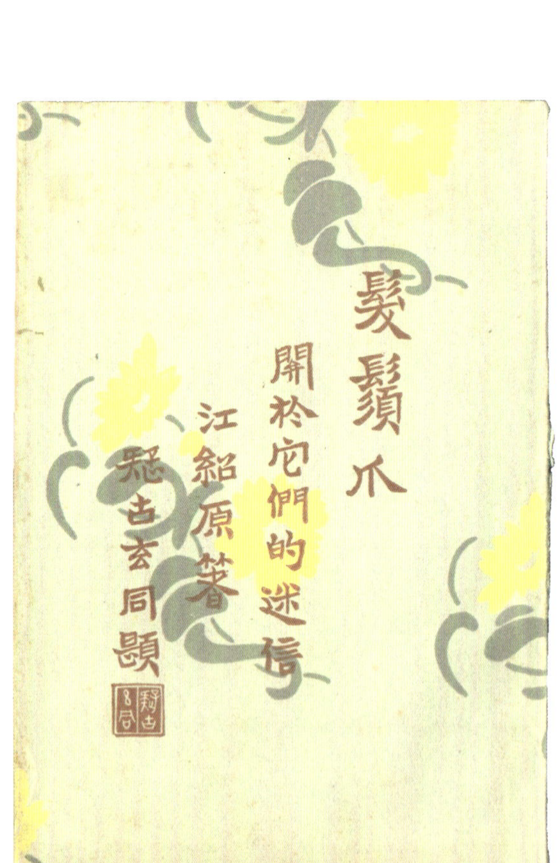

《发须爪——关于它们的迷信》

13cm × 19cm　1 册

江绍原著，1928 年 3 月上海开明书店初版。封面为钱玄同题字。

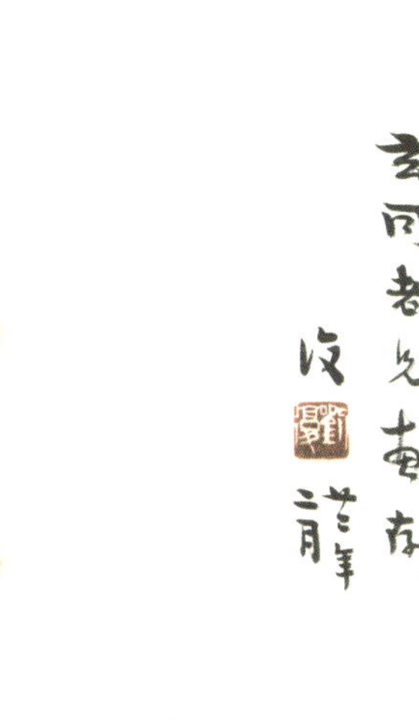

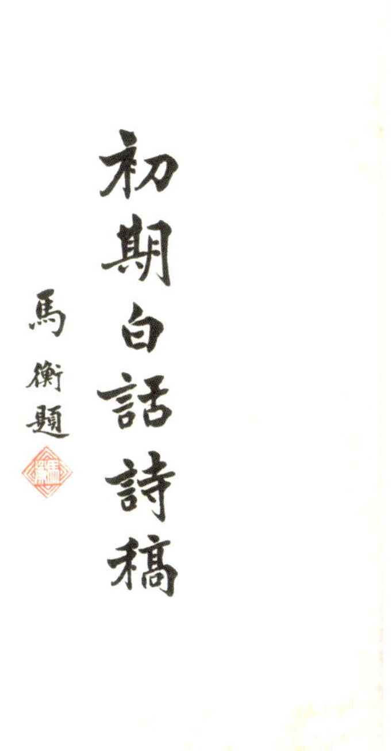

刘半农题赠钱玄同《初期白话诗稿》

31.7cm × 22.2cm　1 册

1933 年北平星云堂影印出版，马衡题写书名。刘半农题赠钱玄同，题曰："玄同老兄惠存。复。廿二年二月。"

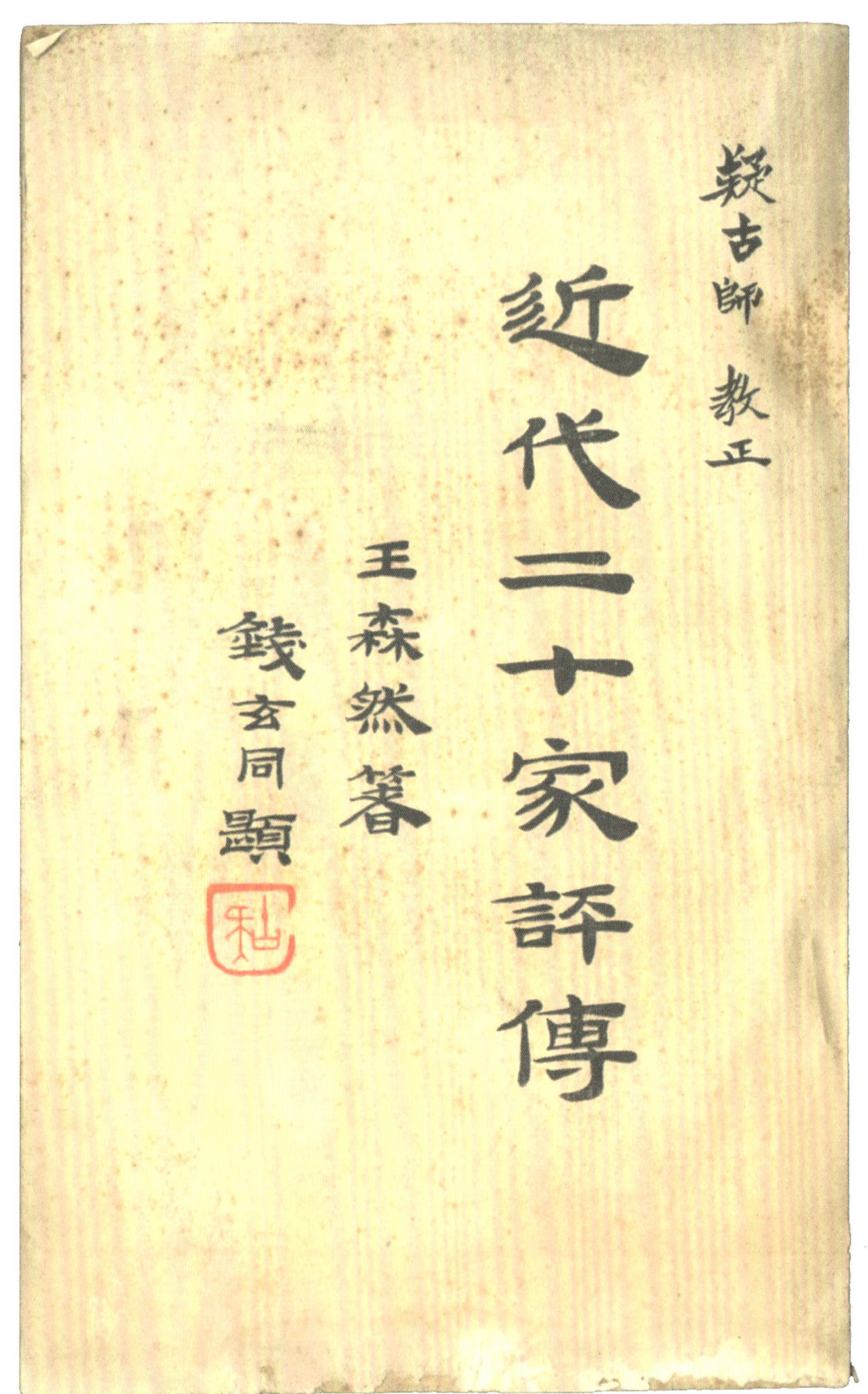

《近代二十家评传》

23.9cm × 14.8cm　1 册

王森然著，1934 年 6 月 10 日北平杏岩书屋初版。钱玄同题写封面。

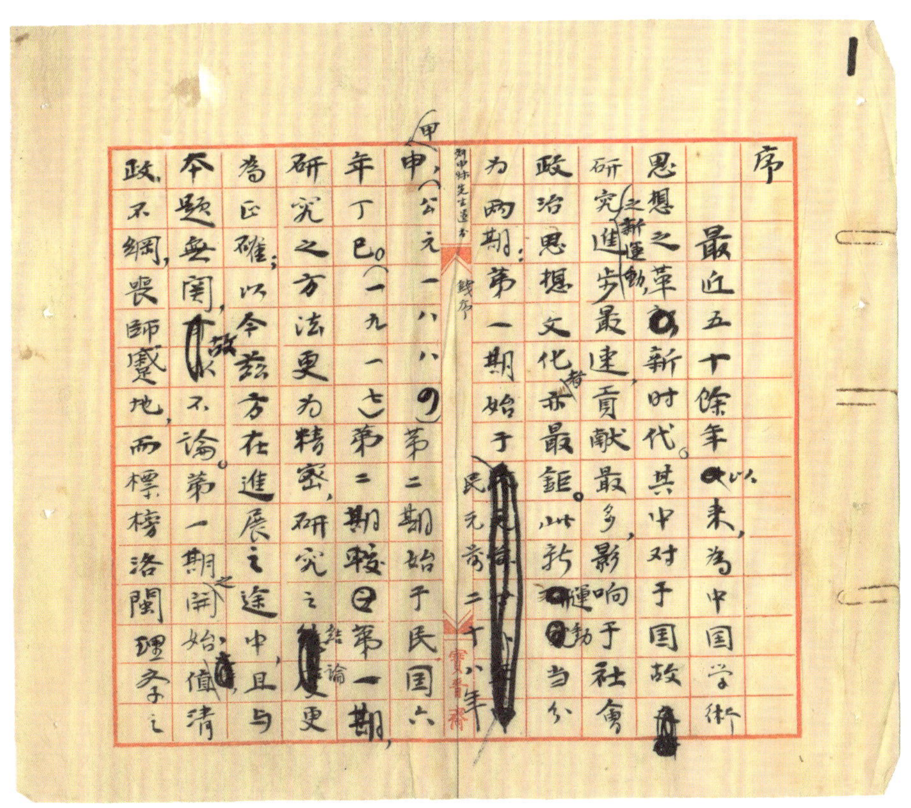

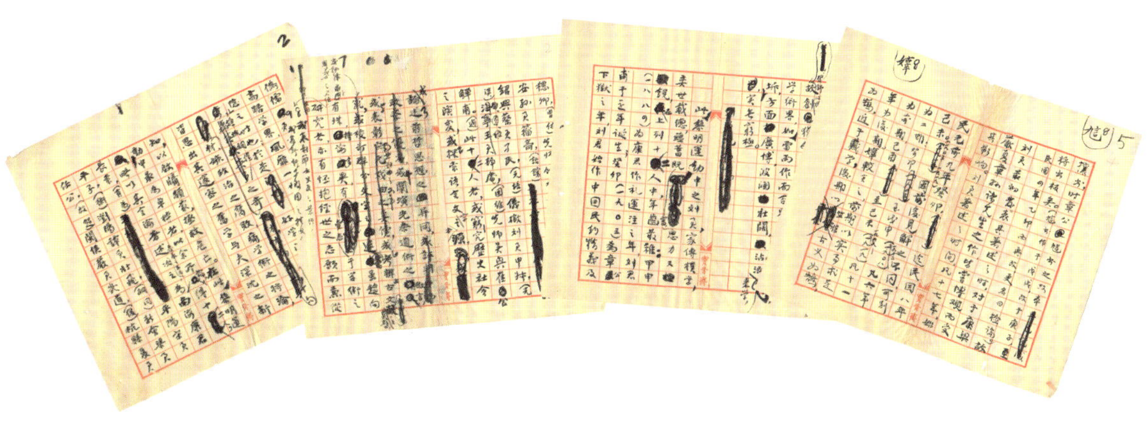

《〈刘申叔遗书〉序》手稿

30cm × 25.8cm　30.5cm × 27.5cm　29 页

钱玄同作于 1937 年 3 月 31 日。晚年，钱玄同将极大的精力投入《刘申叔遗书》的编校工作，对于 1937 年刻印出版收集刘申叔（刘师培）八十种著作的《刘申叔遗书》为功不小。

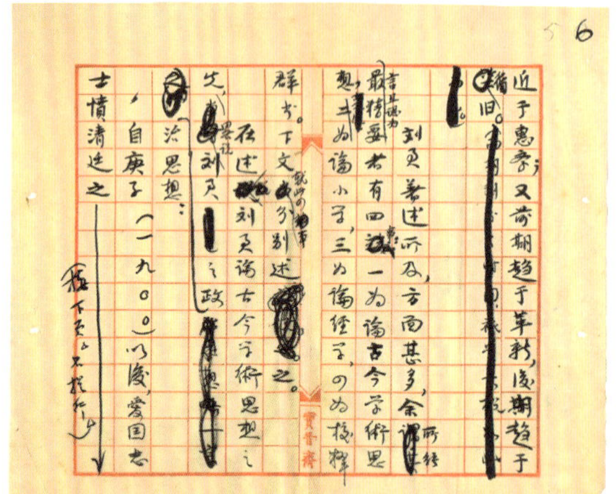

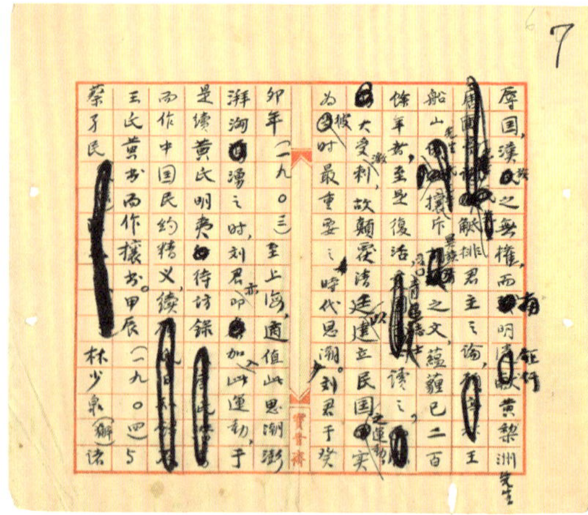

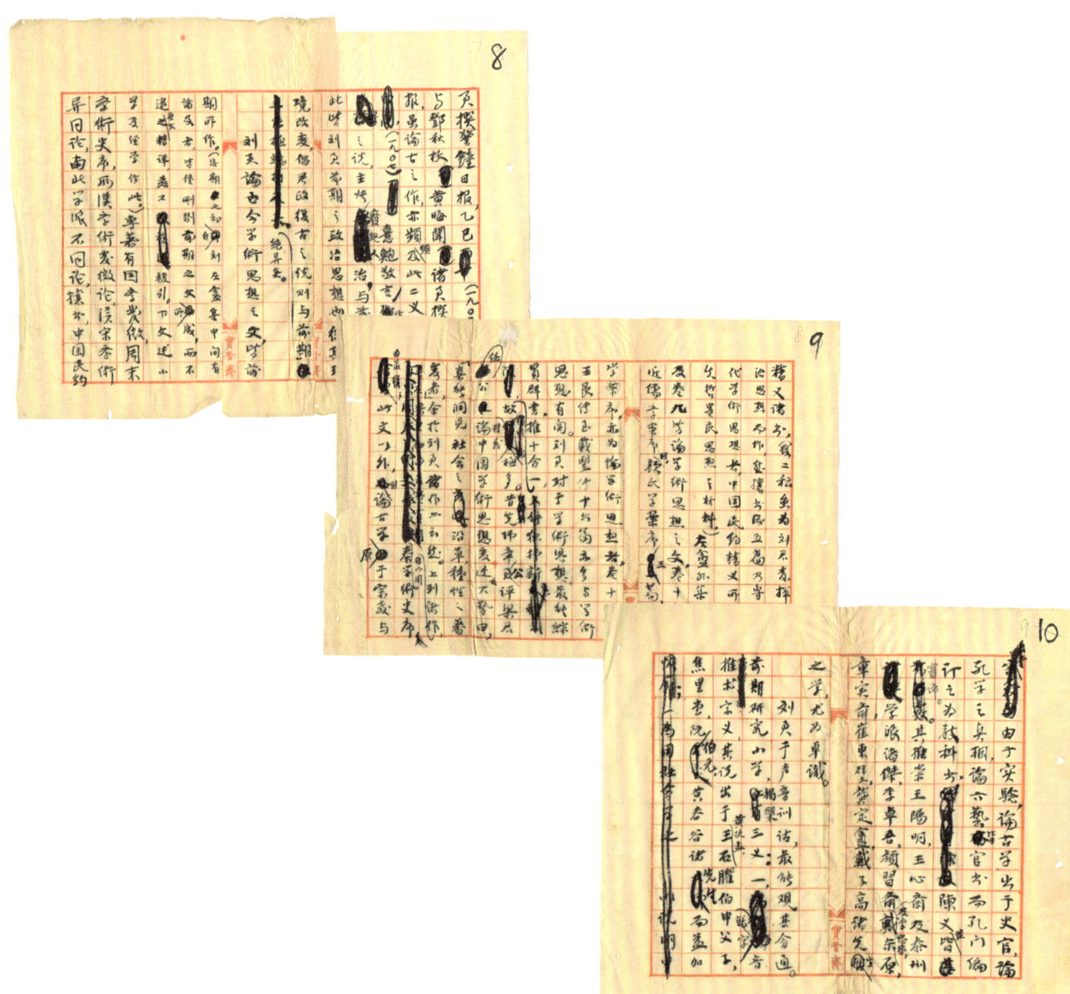

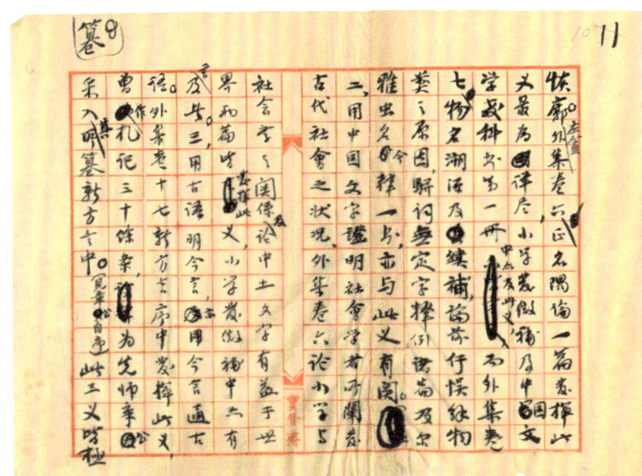

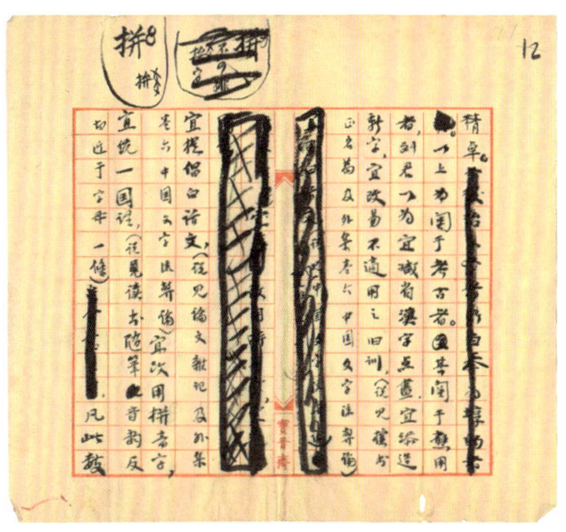

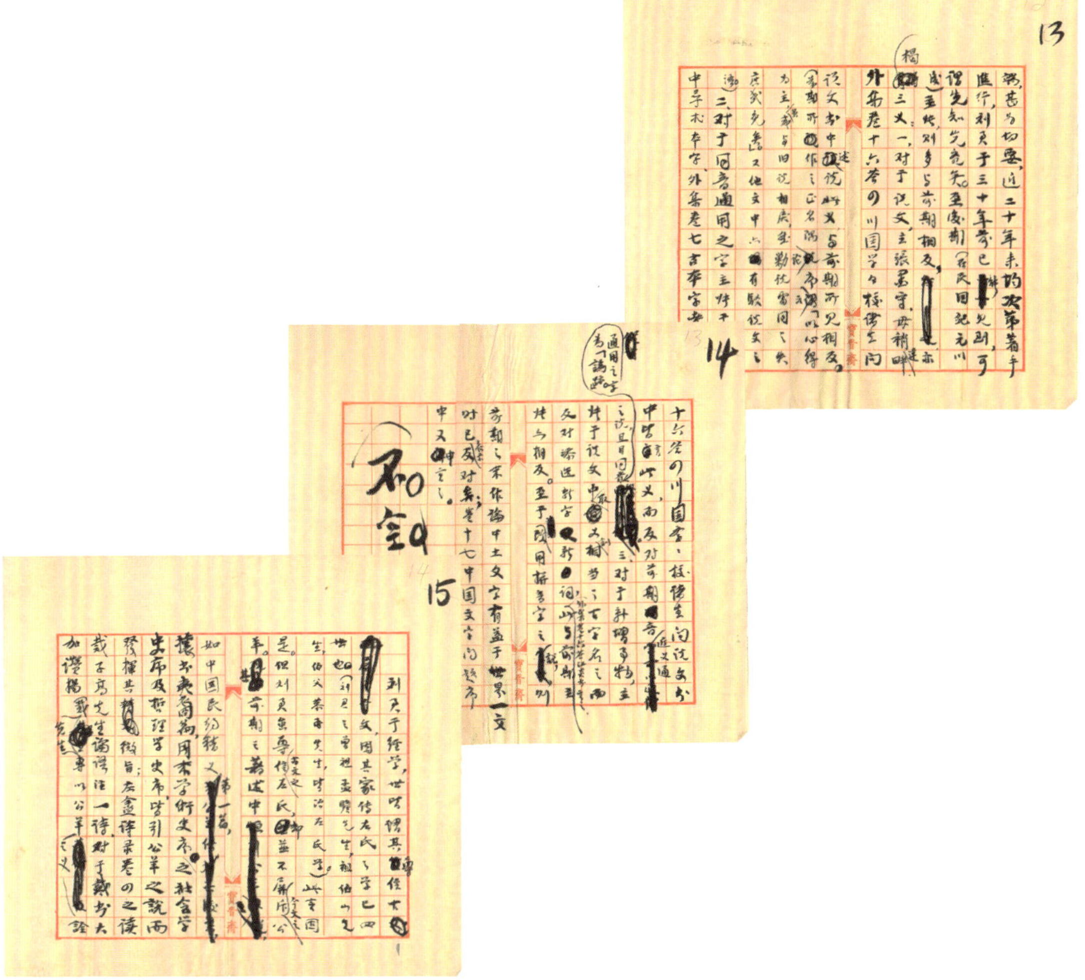

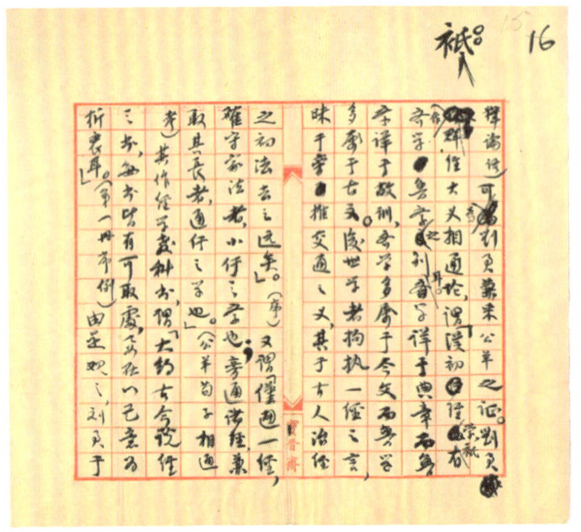

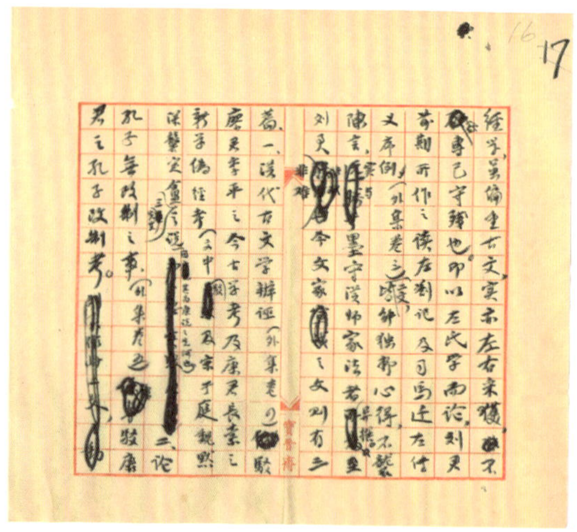

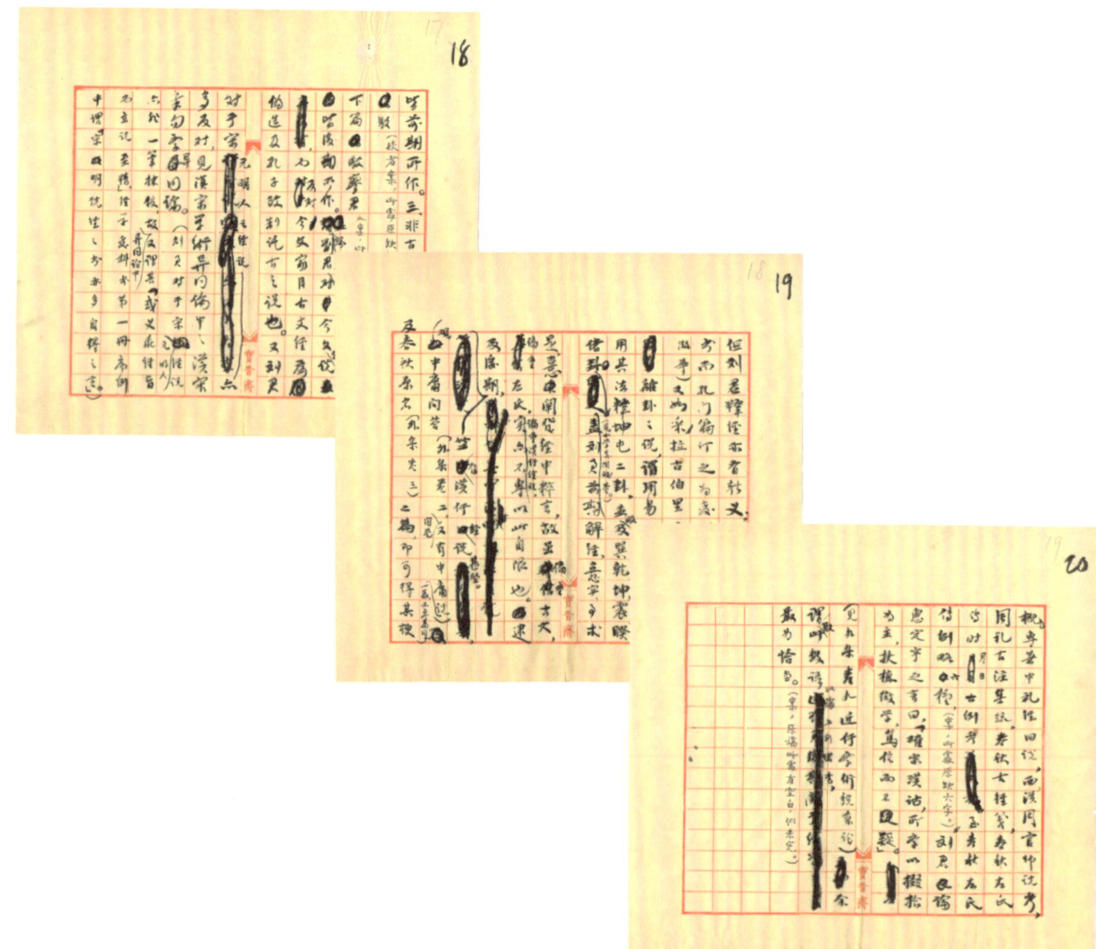

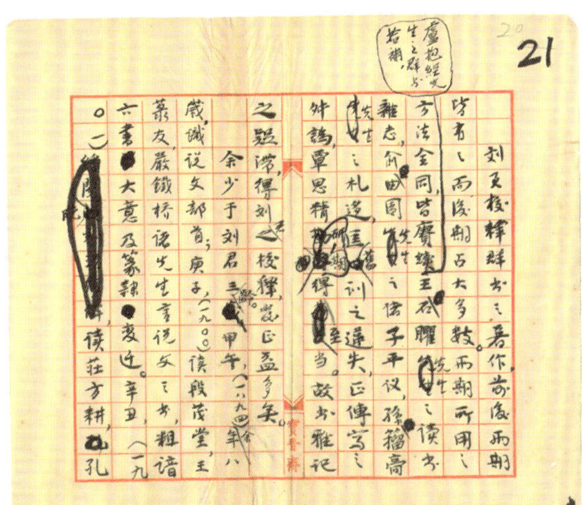

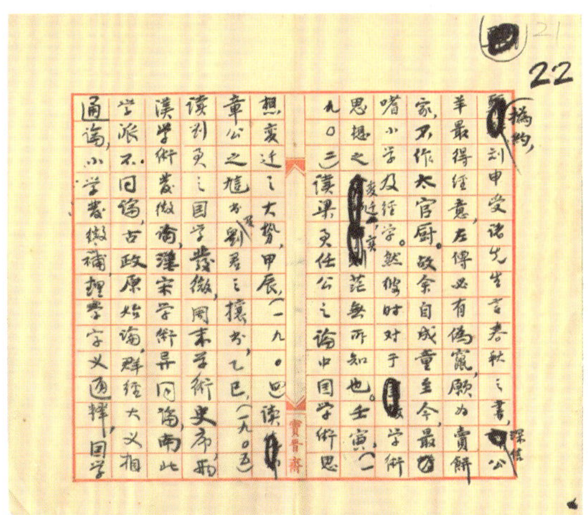

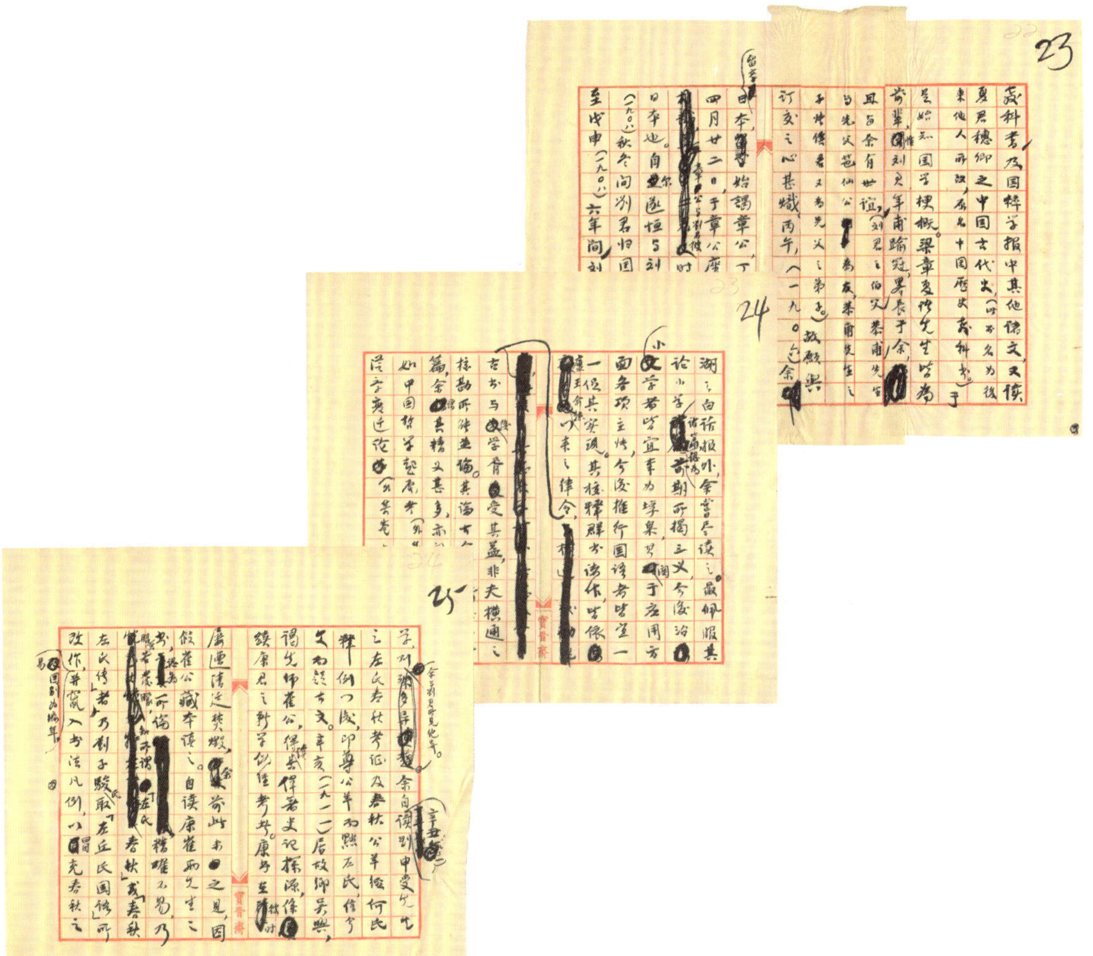

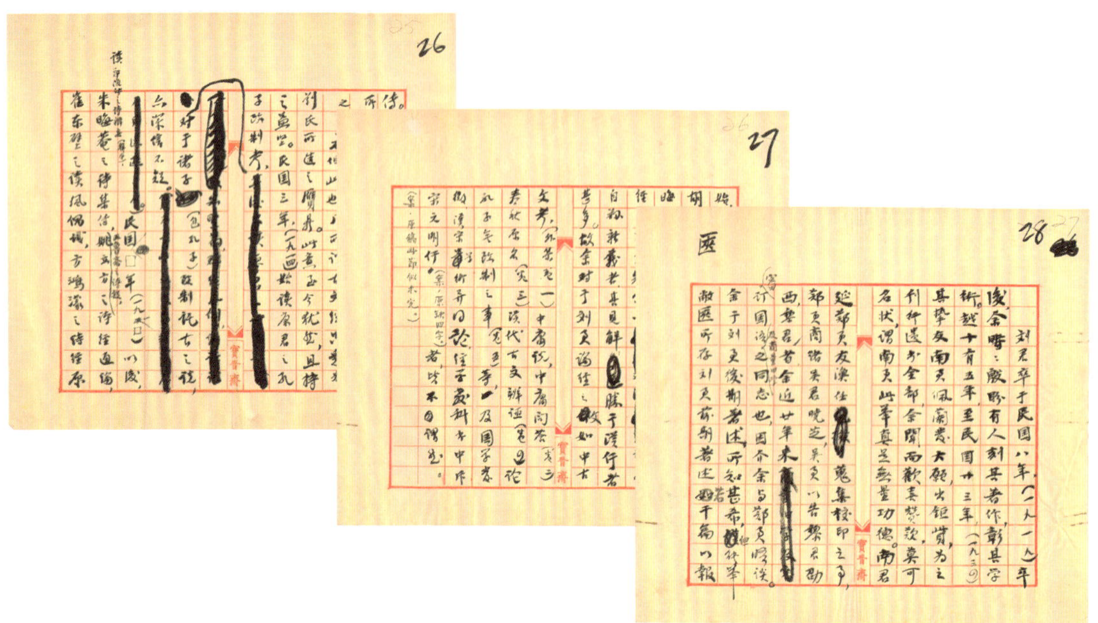

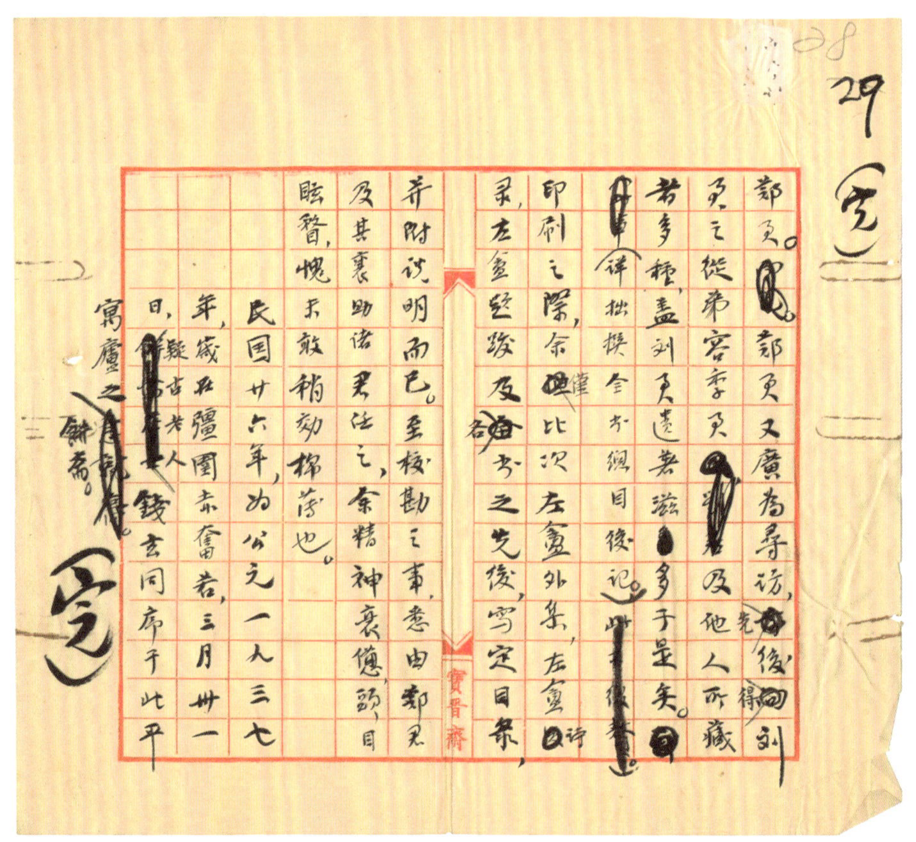

鄭君。鄭君又廣為尋訪，後得劉君之從弟容季君[illegible]及他人所藏者多種，盡列君遺著錄[illegible]多于是矣。[illegible]印刷之際，余[illegible]比次左盦外集，左盦詩錄，左盦題跋及各書之先後，寫定目錄，并附說明而已。至校勘之事，悉由鄭君及其襄助諸君任之，余精神衰憊，頭目眩瞀，愧未敢稍効棉薄也。

民國廿六年，為公元一九三七年，歲在彊圉赤奮若，三月卅一日，疑古老人錢玄同序于北平[illegible]

(完)

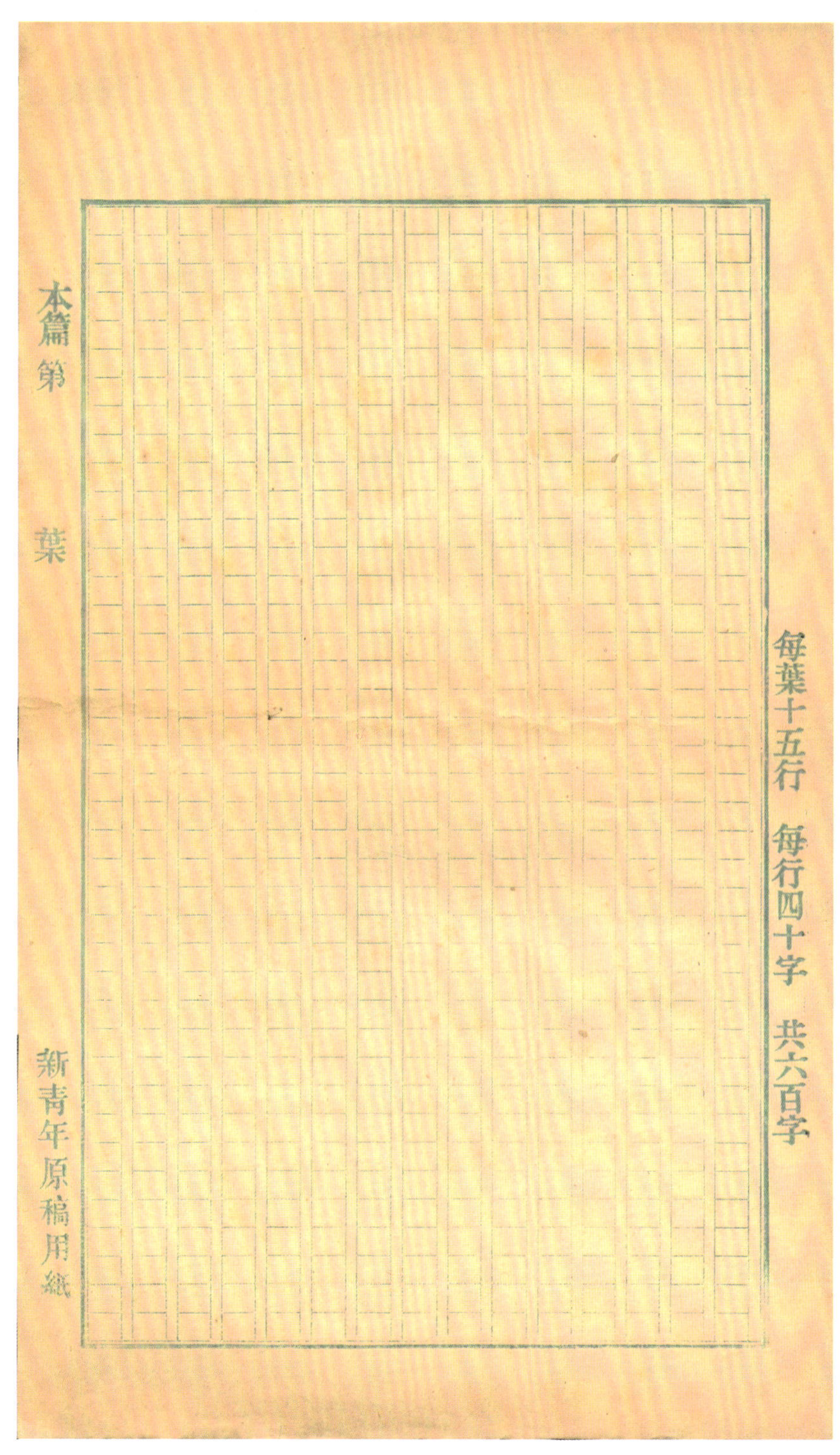

钱玄同保存的“新青年原稿用纸”

26cm × 44cm

钱玄同保存的“国立北京大学用笺”

26.5cm × 16.2cm

钱玄同保存的笺纸

33cm × 28cm　24.5cm × 20.7cm　27cm × 23.5cm

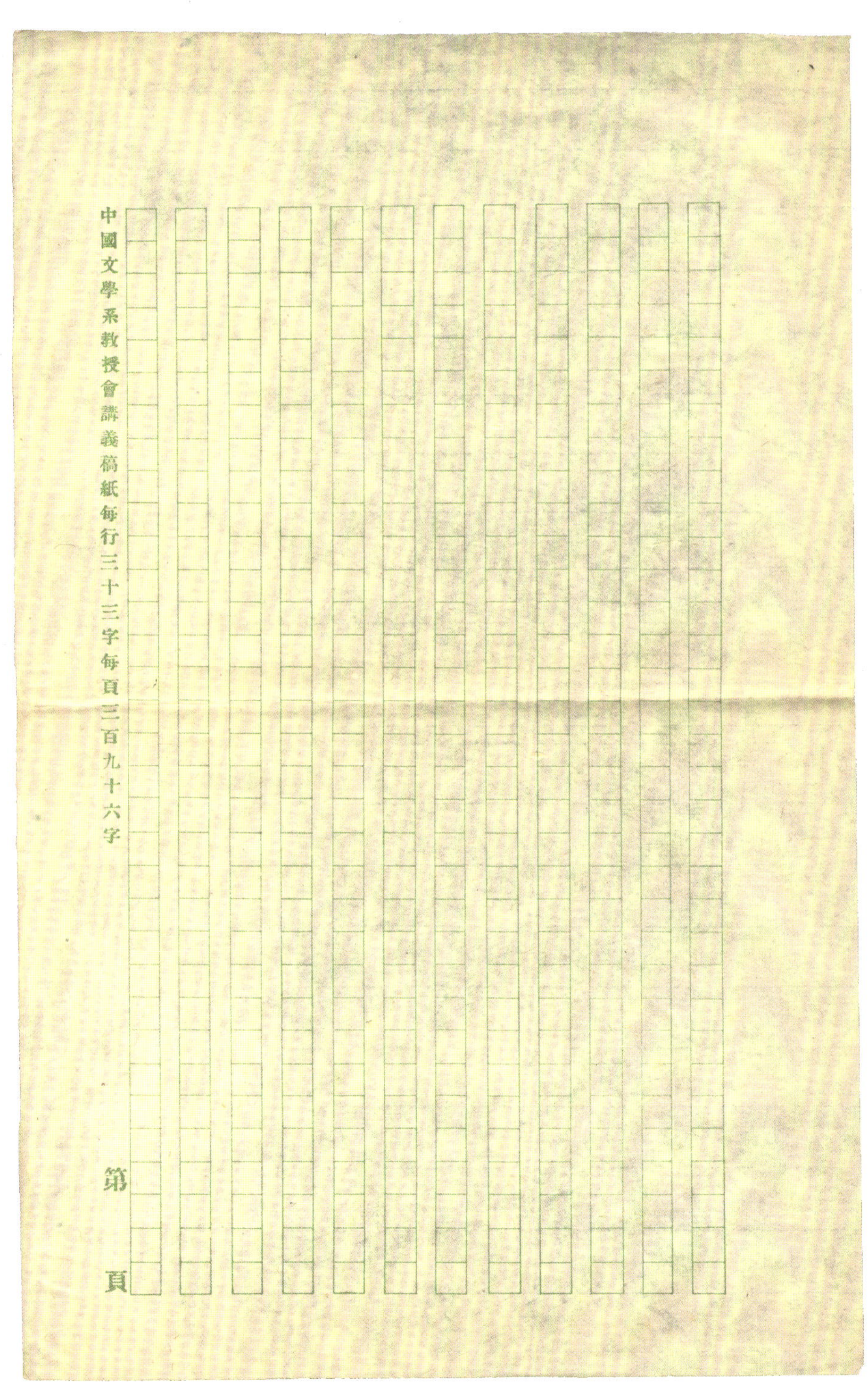
中國文學系教授會講義稿紙每行三十三字每頁三百九十六字

第　頁

钱玄同保存的北京大学“中国文学系教授会讲义稿纸”

40.5cm × 26.2cm

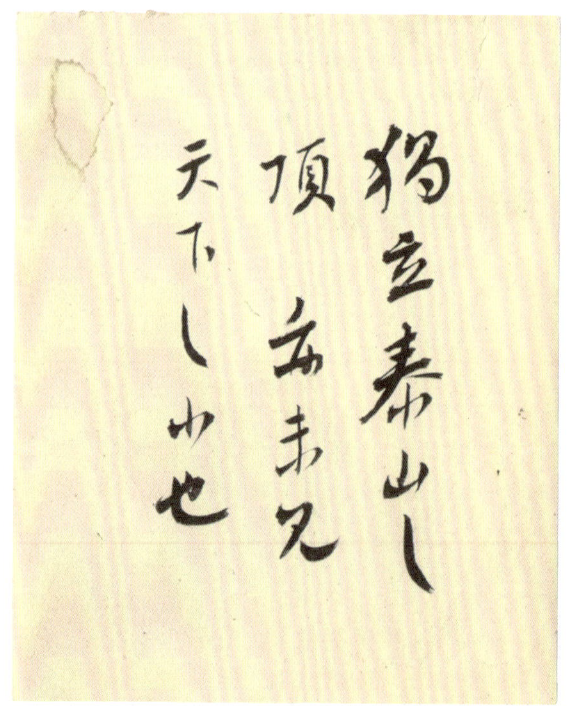

吴稚晖题赠钱玄同照片

7.6cm × 9.2cm　7.4cm × 8.6cm　2 帧

照片背面皆有吴稚晖亲笔题字。其一题字：独立泰山之顶，亦未见天下之小也。其二题字：俯首于孔仲尼之朽骨甚恭，胡所取义耶。

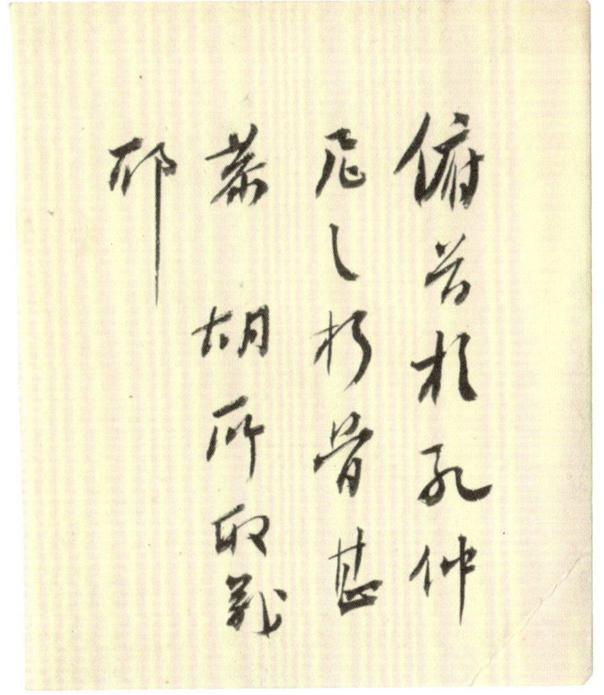
俯首礼孔仲
尼之行骨甚
恭胡所仰敬
耶

北平章太炎先生追悼会摄影（1936 年）

11.3cm × 6.3cm　11.3cm × 6.8cm　2 帧

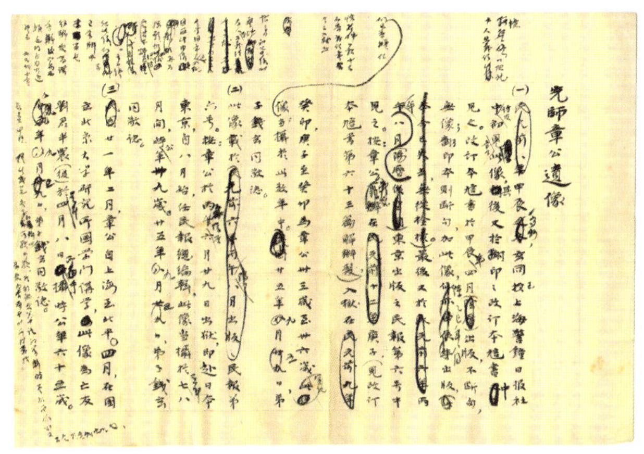

先師章公遺像

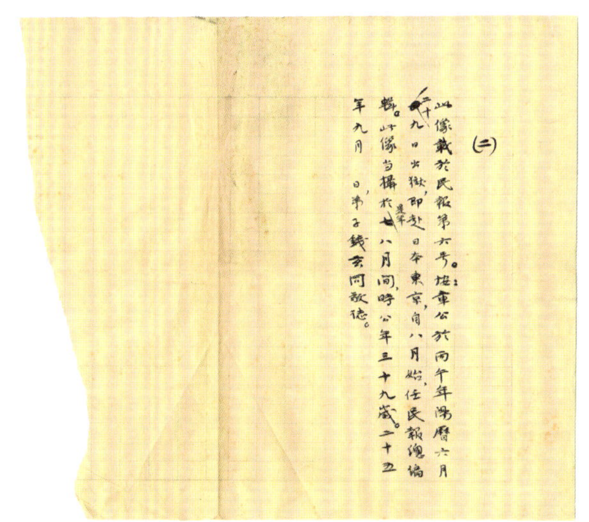

(二)

此像載於民報第六号。按：章公於丙午年陽曆六月二十九日出獄，即赴日本東京，自八月始，任民報總編輯。此像當攝於是年八月間，時公年三十九歲。二十五年九月　日，弟子錢玄同敬志。

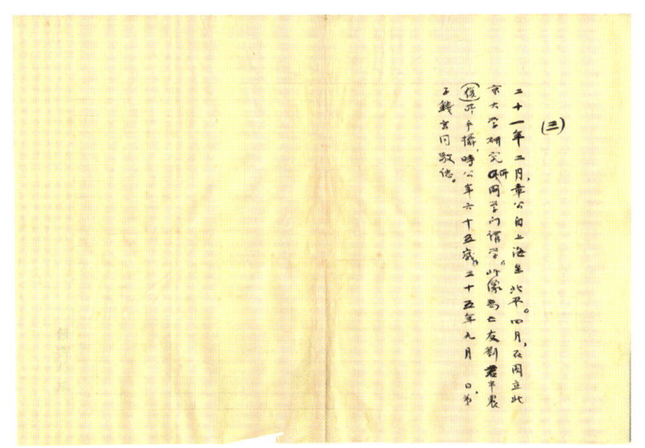

(三)

二十一年二月，章公自上海至北平。四月，在國立北京大學研究所國學門講學。此像為亡友劉君半農(復)所手攝，時公年六十五歲。二十五年九月　日，弟子錢玄同敬志。

钱玄同《先师章公遗像》说明手稿

38.3cm × 28cm　3 页

钱玄同作于 1936 年 9 月。章太炎于本年 6 月逝世，钱玄同亲笔撰写这几条遗像说明以纪志哀。

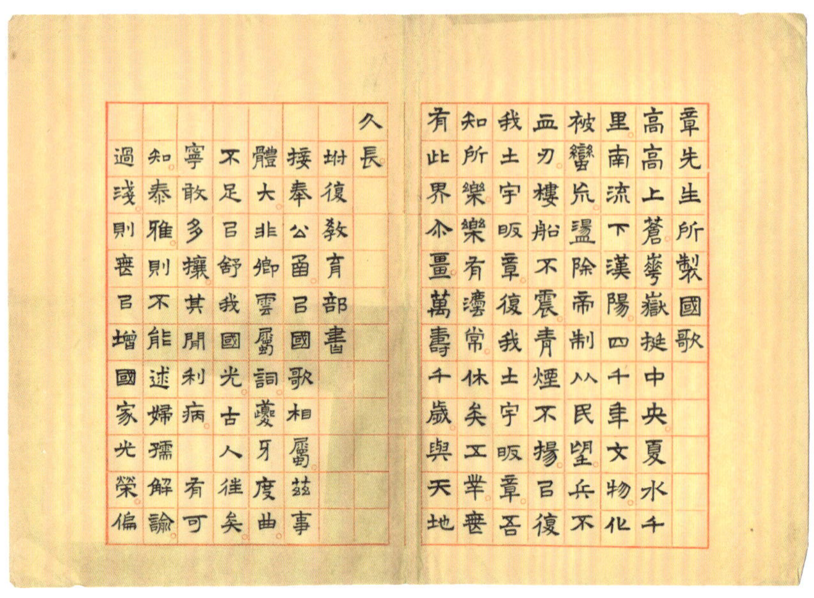

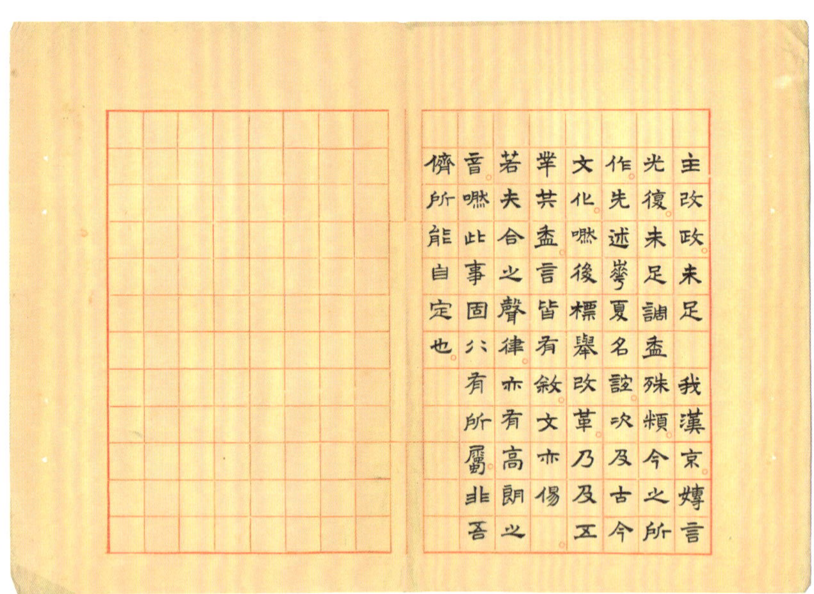

钱玄同手抄章太炎所制国歌及复教育部书

28.7cm × 41cm 2 页

释文：章先生所制国歌。高高上苍，华岳挺中央。夏水千里，南流下汉阳。四千年文物，化被蛮荒。荡除帝制从民望，兵不血刃，楼船不震，青烟不扬，以复我土宇昄章，复我土宇昄章。吾知所乐，乐有法常。休矣五族，无有此界尔疆。万寿千岁，与天地久长。

附复教育部书：接奉公函，以国歌相属。兹事体大，非卿云属词，夔牙度曲，不足以舒我国光。古人往矣，宁敢多攘，其间利病，□有可知：泰雅，则不能逑妇孺解谕；过浅，则无以增国家光荣。偏主改政，未足□我汉京；专言光复，未足调盉殊类。今之所作，先述华夏名谊，次及古今文化，然后标举改革，乃及五族共盉。言皆有叙，文亦傷□ 。若夫合之声律，亦有高朗之音。然此事固别有所属，非吾侪所能自定也。（因为要写古本字，空格处所缺之字皆钱玄同所斟酌未定者）

钱玄同书吴敬梓诗《美女篇》扇面

33cm × 55cm　1 柄

释文：夷光与修明，艳色天下殊。一朝入吴宫，权与人主俱。不妒比螽斯，妙选聘名姝。红楼富家女，芳年春华敷。头上何所有？木难间珊瑚。身上何所有？金缕绣罗襦。佩间何所有？环珥皆瑶瑜。足下何所有？龙缟覆氍毹。歌舞君不顾，低头独长吁。遂疑入宫嫉，无乃此言诬？何若汉皋女，丽服佩两珠。独赠郑交甫，奇缘千载无？中华民国十九年十二月卅一日午后十二时，录《儒林外史》作者吴文木氏之《美女篇》于旭生先生之扇。是日大雪，疑古玄同呵冻书。

印章：朱文“疑古玄同”。

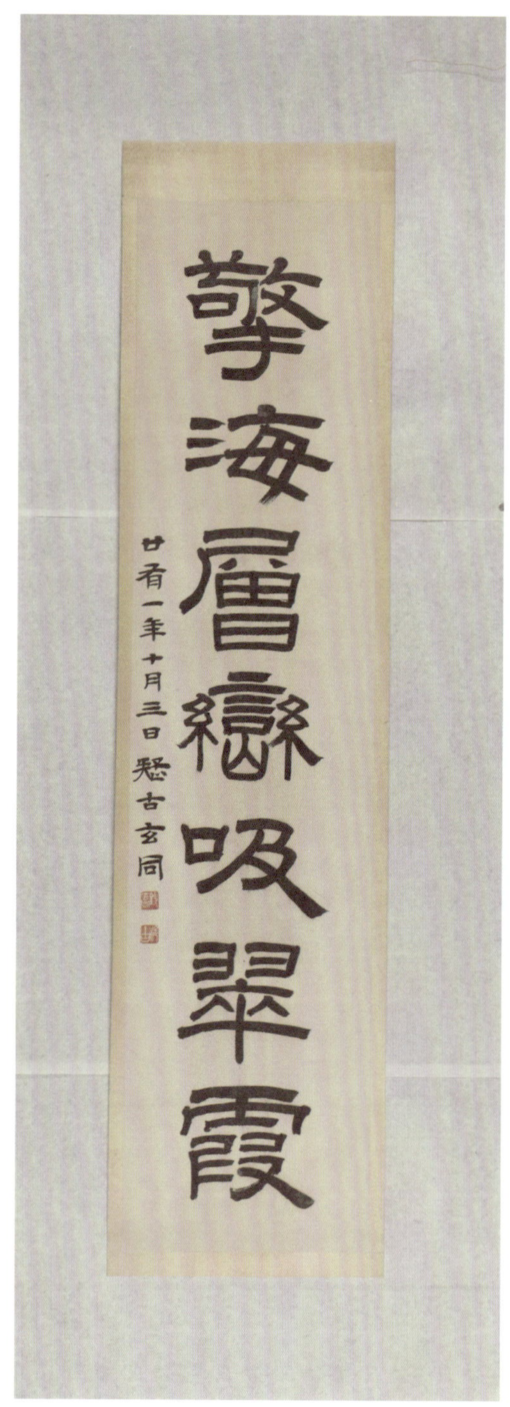

钱玄同书耶律楚材诗联赠徐旭生（1932年10月3日）

156cm×35.4cm　1副

释文：插天绝壁喷晴月，擎海层峦吸翠霞。耶律楚材过阴山诗句，为旭生先生书。廿有一年十月三日，疑古玄同。

印章：白文“钱玄同”，白文“疑古”。

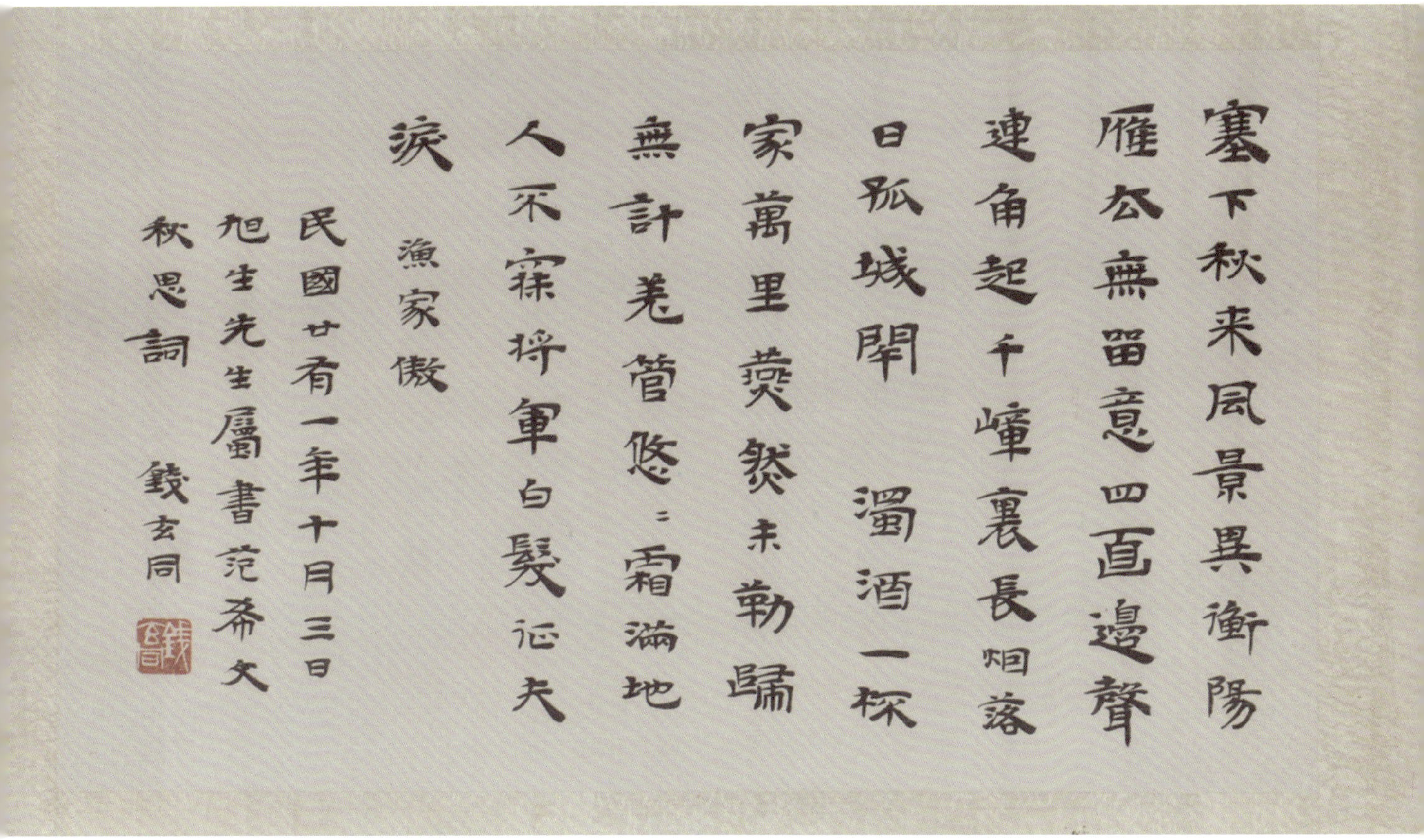

钱玄同书范仲淹《渔家傲　秋思》词横披

34.5cm × 74cm　1 幅

释文: 塞下秋来风景异，衡阳雁去无留意。四面边声连角起，千嶂里，长烟落日孤城闭。浊酒一杯家万里，燕然未勒归无计。羌管悠悠霜满地，人不寐，将军白发征夫泪。渔家傲。民国廿有一年十月三日旭生先生属书范希文秋思词。钱玄同。

印章：白文“钱玄同”。

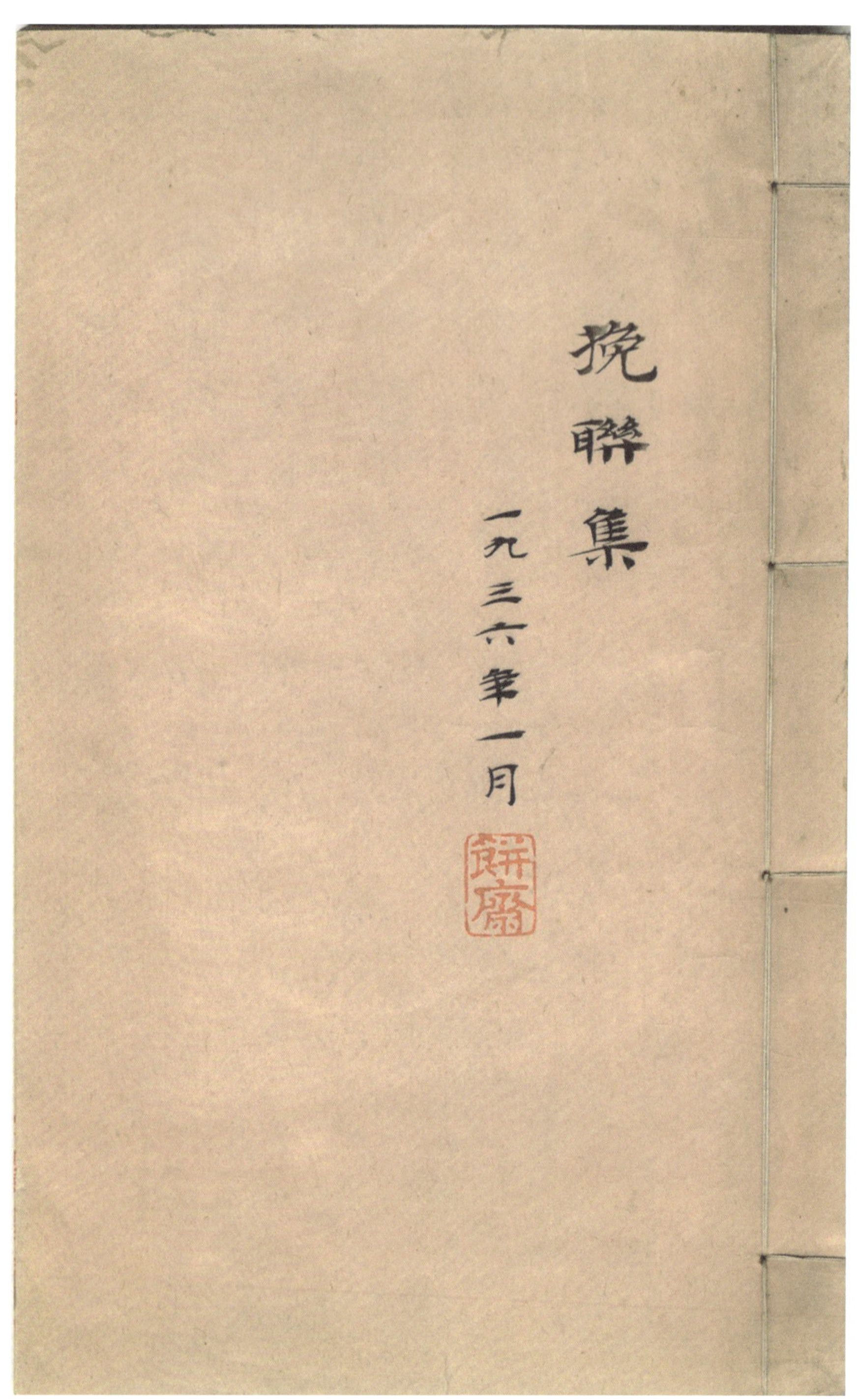

钱玄同自编手书《挽联集》（1936 年 1 月）

24.4cm × 15.2cm　1 册

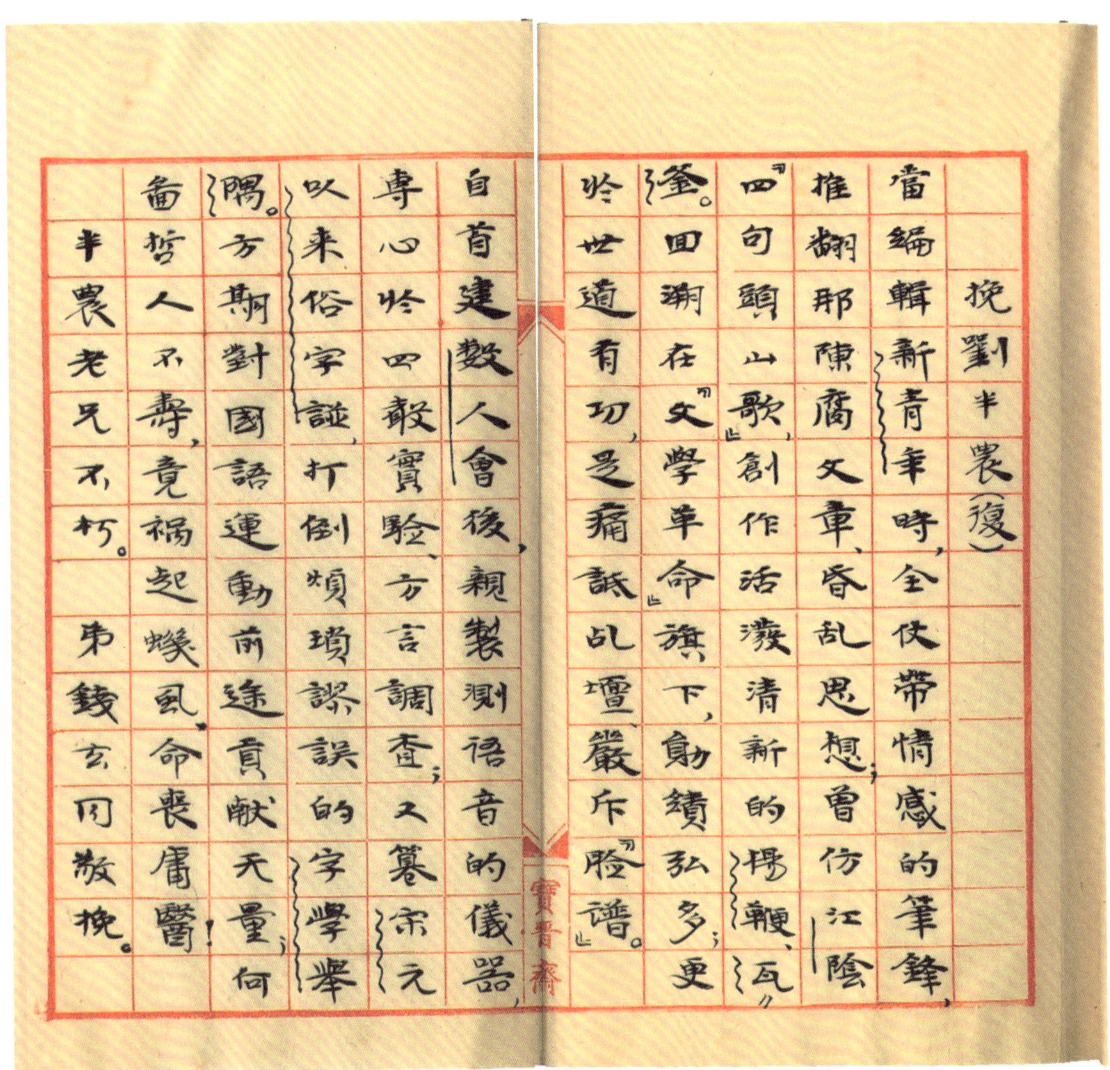
挽劉半農（復）
當編輯新青年時，全仗帶情感的筆鋒，推翻那陳腐文章、昏亂思想；曾仿江陰「四句頭山歌」，創作活潑清新的揚鞭、瓦釜。回溯在「文學革命」旗下，勛績弘多；更於世道有功，是痛詆乩壇、嚴斥「臉譜」。
自首建數人會後，親製測語音的儀器，專心於四聲實驗、方言調查；又纂宋元以來俗字譜，打倒煩瑣謬誤的字學舉隅。方期對國語運動前途貢獻無量；何圖哲人不壽，竟禍起蟣虱，命喪庸醫！
半農老兄不朽。
弟錢玄同敬挽。

《挽联集》中一联——挽刘半农联

释文：挽刘半农（复）。当编辑《新青年》时，全仗带情感的笔锋，推翻那陈腐文章、昏乱思想；曾仿江阴“四句头山歌”，创作活泼清新的《扬鞭》《瓦釜》。回溯在“文学革命”旗下，勋绩弘多；更于世道有功，是痛诋乩坛、严斥“脸谱”。自首建数人会后，亲制测语音的仪器，专心于四声实验、方言调查；又纂《宋元以来俗字谱》，打倒烦琐谬误的《字学举隅》。方期对国语运动前途贡献无量；何图哲人不寿，竟祸起虮虱、命丧庸医！半农老兄不朽。弟钱玄同敬挽。

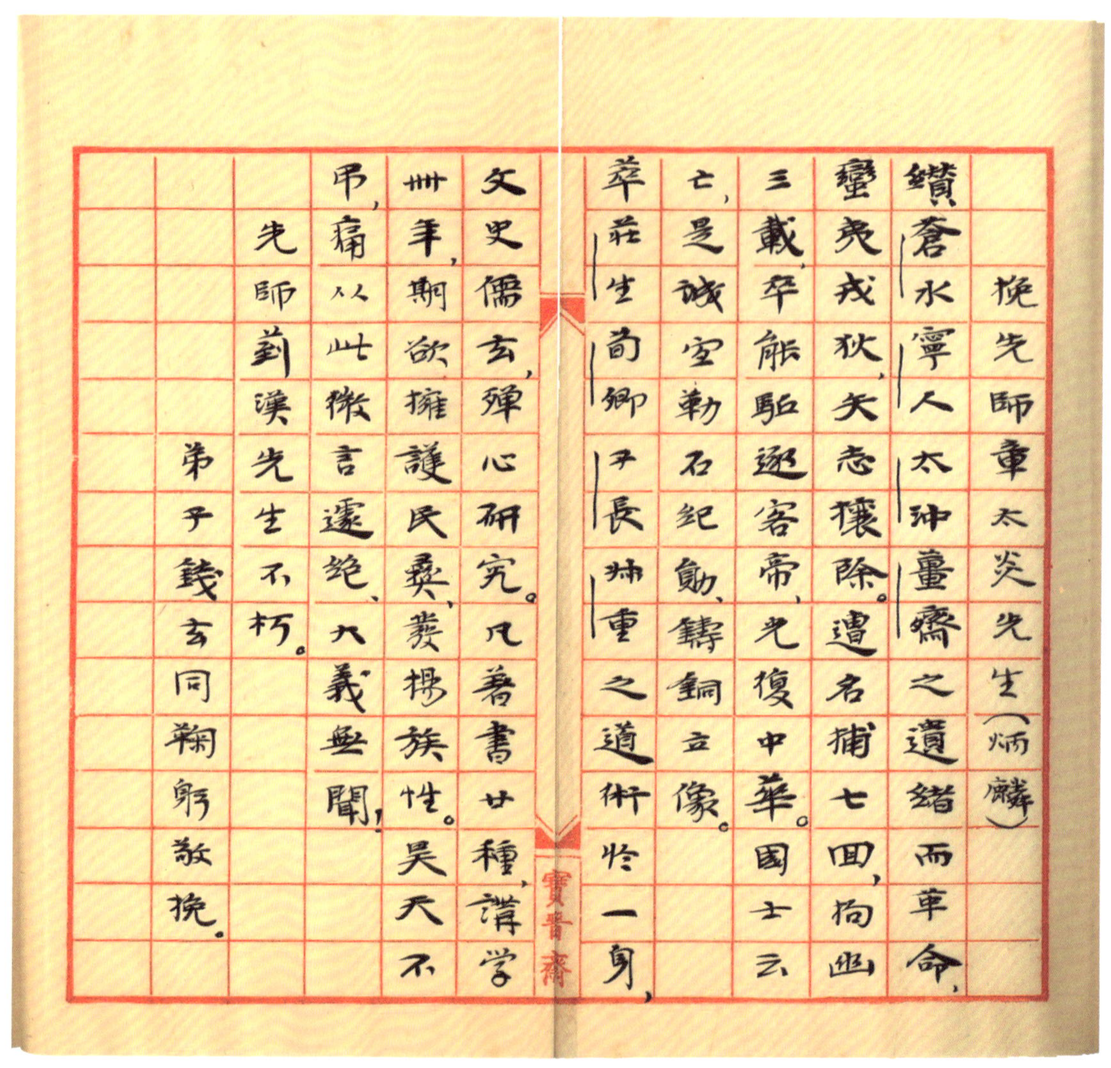
挽先師章太炎先生（炳麟）
纘蒼水、寧人、太沖、薑齋之遺緒而革命，
蠻夷戎狄，矢志攘除。遺名捕七回，拘幽
三載，卒能驅逐客帝，光復中華。國士云
亡，是誠宜勒石紀勳，鑄銅立像。
萃莊生、荀卿、子長、叔重之道術於一身，
文史儒玄，殫心研究。凡著書廿種，講學
卌年，期欲擁護民彝、發揚族性。昊天不
弔，痛從此微言遽絕、大義無聞，
先師薊漢先生不朽。
弟子錢玄同鞠躬敬挽。

《挽联集》中一联——挽章太炎先生联

释文：挽先师章太炎先生（炳麟）。缵苍水、宁人、太冲、姜斋之遗绪而革命，蛮夷戎狄，矢志攘除。遭名捕七回，拘幽三载，卒能驱逐客帝、光复中华。国士云亡，是诚宜勒石纪勋、铸铜立像。萃庄生、荀卿、子长、叔重之道术于一身，文史儒玄，殚心研究。凡著书廿种，讲学卌年，期欲拥护民彝、发扬族性。昊天不吊，痛从此微言遽绝、大义无闻！先师蓟汉先生不朽。弟子钱玄同鞠躬敬挽。

钱玄同年表

1887 年（光绪十三年丁亥） 一岁

9 月 12 日生于苏州。原籍浙江吴兴。初名师黄，字德潜，后改名夏，字中季，最后改名玄同。号疑古、逸谷、急就庼、饼斋等。

父钱振常，道光五年（1825）生，同治丁卯（1867）科举人，曾任礼部主事，绍兴、扬州、苏州书院山长。

兄钱恂，嫡母所生，长钱玄同 34 岁。清末历任驻日、俄、法、德、意、荷等国使馆参赞、公使。民初，任总统府顾问。

1890 年（光绪十六年庚寅） 三岁

是年秋天上学，由其父亲自教读《尔雅》。

1891 年（光绪十七年辛卯）至 1897 年（光绪二十三年丁酉） 四岁至十岁

在家延师课读，读《尔雅》《说文部首》《史记》《汉书》及“五经”。

1898 年（光绪二十四年戊戌） 十一岁

父病逝，随母留居苏州继续读书。

1902 年（光绪二十八年壬寅） 十五岁

母周氏病逝。回湖州读书。

1903 年（光绪二十九年癸卯） 十六岁

是年冬，从朋友方青箱处读到章太炎的《驳康有为论革命书》、邹容的《革命军》，思想大受刺激，大悟二百年以来满人之宰割汉人，无所不用其极，章、邹主张实在有理，应该复仇、反满、革命。

1904年（光绪三十年甲辰） 十七岁

是年春剪去辫发，以表示“义不帝清”之意。与几个朋友办《湖州白话报》，封面上只写甲辰年，而不写光绪三十年亦同此意。

1905年（光绪三十一年乙巳） 十八岁

入上海南洋中学。读刘师培《周末学术史序》《两汉学术史发微》《汉宋学术异同论》等文章。又读夏曾佑《中国历史教科书》。

兄钱恂任中国湖北省留日学生监督。12月，随兄赴任，留住日本三四个月，游览名胜，学习日语，并开始记日记，直至1939年1月去世。其间虽常有间断，且详略大有差异，然年份大体完备。

1906年（光绪三十二年丙午） 十九岁

春从日本回国。5月在上海与绍兴徐婠贞女士结婚。9月赴日本留学，入早稻田大学师范科。拜会时任《民报》主笔的章太炎，从此经常通信，过从甚密，不久执贽称弟子。章太炎主张排满革命，应保存国粹，发扬种性，光复旧物。钱玄同大受章太炎革命复古主义影响，而且变本加厉，革命告成后，一切政制仪文不仅复于明，且将复于汉唐，复于三代，总之愈古愈好。

1907年（光绪三十三年丁未） 二十岁

加入同盟会。认识刘师培。长男秉雄出生。

1908年（光绪三十四年戊申） 二十一岁

参加章太炎国学讲习班，听章太炎讲《六书音韵表》《说文》。同时听讲的还有龚宝铨、朱宗莱、朱希祖、许寿裳、钱家治、周树人、周作人等。

1909年（宣统元年己酉） 二十二岁

继续听章太炎讲《毛诗》《汉书》《文心雕龙》。为章太炎写《小学答问》付刻，章太炎称赞“字体依附正篆，裁别至严，胜于张力臣之写《音学五书》”。章太炎主办《教育今语杂识》，黄侃、钱玄同先后主持编务。《教育今语杂识》共出六期。钱玄同先后发表四篇文章：《刊行〈教育今语杂识〉之缘起及章程》《中国文字略说》《共和纪元说》《说文部首今语解》。

1910年（宣统二年庚戌） 二十三岁

5月，从日本回国，任浙江省海宁中学堂国文教员。

1911年（宣统三年辛亥） 二十四岁

春任浙江省嘉兴中学堂国文教员。暑假后，回吴兴任浙江第三中学国文教员。

读崔适《〈史记〉探源》、康有为《新学伪经考》，从此专宗今文。

武昌革命军起，钱玄同在家乡赞助“光复”，锐意复古，主张冠服制度应本《礼经》，特撰《深衣冠服考》一篇。章门弟子集资助刻的《小学答问》刻成。

1912年（民国元年） 二十五岁

3月，任浙江教育专署教育司科员、视学。曾穿戴自制的“玄冠”“深衣”“大带”上班，以行复古试验，传为朋友们的笑柄。

1913年（民国2年） 二十六岁

8月，入京任北京高等师范学校附中国文教员。章太炎来京，被袁世凯囚禁于钱粮胡同，钱玄同常往看望，并与章门同学设法营救。次子三强出生。

1914年（民国3年） 二十七岁

将家眷从浙江迁至北京，寓东华门北河沿北头。

1915年（民国4年） 二十八岁

任北京高等师范学校文字学教授，兼任北京大学预科音韵学教员。时崔适在北大任教，钱玄同“以札问安”，称弟子。后崔适病逝，钱玄同为之治丧。

1916年（民国5年） 二十九岁

改名玄同。自述"自丙辰春夏以来，目睹洪宪皇帝之反古复始，倒行逆施，卒致败亡也；于是大受刺激，得了一种极明确的教训，知道凡事是前进，决无倒退之理"。对于千年积腐的旧社会、旧思想、旧文化应彻底改造，复古热情熄灭了。

1917年（民国6年） 三十岁

任北京大学文字音韵学教授，北京高等师范学校文字学教授。加入国语研究会，成为会员。

2月，第一次投书《新青年》："顷见5号《新青年》胡适之先生《文学改良刍议》，极为佩服。其斥骈文不通之句及主张白话体文学，说最精辟，进而言改良文艺，其结果必佳良无疑。惟'选学妖孽'、'桐城谬种'，又不知若何咒骂。"主编陈独秀得书大喜，回书说："以先生声韵训诂学而提倡通俗的新文学，何忧全国不景从也。"自此以后，钱玄同在《新青年》发表大量通信、随感录、论文等，成为《新青年》同人，编辑，号称"四大台柱"（陈独秀、胡适、钱玄同、刘半农）之一。在《新青年》3卷4号发表通信提倡世界语，主张"从高等小学起，即加世界语一科"，"在世界未至大同以前，无论何国皆可以世界语为第二国语"。在《新青年》3卷5号发表通信，指出胡适白话诗"犹未能尽脱文言窠臼"。在《新青年》3卷6号发表通信，建议《新青年》自4卷1号起，改为左行横排，同人作文一律用白话文。"我们既然绝对主张用白话文体做文章，则自己在《新青年》里面做的，便应该渐渐的改用白话，所谓标准国语，要由我们提倡白话的人实地研究尝试，才能制定，我们正好借《新青年》做白话文章的实验场。"在钱玄同的倡导下，自1918年起《新青年》同人作文一律用白话文。

1918年（民国7年） 三十一岁

年初，《新青年》编辑部从上海迁到北京，钱玄同为六个轮流编辑之一。在《新青年》4卷1号发表《说注音字母》，主张废除汉字，改用拼音。《新青年》4卷3号由钱玄同轮编，他策划了一出双簧，化名"王敬轩"给《新青年》来信，大骂提倡白话者，再由刘半农复信，逐一痛驳。胡适以为此事不严肃，鲁迅以为是打了一大仗。这出双簧引起新旧两派的公开争论，以林纾为代表的文化在这场争论中彻底失败，引起了社会的关注，推动了白话文的流行。以北京大学《音韵学讲义》编成《文字学音篇》，由北京大学出版组出版。参加第一次国语教科书会议，任编辑主任。这是中国"国语教科书"的创始，自编两册，曾在孔德小学使用。自1913年来京，钱玄同开始与鲁迅交往，过从甚密。他认为周氏兄弟文章思想是一流的，不断地催促他们写文章。鲁迅在《〈呐喊〉自序》中对此有过详细的描述，他们一起创造铁屋之喻，催生了鲁迅的第一篇白话小说《狂人日记》（《新青年》4卷5号），揭开了新文学的新纪元。

1919年（民国8年） 三十二岁

年初，《新青年》编辑部决定6卷的轮流编辑为陈独秀、钱玄同、高一涵、胡适、李大钊、沈尹默。教育部国语统一筹备会成立，任会员“兼常驻干事，自是于国语、国音、注音符号、国语罗马字、简体字等的制作、推行，悉心策划，亘二十年，其效甚溥”。在《新青年》6卷6号发表《论中国当用世界公历纪年》论文。

1920年（民国9年） 三十三岁

3月，幼子德光出生。在《新青年》7卷3号发表《减省汉字笔画底提议》，不仅是理论上主张，并且开始实地创作简体字。《新青年》编辑部迁回上海。

1921年（民国10年） 三十四岁

3月，应国语讲习所之聘，主讲《中国音韵沿革》。以“疑古”为别号，胡适、顾颉刚等人开展古史辨运动，用历史眼光研究、批判一切古籍。

1922年（民国11年） 三十五岁

参与编辑国语研究会会刊《国语月刊》，所撰《注音字母与现代国音》在月刊第1卷第1、2、3期连载。

1923年（民国12年） 三十六岁

在《国语月刊》第1卷第7期“汉字改革”特刊上发表三篇文章:《汉字革命》《国语字母二种》《减省现行汉字的笔画案》。开始在孙伏园编的《晨报副镌》上发表杂感。教育部国语统一筹备会开第五次年会，任国语罗马字委员会委员、国音字典增修委员会委员、中国大辞典编纂干事。

1924年（民国13年） 三十七岁

任北京女子师范大学国文学教授。在《晨报副镌》发表《零碎事情》《〈世界语名著选〉序》《悼冯省三君》等文章。11月，《语丝》周刊创刊，为发起人及长期撰稿人之一。为《语丝》题写刊头。发表《“清室溥仪”》《“持中”的真相之说明》《告遗老》等文章。

1925年（民国14年） 三十八岁

5月，《京报》刊出鲁迅、钱玄同、马裕藻、沈尹默、沈兼士、李泰荣、周作人七教授《关于北京女子师范大学风潮宣言》，谴责北洋政府教育部的罪恶行径，支持学生的正义行动。

在《语丝》发表《三十年来我对于满清的态度底变迁》《写在半农给启明的信的后面》《中山先生是“国民之敌”》《关于反抗帝国主义》等文章。

7月，与黎锦熙等倡办《国语周刊》，作为《京报》副刊之一，撰发刊词。《国语周刊》共出二十九期，12月底终刊。在《国语周刊》发表《苏州注音字母草案》《敬答穆木天先生》《废话——废话的废话》《废话——原经》《国语罗马字》等文章。

9月，钱玄同、黎锦熙、刘半农、赵元任、汪怡、林语堂发起成立“数人会”，议定“国语罗马字”。

1926年（民国15年） 三十九岁

1月，全国国语大会开幕，与黎锦熙共同主持其事，发表宣言，宣布国语运动的目标为“两纲四目十件事”。

3月，“三一八”惨案发生，北京师范大学为范士荣烈士建立纪念碑，钱玄同书碑文。“数人会”开会通过“国语罗马字拼音法式”。发表《废话——“关于三一八”》《疑古玄同与刘半农抬杠——“两个宝贝”》《为什么要提倡“国语罗马字”》等文章。

1927年（民国16年） 四十岁

在《新生》周刊第1卷第2期发表《历史的汉字革命》等文章。

1928年（民国17年） 四十一岁

任国立北平师范大学国文系教授兼主任，国语统一筹备委员会常务委员，中国大辞典编纂处大字典股主任。

1929 年（民国 18 年）四十二岁

发表《广韵六十四字母校音》《读〈汉石经周易〉残字而论及今文〈易〉的篇数问题》。5 月，鲁迅回北平探亲，在孔德学校图书室与钱玄同相遇，发生口角。

1930 年（民国 19 年）四十三岁

发表《〈章草考〉序》《率观象制器的故事出京氏〈易〉书》。

1931 年（民国 20 年）四十四岁

任教育部国音讲习所所长。发表《十八年来注音符号变迁的说明》《重论经今古文学问题》《重印刘逢禄左氏春秋考证书后》等文章。

1932 年（民国 21 年）四十五岁

与黎锦熙同任中国大辞典编纂处总编纂。5 月，教育部公布《国音常用字汇》，完全改用北京音为标准，同时废止 1920 年公布的《国音字典》。钱玄同为《国音常用字汇》的最后审核，并为之撰写长篇例言。发表《古音无“邪”纽证》。

1933 年（民国 22 年）四十六岁

发表《以公历一六四八年岁在戊子为国语纪元议（与黎锦熙、罗常培书）》。与吴承仕发起刻印《章氏丛书续编》。所编《说文部首今读表》由北京大学出版组印行。

1934 年（民国 23 年）四十七岁

发表《〈辞通〉序》《古韵廿八部音读之假定》《亡友刘半农先生》《哀青年同志白涤洲先生》等文章。作《也是自嘲，也和知堂原韵》《再和知堂》二诗。

1935 年（民国 24 年）四十八岁

年初，忽罹目眚，高血病加剧。写字歪斜，伏案工作不能超过一个小时，学校教学往往告假。

搜采简体字，成《第一批简体字表》2300字，教育部审议，最后由部长圈定324字公布。这是我国第一批由政府公布的简体字。

发表《几句老话（为《孔德校刊》写）——注音符号、C.R.和简体字》《论简体字致黎锦熙、汪怡书》。

1936年（民国25年）四十九岁

1月，黄侃病逝，作挽联。

6月，章太炎病逝于苏州，作挽章太炎先生联。

10月，鲁迅病逝，发表《我对于周豫才君之追忆与略评》。

发表《古音考据沿革》，这是他的学生白涤洲的听课笔记，只记了一次，白就去世了，这部专著只开了个头。（晚年钱玄同讲课全凭口说，任由学生笔记，然而笔记下来就是一部专著）

1937年（民国26年）五十岁

整理刘申叔（刘师培）遗书，作《左庵年表》《左庵著述系年》《〈刘申叔遗书〉序》。发表《〈中国声韵学通论〉序》《林尹〈中国声韵学要旨〉序》《古韵"鱼"、"宵"两部音读之假定》。

1938年（民国27年）五十一岁

卢沟桥事变后，北平沦陷，钱玄同因病未能随校西迁，留居北平。恢复旧名钱夏，表示是"夏"而非"夷"，决不污名。

1939年（民国28年）五十二岁

1月17日，钱玄同因脑溢血病逝于北平德国医院。

5月7日，西北联合大学的北平师范大学召开钱玄同先生追悼会，印行《钱玄同纪念集》，许寿裳题签，黎锦熙作传。

7月，国民政府明令褒扬："国立北平师范大学教授钱玄同，品行高洁，学识湛深。抗战军兴，适以宿病不良于行，未即离平；历时既久，环境益艰，仍能潜修国学，永保清操。卒因蛰居抑郁，切齿仇雠，病体日颓，赍志长逝。溯其生平致力教育事业，历二十余载，所为文字，见重一时，不仅贻惠士林，实亦有功党国，应予明令褒扬，以彰幽潜，而昭激劝。"